Kohlhammer

Psychodynamische Psychotherapie mit Kindern, Jugendlichen und jungen Erwachsenen

Perspektiven für Theorie, Praxis und Anwendungen im 21. Jahrhundert

Herausgegeben von Arne Burchartz, Hans Hopf und Christiane Lutz

Eine Übersicht aller lieferbaren und im Buchhandel angekündigten Bände der Reihe finden Sie unter:

 https://shop.kohlhammer.de/psychodynamische-psychotherapie

Die Autorin

Annette Kuptz-Klimpel ist Diplom-Sozialpädagogin (FH), Gruppenleiterin in Themenzentrierter Interaktion nach Ruth Cohn (TZI) und war langjährig im Sozialen Dienst eines Landkreises und einer psychologischen Beratungsstelle tätig. Nach Abschluss der Weiterbildung zur Analytischen Kinder- und Jugendlichenpsychotherapeutin am C. G. Jung-Institut in Stuttgart arbeitet sie seit 1999 in eigener Praxis, seit 2001 in Nürtingen und ist Dozentin und Supervisorin am C. G. Jung-Institut in Stuttgart. Themenschwerpunkte sind Märchen, Mythen sowie Bedeutung und Symbolik des kindlichen Spiels.

Annette Kuptz-Klimpel

Die Verwirklichung des schöpferischen Selbst nach C. G. Jung

Selbstregulation in der psychodynamischen Psychotherapie mit Kindern und Jugendlichen

Verlag W. Kohlhammer

Dieses Werk einschließlich aller seiner Teile ist urheberrechtlich geschützt. Jede Verwendung außerhalb der engen Grenzen des Urheberrechts ist ohne Zustimmung des Verlags unzulässig und strafbar. Das gilt insbesondere für Vervielfältigungen, Übersetzungen und für die Einspeicherung und Verarbeitung in elektronischen Systemen.

Pharmakologische Daten verändern sich ständig. Verlag und Autoren tragen dafür Sorge, dass alle gemachten Angaben dem derzeitigen Wissensstand entsprechen. Eine Haftung hierfür kann jedoch nicht übernommen werden. Es empfiehlt sich, die Angaben anhand des Beipackzettels und der entsprechenden Fachinformationen zu überprüfen. Aufgrund der Auswahl häufig angewendeter Arzneimittel besteht kein Anspruch auf Vollständigkeit.

Die Wiedergabe von Warenbezeichnungen, Handelsnamen und sonstigen Kennzeichen berechtigt nicht zu der Annahme, dass diese frei benutzt werden dürfen. Vielmehr kann es sich auch dann um eingetragene Warenzeichen oder sonstige geschützte Kennzeichen handeln, wenn sie nicht eigens als solche gekennzeichnet sind.

Es konnten nicht alle Rechtsinhaber von Abbildungen ermittelt werden. Sollte dem Verlag gegenüber der Nachweis der Rechtsinhaberschaft geführt werden, wird das branchenübliche Honorar nachträglich gezahlt.

Dieses Werk enthält Hinweise/Links zu externen Websites Dritter, auf deren Inhalt der Verlag keinen Einfluss hat und die der Haftung der jeweiligen Seitenanbieter oder -betreiber unterliegen. Zum Zeitpunkt der Verlinkung wurden die externen Websites auf mögliche Rechtsverstöße überprüft und dabei keine Rechtsverletzung festgestellt. Ohne konkrete Hinweise auf eine solche Rechtsverletzung ist eine permanente inhaltliche Kontrolle der verlinkten Seiten nicht zumutbar. Sollten jedoch Rechtsverletzungen bekannt werden, werden die betroffenen externen Links soweit möglich unverzüglich entfernt.

Autorenfoto: Rainer Möller

1. Auflage 2023

Alle Rechte vorbehalten
© W. Kohlhammer GmbH, Stuttgart
Gesamtherstellung: W. Kohlhammer GmbH, Stuttgart

Print:
ISBN 978-3-17-036595-7

E-Book-Formate:
pdf: ISBN 978-3-17-036596-4
epub: ISBN 978-3-17-036597-1

Inhalt

Einleitung 9

1 Ich und Selbst aus verschiedenen Perspektiven **13**
  1.1 Früher psychoanalytischer Ansatz 13
  1.2 Ich-Psychologie (Hartmann) 17
  1.3 Selbstpsychologie (Kohut) 21
  1.4 Der systemische Ansatz 27
  1.5 Ich und Selbst aus Sicht von Vertretern der
      Neuropsychologie und Neurowissenschaft 32

**2 Selbst und Ich aus der Perspektive C. G. Jungs und
   Erich Neumanns** **40**
  2.1 Das Selbst – unsere Gesamtpersönlichkeit 40
  2.2 Das Ich-Bewusstsein 61
  2.3 Urbeziehung, Entwicklung des Ich aus dem Selbst
      und Ich-Selbst-Achse aus Sicht Erich Neumanns ... 67

3 Der Individuationsprozess **79**
  3.1 Der Individuationsprozess in der ersten und
      zweiten Lebenshälfte 82
  3.2 Die Archetypen und das kollektive Unbewusste 87
  3.3 Die Komplexe und das persönliche Unbewusste 94
  3.4 Die Persönlichkeitsinstanzen in Kindheit und
      Jugend 99

Inhalt

4 Gehirnreifung und -entwicklung im frühen Raum der Eltern-Kind-Beziehung und in der Psychotherapie 112
- 4.1 Die sichere Bindungsbeziehung – Grundlage der Gehirn- und Persönlichkeitsentwicklung 113
- 4.2 Gene und synaptische Verbindungen: Das kindliche Gehirn in Wechselwirkung mit Körper und Psyche der Mutter 115
- 4.3 Umstrukturierende und heilungsbewirkende Prozesse in der Psychotherapie (Sicht der Neurowissenschaft) 118

5 Besonderheiten in der psychodynamischen Kinder- und Jugendlichenpsychotherapie im Ansatz C. G. Jungs 123
- 5.1 Die Vorstellung von der eigenen Ganzheit im Sinne von Vollständigkeit und die Selbstregulation im Gespräch mit Kindern und Jugendlichen 124
- 5.2 Das wichtigste Handwerkszeug ist der Therapeut selbst 125
- 5.3 Der Therapieraum 128
- 5.4 Ungestörter Schutzraum und fördernder Nährboden 130
- 5.5 Übertragung und Gegenübertragung 133

6 Methoden und Wirkfaktoren der Analytischen Psychotherapie mit Kindern und Jugendlichen 139
- 6.1 Regression und Progression – die Selbstregulation unserer Gesamtpersönlichkeit 139
- 6.2 Die transzendente Funktion 143
- 6.3 Die Symbolsprache 146
- 6.4 Der schöpferische Gestaltungsprozess 147
- 6.5 Märchen 172
- 6.6 Psychotherapie mit Jugendlichen und jungen Erwachsenen 175

Literatur **180**

Stichwortverzeichnis **189**

Einleitung

In diesem Buch werde ich Grundgedanken und Wirkweise der psychodynamischen Kinder- und Jugendlichenpsychotherapie im Ansatz der Analytischen Psychologie beschreiben, in der einerseits die Verwirklichung des schöpferischen Selbst, unserer Gesamtpersönlichkeit, im Vordergrund steht, andererseits die Entwicklung des Ich-Bewusstseins als zentraler Faktor angesehen wird. C. G. Jung versteht den Menschen als Ganzheit von Körper, Geist und Psyche, Bewusstem und Unbewusstem. Unsere Gesamtpersönlichkeit, die Jung als das *Selbst* bezeichnet hat, organisiert und reguliert sich, wie jeder lebendige Organismus, selbst. Das Selbst ist die antreibende Kraft des inneren Selbst-*Werdungs*prozesses des Individuums, den Jung als Individuationsprozess bezeichnet hat. »Werde, der du bist«, sagte schon der Philosoph Pindar. Vom Selbst gehen die Impulse aus, die eigene Ganzheit der Persönlichkeit anzustreben. Unter der Ganzheit der Persönlichkeit versteht Jung nicht die Charaktereigenschaften, die insbesondere nach dem Wertekanon der christlichen Ethik einen *vollkommenen* Menschen ausmachen. Zur Ganzheit gehören für ihn auch gerade die dunklen, unperfekten, abgelehnten Persönlichkeitsanteile, die den gesellschaftlichen Normen und Werte gerade in polarer Weise gegenüberstehen. Deshalb muss unter dem Begriff der Ganzheit die Vollständigkeit der Persönlichkeit verstanden werden, nicht das Perfekte oder Vollkommene. Individuation kann als innerer Prozess geschehen, wenn das Individuum sich nicht nur mit den bewussten Anteilen seiner Persönlichkeit auseinandersetzt, sondern auch mit seinen unbewussten. Unbewusste Aspekte manifestieren sich u. a. in Träumen, Fantasien, Symbolen, im freien Spiel und in der Imagination. Letztlich bedeutet die Auseinandersetzung mit den Manifestationen des eigenen Unbewussten ein vertieftes Kennenlernen von bisher unvertrauten Aspekten des eigenen Selbst, die, um Vollständigkeit zu erlangen, ins Bewusstsein integriert werden können. Individuation bedeutet, dass der Mensch zu seiner Individualität als Einzelwesen steht, das ihn mit seinem zu entfaltenden und zum Großteil unbewussten Potential einzigartig und unverwechselbar macht und ihn vom Kollektiv unterscheidet (Gesammelte Werke (GW) 6, § 743). Jung bezeichnet Individuation aber auch als »Einswerden mit sich selbst und zugleich mit der Menschheit« (GW 16, § 227). Darunter kann man verstehen, dass Individuation auch bedeutet, sich mit den kollektiven Anteilen (s. kollektives Unbewusstes, Archetypen, ▶ Kap. 3.2), dem Allgemeinmenschlichen, zu verbinden und zu versöhnen. Einerseits geht es also um die Differenzierung der Persönlichkeit und Unterscheidung vom Kollektiv, andererseits um das Bewusstmachen der allgemeinmenschlichen Anteile.

Meine Ausbildung zur analytischen Kinder- und Jugendlichenpsychotherapeutin habe ich im C. G. Jung-Institut in Stuttgart absolviert. In meiner langjährigen psychotherapeutischen Tätigkeit in eigener Praxis mit Kindern, Jugendlichen und jungen Erwachsenen ist es für mich immer wieder faszinierend zu erleben, dass der Prozess der Selbstorganisation und Selbstregulation wieder einsetzen kann, wenn die miteinander verflochtene bewusst-unbewusste Auseinandersetzung bei Patient und Therapeut mittels der Arbeit an den Manifestationen des Unbewussten und den Übertragungs- und Gegenübertragungsprozessen zum Tragen kommen. Auf der Basis eines tragfähigen, wertschätzenden Arbeitsbündnisses und durch die Auseinandersetzung zwischen dem Bewusstsein und dem Unbewussten kann es dem Kind oder Jugendlichen ermöglicht werden, sich an die heilenden Kräfte des Selbst wieder anzuschließen, so dass Heilung und Wandlung geschehen können. Psychotherapeutische Arbeit im Ansatz C. G. Jungs bedeutet, sich auf den bewusst-unbewussten Prozess mit dem Kind oder Jugendlichen einzulassen, der ein sehr individueller ist. Veränderung und Wandlung stellen sich, so Jung, nicht nur beim Patienten ein, sondern auch beim Therapeuten.

Individuation im Kindesalter kann als ein natürlicher Reifungsprozess verstanden werden, der unter günstigen Bedingungen meist ungestört verläuft. Neurotische Störungen werden hingegen als Störung des Reifungsprozesses verstanden. C. G. Jung und Erich Neumann gehen von der Vorstellung aus, dass die mütterliche Bezugsperson für den Säugling im ersten Lebensjahr das Selbst verkörpert und dass das kindliche Ich sich erst allmählich aus dem Selbst entwickelt. Für die psychische Gesundheit eines Individuums ist es im Laufe seines Lebens entscheidend, dass das Ich in einer wechselseitigen dynamischen und lebendigen Beziehung zum Selbst steht, was Neumann als Ich-Selbst-Achse bezeichnet hat. Dieser Prozess wird auch durch analytische Psychotherapie angeregt. Kinder sind von Anfang an auf liebevolle, bezogene, feinfühlig interagierende, Halt- und Geborgenheit-gebende Beziehungen zu ihren primären Bezugspersonen angewiesen. Nur auf der Basis eines fördernden Umfeldes und mithilfe dieser tragenden, positiven Beziehungen können sie das Potential ihrer Persönlichkeit, ihr Ich oder ihr Selbst entfalten und ihre innere Ganzheit anstreben. Die Erfahrungen, die ein Kind im ersten Lebensjahr mit Bindung und Beziehung macht und das Zusammen*spiel* zwischen dem Säugling und seinen primären Bezugspersonen, ist für seine weitere Entwicklung maßgeblich.

Seit dem beginnenden 20. Jahrhundert entwickelten psychoanalytische und psychotherapeutische Schulrichtungen unterschiedliche Behandlungskonzepte zur Heilung neurotischer Störungen, die oft auf nicht *genügend gute* Beziehungserfahrungen im frühen Raum der Eltern-Kind-Beziehungen zurückzuführen sind (Winnicott beschrieb die Vorstellung, dass eine Mutter *genügend gut* sein sollte (Winnicott, 1989, S. 20)). In den letzten 30 Jahren erforschten Vertreter der Neurowissenschaft und -psychologie mithilfe der modernen bildgebenden Verfahren verstärkt das menschliche Gehirn, seine Ausreifung und seine Wirkweise. Die Erkenntnisse, die gewonnen wurden, bestätigen, dass eine feinfühlige, bezogene Eltern-Kind-Beziehung, sichere Bindungserfahrungen und der affektive Austausch zwischen Kind und Eltern im frühen Kindesalter erst die optimale Ausreifung des kindlichen Gehirns und die gesunde Entwicklung seiner Persönlichkeit ermöglichen. Während C. G. Jung und Erich Neumann der Entwicklung und Stärkung des kindlichen Ichs sowohl in der kindlichen Entwicklung als auch im Rahmen einer analytischen Therapie eine zentrale Bedeutung zugemessen haben, kommen Vertreter der Neurowissenschaft zu einem anderen Ergebnis: Das Ich kann nicht als einheitliche Entität verstanden werden, sondern verschiedene Areale im Gehirn bewirken einzelne Ich-Zustände, die sich kurzfristig zu einem Bündel zusammenschließen und den Strom des Ich-Erlebens erzeugen. Beim

Schreiben des Manuskriptes habe ich nun einerseits die Vorstellung von Jung und Neumann hinsichtlich des Ich-Komplexes und der dynamischen Beziehung zum Selbst umkreist. Andererseits bin ich der Frage nachgegangen, welche Faktoren in der frühen Eltern-Kind-Beziehung zu einer sicheren Bindungsbeziehung und zur optimalen Ausreifung des kindlichen Gehirns beitragen, so dass ein Kind eine gesunde psychische Entwicklung durchlaufen kann. Diese verschiedenen Sichtweisen zusammenzubringen, war nicht immer einfach. Prozesse, die in einer frühen Eltern-Kind-Beziehung zu einer positiven Entwicklung führen, haben in einigen Aspekten Ähnlichkeit mit Prozessen, die auch in einer Psychotherapie stattfinden. Von daher werde ich mich auch mit der Frage beschäftigen, welche Prozesse im Gehirn auf der Basis eines positiven Arbeitsbündnisses Veränderung und Heilung in einer Psychotherapie bewirken können.

Beim Schreiben dieses Buchs konnte ich die inspirierende Erfahrung machen, dass nicht alleine das Ich-Bewusstsein und das Denken ein solches Buch hervorbringen, sondern dass mein Unbewusstes mitarbeitete, so dass ich die Wirkung des schöpferischen Wandlungszykluses an mir selbst beobachten konnte (▶ Kap. 6.1). Nach dem Einarbeiten in die verschiedenen Themenbereiche setzte bei mir stets ein Verarbeiten in Form einer bewusstunbewussten Auseinandersetzung statt. Mein innerer Prozess, der das Schreiben meines Buchmanuskriptes begleitete, benötigte seine Eigenzeit, von daher bedanke ich mich bei Frau Kastl vom Kohlhammer Verlag für die verständnisvolle, *raumgebende* Zusammenarbeit und bei Christiane Lutz als Herausgeberin für die anregende, geduldige und einfühlsame Begleitung des Buchprojektes. Bei Herrn Rotberg bedanke ich mich für das hilfreiche Lektorat.

Die Fallvignetten in den einzelnen Kapiteln stammen aus der Arbeit mit den Kindern, Jugendlichen und jungen Erwachsenen in meiner Praxis. Wenn Erkenntnisse oder Schilderungen aus meinem Erfahrungsschatz entspringen, dann habe ich von der Therapeut*in* gesprochen und jeweils die weibliche Form gewählt, ansonsten die männliche Form. Insbesondere möchte ich den Kindern, Jugendlichen, jungen Erwachsenen und ihren Eltern danken, von denen ich viel gelernt habe. Von einigen von ihnen durfte ich Ausschnitte aus deren Behandlung beschreiben, welche die mitunter trockene Theorie anschaulich und lebendig werden lassen.

1 Ich und Selbst aus verschiedenen Perspektiven

1.1 Früher psychoanalytischer Ansatz

Der Wiener Arzt und Begründer der Psychoanalyse Sigmund Freud (1856–1939) beschäftigte sich zu Beginn des 20. Jahrhunderts mit dem Unbewussten und den neurotischen Erkrankungen seiner Patienten. In dieser Zeit wurde die Sexualität gesellschaftlich stark tabuisiert und unterdrückt. Freud erkannte, dass der Sexualtrieb, den er als Libido bezeichnete, eine Energie von außerordentlicher Kraft darstellt (Freud, 1999, GW X, S. 216f.). Er betrachtete den Menschen als ein Wesen, dessen Erleben und Handlungen maßgeblich von psychosexuellen und aggressiven Triebwünschen gesteuert wird (Mertens, 1998, S. 258) und wurde so zum Begründer der psychoanalytischen Triebtheorie. Triebe als die motivierende Kraft im Menschen kommen im Individuum körperlich-psychisch als Drang, Bedürfnis oder Triebwunsch zum Ausdruck. Oft können diese jedoch nicht mit den Anforderungen der äußeren Realität in Einklang gebracht werden, sondern werden ins Unbewusste verdrängt und führen auf diese Weise zu inneren Konflikten und neurotischen Störungen. Um das Zusammenwirken von bewussten und unbewussten psychischen Anteilen und das Entstehen von inneren Konflikten besser verstehen zu können, entwickelte Freud das sogenannte Drei-Instanzen-Modell. Mit dem Es bezeichnet er das Unbewusste, die Seite oder Instanz in der Psyche, die das Lustprinzip verkörpert. Diese Seite der Persönlichkeit steht mit den Trieben in enger Verbindung. Das Es hat keine Beziehung zur Realität (Realitätsprinzip) und strebt aufgrund des evolutionär vorgegebenen Ziels der Selbsterhaltung nach unmittelbarer Befriedigung der Triebe und Bedürfnisse. Unter Ich versteht Freud die zentrale Bewusstseinsinstanz der psychischen Vorgänge, die all jene Funktionen umfasst, die für die Triebregulierung und Anpassung an die Realität notwendig sind: Wahrnehmung und Gedächtnis, Denken, Fühlen, Planen, Unterscheiden, Kontrolle über die Motorik und Steuerung der Triebe (Ehlhard, 1994, S. 33). Das Ich als ein Bestandteil des Es, entwickelt sich durch konflikthafte Interaktionen (Triebkonflikte) des Säuglings mit den Bezugspersonen. Die dritte zentrale Instanz, die Freud als Über-Ich bezeichnet, kann sich selbst beobachten, kritisieren und sogar bestrafen. Eltern vermitteln ihren Kindern Werte und Normen der Gesellschaft, die sich in der Psyche des Kindes als Über-Ich niederschlagen. Aufgrund des über Generationen weitergegebenen elterlichen Über-Ichs, so Freud, ist das Über-Ich eines Kindes oft sogar strenger als die Eltern selbst (Freud, 1999, GW XV, S. 73). Das Über-Ich bildet sich über Internalisierungs- und Identifikationsprozesse aus. Es unterstützt das Ich, sich an Anforderungen der inneren und äußeren Realität anzupassen. Ein Aspekt des Über-Ichs ist das Gewissen. Die Aufgabe des Ich sieht Freud darin, das psychische Gleichgewicht aufrecht zu erhalten und zwischen den sexuellen und aggressiven Triebwünschen des Es und den Ansprüchen des Über-Ichs und der Außenwelt zu vermitteln. Neurotische Störungen kommen im Kindes- und Jugendalter durch unterschiedliche Symptome zum Ausdruck, wie z. B. Ängste, depressive Tendenzen, auffallend aggressives Verhalten oder psychosomatische Symptome. Freud geht davon aus, dass die Symptomatik auf innere, unbewusste Konflikte des Kindes oder Jugendlichen zurückzuführen ist, deren Entstehung er folgendermaßen erklärt: Kindliche Triebansprüche und -bedürfnisse geraten mit den verinnerlichten elterlichen und kulturellen Erwartungen in einen äußeren Konflikt, so dass sie vom Kind aufgegeben oder verdrängt werden müssen. Die Folge ist ein innerer, unverarbeiteter Konflikt. Ein Ich, das nicht in der Lage ist, eine reife Konfliktlösung anzustreben, greift zu Abwehrmechanismen. Die Konfliktsituation wird damit einer reifen Konfliktlösung entzogen und es kommt zur Symptombildung.

Der neurotische Konflikt wird in der psychodynamischen Kinderpsychotherapie häufig in Rollenspielen externalisiert, die um das Thema Schule und Leistung kreisen, wie das nachfolgende Fallbeispiel zeigt:

> In vielen Behandlungsstunden ihrer Therapie bearbeitete ein 9-jähriges Mädchen seinen neurotischen Konflikt. Die Therapeutin hatte die Rolle

1.1 Früher psychoanalytischer Ansatz

einer eher unmotivierten, leistungsschwachen, verspielten Grundschülerin einzunehmen, die von ihrer strengen Lehrerin (Patientin) unterrichtet wird. Während die Schülerin mangelhafte Leistungen erbrachte, Hausaufgaben häufig vergaß oder Strafarbeiten nicht ablieferte, steigerte sich die Lehrerin in ihren didaktischen und disziplinarischen Fähigkeiten und führte viele »Elterngespräche«, um die Schülerin dann doch die Klasse wiederholen zu lassen. In der Gegenübertragung waren die Entwertung und der Druck, der durch das strenge Über-Ich entstand, kaum auszuhalten. Nach vielen, für die »Schülerin« sehr anstrengenden Stunden wurde von dem Mädchen ein Kompromiss gefunden: Die Schülerin durfte auf eine Schule mit praktischem Schwerpunkt wechseln und dort ihre Kreativität und praktischen Fähigkeiten entfalten.

Der Begriff des Selbst wurde von Freud selbst nicht verwendet und erst von Heinz Hartmann (1939) in die Psychoanalyse eingeführt. Die Grundlage dafür, dass ein Kind sein Ich und seine Funktionen ausbilden kann, wird in einer gelingenden Dual-Union gesehen (eine Einheit von zwei, Begriff für die frühe Mutter-Kind-Beziehung). Durch die Hinwendung und Ausrichtung auf ein sogenanntes »Objekt« (primäre Bezugsperson) ist der Mensch grundlegend auf die Hinwendung zu einem Du angelegt. Der Säugling wird vorrangig als Triebwesen aufgefasst, das stets sein Objekt sucht, mit dem es sich von seinen jeweiligen Triebspannungen durch Entladung oder Abfuhr von Energie entlasten kann. Freud versteht die nährende Mutterbrust, die sich später in der Wahrnehmung des Kindes zur Person der Mutter vervollständigt, als erstes erotisches Objekt eines Kindes. Das Kind liebt die Mutter, weil seine Nahrungsbedürfnisse durch diese gestillt werden (Freud, GW XVII, 1941/1999, S. 115). Die Beziehung zwischen Mutter und Kind versteht Freud als einzigartig und unvergleichbar, da die Mutter das erste und stärkste Liebesobjekt darstellt und somit zum Vorbild aller späteren Liebesbeziehungen bei beiden Geschlechtern wird (ebd., S. 115). Die primären Bezugspersonen haben die Aufgabe, Reizschutz und Angstregulierung für den Säugling zu übernehmen. Spätere Defizite der Ich-Funktionen des Kindes führt Freud auf die Stärke der Triebimpulse oder auf das Versagen des Objekts zurück, Ängste des Säuglings zu regulieren (Tyson, 2009, S. 80 f.). Für René Spitz, der sich in den 1930er Jahren insbesondere der Erforschung und Entwicklung der Objektbeziehungen zuwandte, ist nicht die Brust der Mutter das erste Objekt für ein Kind, sondern das menschliche Gesicht. Während Freud (1914) davon ausgeht, dass sich ein Säugling nach seiner Geburt im Stadium des primären Narzissmus befindet, kommt die neuere Säuglingsforschung zu dem Ergebnis, dass Säuglinge nach ihrer Geburt vielfältige Kompetenzen haben, mit denen sie versuchen Kontakt aufzunehmen und auf ihre Umwelt einzuwirken. Sie suchen aktiv nach Stimulierung und sind kognitiv kompetent (Pauen, 2001, S. 291 ff.) (▶ Kap. 2.3.5). In einer analytischen Kinder- und Jugendlichenpsychotherapie ermöglichen geeignete Karten- oder Gesellschaftsspiele auf symbolischer Ebene, der Dynamik des neurotischen Konfliktes Raum zur Bearbeitung zu geben. Dem Ich kommt die Aufgabe zu, zwischen dem Über-Ich-Anspruch und den Es-Impulsen zu vermitteln.

> Mit dem Kartenspiel »Drecksau« (Kosmos) können Kinder und Jugendliche auf spielerische Weise die Dynamik zwischen den drei Instanzen erleben und ihre neurotische Störung lustvoll bearbeiten: Die Drecksäue, die sich im Matsch suhlen wollen, symbolisieren die Seite des Es und die Triebimpulse. Die Seite des Über-Ichs wird vom putzenden, nach Sauberkeit strebendem Bauern bzw. vom Regen verkörpert, deren Bestreben es ist, die schmutzigen Schweine wieder sauber zu machen. Im Erbauen eines schützenden Stalles für jedes Schwein wird die Aufgabe des Ich erfahrbar gemacht: Mit Blitzableiter und von innen verschließbarer Tür ausgestattet, bieten die Ställe (Ich) den Schweinen Schutz vor dem Über-Ich. Aggression (der Blitz, der die Ställe zerstören kann, der putzende Bauer und der Regen) wird im Spiel gehalten und darf sein. Ziel des Spieles ist es, dass jedes Schwein in seinem schützenden Stall die triebhafte Seite lustvoll ausleben darf. Das Spiel ermöglicht eine Neuerfahrung in der Akzeptanz der Es-Impulse.

1.2 Ich-Psychologie (Hartmann)

Die Ich-Psychologie ist die Weiterentwicklung der Triebtheorie des frühen psychoanalytischen Ansatzes nach Freud. Während die Triebtheorie den Konflikt zwischen den Trieben und den Anforderungen des Ich und des Über-Ichs in den ersten Jahrzehnten der psychoanalytischen Entwicklung in den Vordergrund stellte, verlor dieser Ansatz in der zweiten Hälfte des 20. Jahrhunderts zunehmend an Bedeutung (Mentzos, 2010, S. 52). Der strukturelle Ansatz wurde von Heinz Hartmann (1894–1970) in den 1940er und -50er Jahren in den USA zur sogenannten *Ich-Psychologie* weiterentwickelt. Im Vordergrund dieses Ansatzes steht das Ich unter dem Aspekt seiner Funktionen. Das Ich als zentrale psychische Instanz hat die Aufgabe, die innere Welt der Bedürfnisse, Triebe, Affekte und Fantasien, die oft konflikthaft zueinanderstehen, zu regulieren und mit den Anforderungen der äußeren Welt in Einklang zu bringen. Ziel ist eine bestmögliche Anpassung des Individuums an die Umwelt. Unter Anpassung (Adaption) wird die Fähigkeit von Lebewesen verstanden, sich an innere Vorgänge und äußere Umwelteinflüsse anzupassen, wie auch die Umwelt so zu gestalten, dass die eigenen Bedürfnisse bestmöglich befriedigt und das innere Potential im Sinne der Entfaltung der Persönlichkeit verwirklicht werden können (Müller A., 2003, S. 26). Der Begriff des Ich aus Sicht Hartmanns ist nicht mit Persönlichkeit, Individuum, Bewusstsein oder Gefühl des eigenen Selbst gleichzusetzen. Hartmann definiert das Ich als ein »Teilgebiet der Persönlichkeit«, das durch seine Funktionen bestimmt ist (Hartmann, 1949, S. 186) und führt die wichtigsten Ich-Funktionen auf: Steuerung und Kontrolle von Bewegung, Affekten und Impulsen, Wahrnehmung und Unterscheidung der Außenwelt von der Innenwelt, Realitätsprüfung, zielgerichtetes Handeln im Gegensatz zur bloßen motorischen Entladung und Denken. Freuds Vorstellung vom Ich scheint zunächst noch identisch gewesen zu sein mit der Vorstellung von der eigenen Person. Später musste Freud die Gleichsetzung vom Ich und der eigenen Person aufgeben, als er das Drei-Instanzenmodell vorlegte. Das Ich wurde nur noch als Instanz innerhalb der ganzen psychischen Struktur aufgefasst. Der Psychoanalyse fehlte somit ein Begriff zur Bezeichnung jener Vorstellungen, die sich auf die eigene Person als Ganzes beziehen

(Jacoby, 1985, S. 46). Hartmann et al. führten deshalb den Begriff des Selbst neu ein (Hartmann, Kris und Loewenstein, 1946, S. 119 ff.). Unter dem Selbst wird nicht eine vierte Instanz verstanden, sondern die gesamte Person des Individuums, sein Körper, wie auch seine gesamte psychische Organisation (Es, Ich und Über-Ich), wobei es sich »um die mehr oder weniger bewusste Vorstellung in Bezug zur eigenen Person handelt, also um deren psychische Repräsentanz« (Jacoby, 1985, S. 65).

1.2.1 Aufbau der Selbst- und Objektrepräsentanzen

Mit der Entwicklung der kindlichen Objektbeziehungen realisiert sich parallel die Entwicklung des kindlichen Ichs. Hartmann (1972) geht davon aus, dass bestimmte Ich-Funktionen bereits von Geburt an vorhanden sind, denen ein eigenes Organisationsprinzip zugrunde liegt. Nach der Geburt befindet sich der Säugling zunächst in einer undifferenzierten Matrix, aus der sich allmählich, in Zusammenhang mit der Ausbildung der Ich-Funktionen, die Selbst- und Objektrepräsentanzen differenzieren (Jacoby, 1998, S. 49). Mit Selbstrepräsentanz wird die Vorstellung von uns selbst, die Bilder und Fantasien, die um unsere eigene Person kreisen, verstanden. Aus Sicht der deutsch-amerikanischen Psychoanalytikerin Edith Jacobsons (1897–1978) entwickelt ein Säugling von sich selbst eine stabile, abrufbare Selbstrepräsentanz durch vielfältige positive Interaktionserfahrungen mit der primären Bezugsperson (meist der Mutter) (Brisch, 2005, S. 64). Sobald der Säugling diese jedoch nicht sehen, hören oder spüren kann, geht ihm die Mutter als inneres Objekt verloren und er reagiert mit Verlustangst. Durch eine bezogene Dual-Union kann der Säugling die mütterliche Bezugsperson als Objekt allmählich verinnerlichen, d. h. psychisch eine Objektrepräsentanz in sich aufbauen. Diese Fähigkeit ermöglicht dem Kleinkind, Trennungs- und Verlustängste auszuhalten, ohne dass das innere Bild von der Mutter verloren geht und das Kind von Trennungsangst überwältigt wird (ebd., S. 65). Die Selbstrepräsentanz stammt aus zwei verschiedenen Quellen: erstens aus unserem inneren Erleben und der Wahrnehmung von uns selbst, zweitens aus den Erfahrungen, die wir aufgrund des Interaktionsgeschehens im frühen Raum der Eltern-Kind-Beziehung erlebt haben. Eine entscheidende Rolle kommt dabei dem elterlichen Spiegelungsverhalten in der frühen Kindheit zu. Das bedeutet, dass Eltern in feinfühliger Weise mittels Mimik, Gestik oder sprachlich durch Worte Gefühle und Befindlichkeiten des Kindes widerspiegeln und das Kind damit ganzheitlich bestätigen. Winnicott (1971) beschreibt die Spiegelfunktion als wesentliches Element des Dialogs in der frühen Mutter-Kind-Beziehung, die Voraussetzung für die Ausbildung des »wahren Selbst« ist (Winnicott, 1989, S. 129). Säuglinge, die Affekte wie Freude, Ärger oder Traurigkeit zeigen, haben zunächst kein Bewusstsein, sondern höchstens ein vages Empfinden für die damit einhergehenden inneren emotionalen Befindlichkeiten. Erst durch die Wahrnehmung der Reaktionen ihrer Bezugspersonen können sie ihre Emotionen bewusster erleben. Mit der Ausbildung einer relativ einheitlichen Selbstrepräsentanz kommt es zu den Anfängen dessen, was in der Psychoanalyse als »Objektkonstanz« bezeichnet wird, nämlich die Verinnerlichung des mütterlichen oder väterlichen »Objekts« (Mahler, Pine &Bergmann, 1978, S. 142). Margaret Mahler, eine ungarisch-amerikanische Psychoanalytikerin, beschreibt in ihrem Buch *Die psychische Geburt des Menschen* (1975) die Loslösung und Individuation (lat. Individuum, das Ungeteilte, das Einzelwesen) des Kindes von seiner primären Bezugsperson in drei Phasen: autistische Phase, symbiotische Phase und Loslösungs- und Individuationsphase. Während der Säugling in den ersten vier Wochen zurückgeworfen auf sich selbst lebt, wird er sich, beginnend mit dem zweiten Lebensmonat, schemenhaft des bedürfnisbefriedigenden Objekts bewusst (ebd., S. 60). Da das Kind noch nicht zwischen Ich und Nicht-Ich unterscheiden könne, ist es zwingend auf die enge psychische und physische Verbindung zur primären Bezugsperson angewiesen, die »als Zweiheit innerhalb einer gemeinsamen Grenze« und als allmächtig erlebt wird (ebd., S. 62). Mit dem Einsetzen der Loslösungs- und Individuationsphase etwa um den sechsten Lebensmonat beginnt die »psychische Geburt« des Menschen. Gegen Ende des ersten Lebensjahres werden zwei Entwicklungsstränge des Individuations- und Ablösungsprozesses deutlich, die miteinander verflochten sind: Im Prozess der Individuation erwirbt das Kind Fähigkeiten zur Autonomie und differenziert seine Ich-Funktionen aus. Mit der Zunahme seiner motorischen Möglichkeiten beginnt das Kind zugleich, sich im Prozess der Loslösung allmählich vom mütterlichen Objekt zu distanzieren und abzugrenzen (ebd., S. 85 f.). Bei ungestörter

Entwicklung erlangt das Kind ein gewisses Maß an Objektkonstanz und eine mehr oder weniger gleichbleibende Individualität, jedoch nicht vor dem dritten Lebensjahr (ebd. S. 142). Aus Sicht Mahlers ist die Entwicklung des Kindes sehr störanfällig. Im Rahmen der allmählichen Ablösung von der mütterlichen Bezugsperson hin zur eigenen Individuation und Identität kann es zu Fixierungen und Störungen kommen (Tyson, 2009, S. 48; Brisch, 2005, S. 66). Zur Überlegung, welche Bedeutung und Rolle dem Vater in der Triade mit Kind und Mutter zukommt, verweise ich auf ▶ Kap. 3.2.2, wie auch Burchartz, 2021, S. 178 f und Garstick, 2019.

Kinder mit neurotischen Störungen, die in einer psychodynamischen Kindertherapie sind, haben innerseelisch oft noch nicht ausreichend Selbst- und Objektrepräsentanzen aufbauen können. Zwischen Kind und Therapeutin entwickelt sich im günstigsten Fall eine positive Mutter- oder Großmutterübertragung mit entsprechender Gegenübertragung. Die Therapeutin wird dann in der Übertragung zum mütterlichen Objekt, mit der einerseits eine Ich-Du-Beziehung mit Nähe, Bezogenheit und Resonanz erlebt werden kann, im Sinne einer korrigierenden Erfahrung (▶ Kap. 5.4). Andererseits ist es für die Entwicklung der Persönlichkeit und der Autonomie-Entwicklung notwendig, dass Aggressionen gegenüber der Therapeutin zum Ausdruck gebracht werden können, um sich zu individuieren und abzulösen. Dies wird auch im nachfolgenden Fallbeispiel deutlich:

> Ein 9-jähriger Junge nahm gegen Ende seiner langen Psychotherapie über etliche Stunden die Rolle des Robinson Crusoe ein und baute sich in einer Ecke des Praxisraums »seine Insel«, die er in deutlicher Abgrenzung zu mir, seiner Therapeutin, mit verschiedenen Polstern, Stühlen und kleinen Tischen ausgestaltete. Es wurde seine kleine Welt, in die er sich immer wieder zurückzog, las oder bastelnd etwas herstellte und sich dabei auch mit Nahrung und Wasser versorgte. Ich durfte als halt- und strukturgebende »Basis« im gleichen Raum sitzen, wurde aber nicht weiter beachtet und war mir selbst überlassen. Mit seinem Boot begab sich der Junge über das Meer zu anderen Inseln, um dort Indigene zu treffen und mit ihnen Tauschhandel zu treiben. In dieser Phase wies er mir die Rolle seiner Frau zu, die kreativ für ihn etwas herstellen sollte, was er für seinen Tauschhandel nutzen konnte. Robinson Crusoe wurde für ihn zum Vorbild, mit dem er sich identifizierte, ein Held, der mit-

hilfe seiner Selbstwirksamkeit aus eigenen Kräften das erschaffen konnte, was er zum Überleben benötigt. In der Gegenübertragung nahm ich seine Aggression in Form der Abgrenzung deutlich wahr. Ich erlebte es als sehr wertvoll, dass der eher angepasste und zugewandte Junge sich mittels seiner Fantasie diesen selbstbestimmten und autonomen Raum schaffte. Wie das Symbol des Schiffes zum Ausdruck bringt, konnte der Junge die Therapeutin als positives mütterliches Objekt im ausreichenden Maße verinnerlichen, so dass er nun üben konnte, sich scham- und schuldfrei von ihr abzulösen.

1.3 Selbstpsychologie (Kohut)

Der amerikanisch-österreichische Psychoanalytiker Heinz Kohut (1913–1981) kommt zu einem anderen Selbstbegriff. Er entwickelte in den 1970er Jahren einen neuen Ansatz in der Behandlung von Patienten mit narzisstischen Störungen. Da er in der Analyse dieser Patienten feststellte, dass die psychoanalytische Vorgehensweise nicht zur Heilung ihrer neurotischen Erkrankungen führte, veränderte Kohut seine Vorgehensweise. Übertragung- und Gegenübertragung waren für Kohut die Mittel, um mithilfe seiner Empathie und Introspektion das Erleben seiner Patienten in sich selber nachzuvollziehen und so entsprechende Einfühlung in ihr Selbst zu gewinnen (Jacoby, 1985, S. 69). Die daraus gewonnenen Erkenntnisse führten zu einem anderen Verständnis des Selbst. Das Selbst wird von Kohut nicht mehr im Sinne einer Selbstrepräsentanz verstanden, sondern als der zentral-organisierende Faktor des menschlichen Seelenlebens, als Mittelpunkt des psychologischen Universums eines Individuums und zugleich als psychische Struktur des Menschen (Kohut, 1988, S. 12). Kohut vermutete, dass nicht verdrängte Triebkonflikte der narzisstischen Störung zugrunde liegen, sondern eine mangelhafte Reifung des Selbst (ebd., S. 75). Aus seinem Verständnis heraus entsteht das Selbst als psychische Struktur in der frühen Interaktion und dem gefühlsbetonten Austausch des Kindes mit seinen primären Bezugspersonen. Das Ich versteht Kohut im psychoanalytischen Sinne als psychische Instanz. Das Selbst eines Kindes kann jedoch nur im dyadischen und affektiven Austausch mit seinen primären Bezugspersonen ausreifen, wenn es Spiegelung und Bewunderung erfährt. Ein Säugling erlebt im ersten Lebensjahr seinen Kot als zu seinem Körper und seiner Körperganzheit gehörig. Ekelgefühle bezüglich seiner Ausscheidungen entstehen für ein Kind erst im Rahmen seiner Über-Ich-Entwicklung. Erich Neumann (1963) spricht davon, dass der Kot für ein Kind ein wesentlicher Teil seines Körper-Selbst ist, etwas von ihm schöpferisch Gemachtes, das als erster kreativer Akt verstanden werden kann (Neumann, 1999, S. 131). Das Kind macht, symbolisch verstanden, mit seinem Kot der mütterlichen Bezugsperson ein »Geschenk«. In der analen Phase (ca. zweites bis viertes Lj.) gewinnt das Kind allmählich die Kontrolle über seine Stuhl- und Harnentleerung. Nach der Ausreifung seines Schließmuskels verfügt das Kind über die Fähigkeit, selbst darüber zu bestimmen, ob es seinen Kot seiner primären Bezugsperson hergeben bzw. »herschenken« oder den Kot zurückhalten will. In welcher Weise die mütterliche Bezugsperson das »Kot-Geschenk« des Kindes annimmt, ob sie es gleichgültig entgegennimmt, sich vielleicht davor ekelt und es ablehnt, oder sich darüber freut, reagiert sie nicht nur auf den Trieb des Kindes, sondern vor allem auf das sich bildende, »noch verwundbare kreativ-produktiv-aktive Selbst« (Kohut, 1988, S. 77). Dieses Selbst sucht im Geben und Anbieten seines Kots narzisstische Bestätigung durch das spiegelnde Selbstobjekt (ein Selbstobjekt ist eine primäre Bezugsperson, die das Selbst des Kindes unterstützt und spiegelt).

Patienten mit narzisstischer Störung sind im hohen Maße darauf angewiesen, empathische Interaktionen mit ihren Therapeuten zu erfahren. Sind diese empathischen Erfahrungen nicht ausreichend, kann die Kohärenz des Selbst, das narzisstische Gleichgewicht (Jacoby, 1985, S. 74), erheblich beeinträchtigt werden. Das Selbst besteht aus verschiedenen Anteilen, die Schwerpunkte bilden, wie Selbstwirksamkeit, Idealisierung und angeborene Talente. Bezogen auf die frühkindliche Entwicklung bedeutet die Erfahrung der Selbstwirksamkeit, die kindlichen Selbstobjekte und die Umwelt zu beeinflussen und dafür positiv spiegelnde Rückmeldungen zu erhalten (Milch, 2019, S. 15f.). Viele sehen in D. W. Winnicott den Vorläufer der späteren Gedanken Kohuts. Winnicott hat bereits vor diesem

1.3 Selbstpsychologie (Kohut)

großen Wert auf Empathie und Introspektion in der therapeutischen Arbeit mit Patienten gelegt. Ihm war es ein Anliegen, das so genannte *falsche Selbst* im Gegensatz zum *wahren Selbst* zu beschreiben (ebd, S. 14). Da er seine Anschauungen jedoch nicht durchstrukturiert und im Einzelnen theoretisch untermauert hat, gilt Kohut als Begründer der psychoanalytischen Selbsttheorie. Mit der Vorstellung Kohuts, das Selbst als Mittelpunkt des Universums eines Individuums zu verstehen, das zugleich den zentralorganisierenden Faktor des Seelenlebens darstellt, führte er eine Ganzheitsvorstellung in die Psychoanalyse ein (Jacoby, 1985, S. 70).

1.3.1 Entwicklung des kindlichen Selbst und spiegelndes Selbstobjekt

Ein Kind braucht für die Entwicklung seines Selbst empathische und feinfühlig spiegelnde Bezugspersonen und eine fördernde Umwelt (Winnicott). Das Selbst des Kindes entwickelt sich ab dem ersten Moment der Begegnung mit den primären Bezugspersonen durch eine von Empathie getragene Interaktion und dem affektiven Austausch mit ihnen. Beides ist für sein Überleben so notwendig, wie der Sauerstoff für sein physisches Überleben (Kohut, 1988, S. 84). Kohut ist der Auffassung, dass ein Säugling bereits nach der Geburt ein in Ansätzen vorhandenes, virtuelles Selbst hat (ebd., S. 96). Da die primären Bezugspersonen mit einem Säugling kommunizieren, als hätte er bereits ein Selbst ausgebildet, nehmen diese die spätere Selbst-Bewusstheit des Kindes vorweg (Jacoby, 1985, S. 72). Die mütterliche Bezugsperson, die Kohut als Selbstobjekt bezeichnet, übernimmt für das Kind Funktionen und wird von daher als zu seinem kindlichen Selbst gehörend erlebt. Anfänglich erfährt sich das Kind noch nicht als eigenes Selbst, sondern mit seiner mütterlichen Bezugsperson verschmolzen. Auch wenn das Kind sich und die Mutter zunehmend als getrennte Personen wahrnimmt, gehört sie aus seiner Sicht weiterhin zu seinem Selbst, da sie einzig für sein Wohlbefinden da zu sein hat. Um sich selbst zunehmend als eine zusammenhängende physische und psychische Einheit erleben zu können, die als der Ort und Sitz von Handlungen und Empfindungen erlebt wird, ist das Kind auf Resonanz und Spiegelung seiner Gefühle und Befindlichkeiten durch seine primären Bezugspersonen angewiesen. Daniel Stern hat für diese Fähigkeit der Selbstwahrnehmung den Begriff der »Selbstkohärenz« eingeführt (Dornes, 2003, S. 92, ▶ Kap. 2.3.5) Ein kohärentes Selbst kann dadurch entstehen, wenn die »exhibitionistischen«, sich selbst vorzeigenden Aktivitäten des Säuglings bei der mütterlichen Bezugsperson auf Freude und einfühlsame Spiegelung stoßen, von Kohut als »Glanz im Auge der Mutter« beschrieben (ebd., 2003, S. 92). Wie zuvor Winnicott versteht Kohut als Spiegelung, wenn der Säugling sich aufgrund des gefühlsmäßigen Ausdrucks, der Mimik, Gestik und durch Worte der mütterlichen Bezugsperson in ihrem Antlitz und ihren Augen wie in einem Spiegel erkennt. Auf welche Weise das Selbstobjekt seine Spiegelfunktionen ausführt, ob mehr oder weniger empathisch und feinfühlig, wird zum Teil des Selbsterlebens des Kindes und schlägt sich als seine innere Persönlichkeitsstruktur nieder. Kohut betont, dass ein Kind weder ein fortgesetztes empathisches Reagieren von Seiten des Selbstobjekts braucht noch unrealistische Bewunderung. Hier hat Kohut die ähnliche Vorstellung wie Winnicott, dass Eltern »nur ausreichend gut« zu sein brauchen, was Eltern sehr entlasten kann. Die primäre Bezugsperson sollte jedoch wenigstens teilweise die Gefühle und Befindlichkeiten des Kindes spiegeln können. »Pathogen ist nicht das [einmalige] Versagen, sondern die chronische Unfähigkeit, angemessen zu reagieren [...]« (ebd., S. 163)

Für die weitere Ausbildung eines kohärenten Selbst sind jedoch auch schrittweise Frustrationen der grenzenlosen kindlichen Bedürfnisse nach Bewundertwerden und Allmacht erforderlich. Bei optimaler Versagung kann die in einfühlender Weise spiegelnde mütterliche Bezugsperson schrittweise zu einer eigenen Struktur verinnerlicht werden (ebd., S. 163). Je massiver Eltern ihr Kind begrenzen und ihm Versagungen auferlegen, desto stärker entstehen bei ihm Größenfantasien und das Bedürfnis, sich selbst zu zeigen, was von Kohut als Größenselbst bezeichnet wird. Das sich entwickelnde Selbst benötigt jedoch nicht nur einfühlende Spiegelung und Bewunderung seiner Existenz, sondern es erlebt auch seine primären Bezugspersonen als allmächtig und vollkommen, was Kohut als idealisierte Elternimago bezeichnet hat (Kohut, 1997, S. 43). Eine weitere Selbstobjektfunktion, die Spiegelfunktion, ermöglicht, dass ein Individuum sich mit einem anderen Menschen verbindet, um sein narzisstisches Gleichgewicht aufrechtzuerhalten. Kohut äußerte sich dazu wie folgt: »Die Spie-

1.3 Selbstpsychologie (Kohut)

gelfunktion beruht auf dem grundlegenden menschlichen Bedürfnis nach »empathischem Widerhall«« (Kohut, 1977, S. 255, zitiert nach Jacoby, 1993, S. 78). Kinder und Jugendliche haben in der Therapie das Bedürfnis, hochgradig gespiegelt zu werden. Sie suchen den Glanz im Auge der Therapeutin, die ihre Individualität, Persönlichkeit, Begabungen und Einzigartigkeit wahrnehmen, wertschätzen und bewundern und sich über ihre Anwesenheit freuen soll. Ähnlich wie in der frühen Kindheit die mütterliche Bezugsperson als Anteil des eigenen Selbst erlebt wird, hat aus der kindlichen Sicht auch die Therapeutin keine eigene, von ihrem Selbst abgegrenzte Existenz. Sie ist einzig und allein dafür dar, die kindliche Existenz zu spiegeln und selbstverständlich auch zu spüren, was das Kind oder der Jugendliche braucht. Oft besteht ein sehr großer Anspruch auf Empathie, auf ein »präverbal-symbiotisches Ein-Herz-und-eine-Seele-sein«, ein Grundbedürfnis, das in der frühen Kindheit häufig nicht ausreichend befriedigt wurde (Jacoby, 1993, S. 81). Die Sehnsucht nach intensiver Spiegelung wird im nächsten Fallbeispiel sehr deutlich:

Ein 7-jähriges Mädchen möchte in den ersten Stunden ihrer Therapie »malen«. Dabei forderte sie massiv ein, dass ich als Therapeutin ihr es *nach-male*. Ihre vorgegebenen Motive wie Bäume, Landschaften, Tiere oder Muster sollte ich exakt spiegeln und kopieren. Sobald ich mich von der Farbwahl oder Form nur etwas von ihrem Original entfernte, so wurde ich gleich im lauten Ton zur »Rechenschaft gezogen«. Da sie mit großer Geschwindigkeit und Impulsivität malte, war sie deutlich schneller als ich, die ich ihr kaum folgen konnte. Im strengen Ton wurde ich gemahnt, mich ja anzustrengen, »da ich es sonst nicht bringen würde und nach-malen müsse« (ähnlich wie nachsitzen). Es konstellierte sich eine Gegenübertragungssituation, in der ich Gefühle des Ungenügens und des Überfordertseins wahrnahm. Ohne Atempause versuchte ich ihren Forderungen nachzukommen und nahm zunehmend Ärger und Resignation bei mir wahr. Auch wenn ich mich noch so anstrenge, werde ich es doch nicht bringen. Das Mädchen genoss es offenbar, ihr Größenselbst vital zum Ausdruck zu bringen und forderte ihr starkes Bedürfnis nach Spiegelung ein. Sie zeigte auch damit deutlich ihre Aggressionen. In der konkordanten Gegenübertragung hatte ich einerseits den Part zu übernehmen, der es *nicht br*achte und unterlegen war, während sie sich als *fähige*, kompetente Malerin darstellen konnte. Andererseits fühlte ich mich in der komplementären Gegenübertragung wie eine überforderte Mutter, der es nicht gelang, dem massiv bedürftigen Kind die angemessene Spiegelung zukommen zu lassen.

Mit konkordanter Gegenübertragung wird die Fähigkeit des Therapeuten verstanden, »den Patienten bis zu einem gewissen Grad in seinem Inneren zu spüren und dadurch tieferen Einblick in dessen psychische Verfassung zu gewinnen« (Jacoby, 1993a, S. 72). Komplementäre Gegenübertragung hingegen bedeutet, dass der Therapeut fühlt, welche Gefühle die primäre Bezugsperson möglicherweise in Hinblick auf das Kind oder den Jugendlichen haben könnte oder gehabt hat (ebd., S. 74). Kinder brauchen die fantasierte Vollkommenheitsvorstellung ihrer Eltern und dass sie selbst von diesen »idealen« Eltern abstammen, um ihr narzisstisches Gleichgewicht und ihren Selbstwert aufrechtzuerhalten. Wenn diese Prozesse in der frühen Kindheit nicht ausreichend stattgefunden haben, so konstellieren sie sich in der Übertragung und Gegenübertragung (▶ Kap. 5.5). Kinder neigen dann dazu, die Therapeutin zu idealisieren (idealisierende Übertragung). Kohuts Auffassung vom Selbst als psychischer Struktur, das sich in einem Säugling durch feinfühlig spiegelnde Interaktionen mit seinen primären Bezugspersonen im frühen Raum der Eltern-Kind-Beziehung entwickelt, hat Ähnlichkeit mit den theoretischen Vorstellungen von C. G. Jung und Erich Neumann in Hinblick auf das unbewusste Selbst, das die Selbstregulation bewirkt und die Ich-Entwicklung ermöglicht (▶ Kap. 2.3). Unterschiede resultieren vor allem daraus, dass die Analytische Psychologie das Selbst als gleichermaßen in der Mutter-Kind-Beziehung wie auch im kollektiven Unbewussten und der archetypischen Mutter-Kind-Beziehung verankert.

1.4 Der systemische Ansatz

In Familien entstehen sichtbare und unsichtbare Bindungen zwischen den einzelnen Familienmitgliedern, die das familiäre Gleichgewicht und die Interaktion zwischen den Mitgliedern einer Familie regulieren und steuern. Aus Sicht des systemischen Ansatzes wird nicht das Individuum, der Symptomträger, der eine psychische Erkrankung zum Ausdruck bringt, als gestört oder krank angesehen, sondern die Interaktionen und Beziehungen innerhalb seiner Familie. Im Vordergrund stehen deshalb nicht die innerseelischen Konflikte des erkrankten Kindes oder Jugendlichen, sondern die Beziehungsdynamik zwischen den Familienmitgliedern, welche Rollen die Einzelnen einnehmen, welche Delegationen bestehen und welche Loyalitäten es gibt. Familientherapeutische Ansätze entwickelten sich ab den 1950er Jahren in den USA durch Anstöße von sozialkritischen und sozialtherapeutisch arbeitenden Psychiatern, Therapeuten und Sozialarbeitern, die mit Patientengruppen arbeiteten, bei denen etablierte Psychiater und Psychotherapeuten kaum noch Chancen zur Veränderung oder Heilung gesehen hatten, wie z. B. psychotische oder schizophren diagnostizierte Patienten (Stierlin, 1994a, S. 40). Vom Setting der Psychoanalyse bewusst abweichend, erweiterten sie dieses auf den gesamten Familienverband, da aus ihrer Sicht wirkliche Fortschritte in der therapeutischen Arbeit nur zu erwarten waren, wenn das familiäre Umfeld einbezogen wurde. Eine psychische Störung wird hier als Ausdruck des gestörten Systems verstanden. Der Begriff »System« (von griech. *systema* – Zusammengesetztes, Simon, Clement & Stierlin, 1999, S. 355) entstammt der Ingenieurswissenschaft und wurde in den 1950er Jahren durch den amerikanischen Soziologen Parsons auch in die Soziologie eingeführt (Paetzold & Emrich, 2003a, S. 405). Systemtheorie und Kybernetik beschäftigen sich mit den Funktionen und strukturellen Gesetzmäßigkeiten, die für alle Systeme gelten. Bateson schlug vor, dieses Konzept auch auf menschliche Beziehungen wie z. B. auf einen Familienverband zu übertragen. Das grundlegende Konzept der Kybernetik ist der »Regelkreis«. Darunter wird ein Kreisgeschehen verstanden, »worin sich das Tun des Einen als das Tun des Anderen beschreiben lässt« (Stierlin, 1994a, S. 59). Das bedeutet, dass alle Beteiligten des (Regel-)Kreises ihre Anteile am Gesamtgeschehen haben und für krankmachende Beziehungsmuster und letztlich auch für die Symptomatik eines Mitglieds mit verantwortlich sind. Beim diagnostischen Vorgehen steht die Frage im Mittelpunkt, wie dieses System funktioniert (ebd., S. 5). Ziel ist es, in der Familie über all das zu reden, was bisher als zu riskant erschien: schambesetzte Familiengeheimnisse, bittere, bislang zurückgehaltene Vorwürfe, wirkliche oder vermeintliche, schon vor langer Zeit erlittene Ungerechtigkeiten, unbeglichene Rechnungen, Anschuldigungen von Ausbeutung und Gegenausbeutung« (Boszormenyi-Nagy, zitiert nach Stierlin, 1994b, S. 27). Die Therapeuten ermöglichen einen Dialog und eine Aussprache. Ziel der Gespräche ist, dass die Beziehungsrealität innerhalb der Familie neu ausgehandelt wird.

1.4.1 Der Begriff des Selbst

Aus Sicht der Systemischen Therapie wird unter dem Selbst die Gesamtheit der Vorstellungen verstanden, die im Laufe der individuellen Entwicklung gebildet und jeweils zu einem funktionalen Ganzen integriert werden (Simon, Clement & Stierlin, 1999, S. 287). Der Begriff des Selbst ist eng mit den Begriffen der Identität (Erikson, 1968) und der Individuation (▶ Kap. 3) verbunden: »Das Gefühl jemand zu sein, der sich trotz ändernder Körperbeschaffenheit, Lebensumstände und Beziehungen gleichbleibt, somit Kontinuität und Kohärenz aufweist« (ebd., S. 287). Der Begriff der Kohärenz (*cohaerere* = zusammenhängend, verbunden sein, – Kluge, 1999, S. 460) kann in diesem Zusammenhang als Fähigkeit verstanden werden, sich trotz aller Veränderungen, Differenzierung und Weiterentwicklung der Persönlichkeit als Ganzheit, als zusammenhängendes Ganzes, zu erleben. Ideen über zirkuläre Prozesse, Wechselwirkungen und Beziehungsmuster in Familien traten nun in den Vordergrund, während das, was als Individualität, Ich und Selbst, verstanden wurde, zunehmend an Bedeutung verlor (Ahlers, 1994, S. 20). Angesichts dessen, dass der Begriff des Selbst als innerer Struktur im theoretischen Gebäude der systemischen Therapie an Bedeutung verlor, entstand jedoch ein Dilemma: Therapeutische Veränderung ist nicht leicht zu definieren, wenn der direkte Bezug zu einem Individuum aufgegeben wird. Es ist schwierig, Veränderungen festzustellen, wenn diese außerhalb eines Subjekts liegen. Deshalb entwickelten verschiedene Vertreter der Systemischen Therapie den Selbstbegriff neu zu einer Mehrzahl von Selbstmodellen (Stierlin, 1994a, S. 92). Die zentrale These dabei ist, dass das Selbst nur ein vom Menschen geschaffenes Konstrukt ist (Ahlers, 1994, S. 32). Als Konstrukt ist es auch immer eine Reflexion von Gewesenem, da ich mich nicht gleichzeitig erfahren und reflektieren kann. Für die Therapie bedeutet das, dass wir mit den Patienten gemeinsam ihr Erleben und ihre Erfahrung der Vergangenheit, Gegenwart und Zukunft konstruieren. Unser Selbst als innere Repräsentanz entsteht in der Auseinandersetzung mit Anderen und im Sinne eines zirkulären Prozesses, wie andere mich sehen, was wiederum damit zu tun hat, wie ich andere sehe. Stierlin unterscheidet insgesamt sechs verschiedene »Selbste« (Stierlin, 1994a, S. 92). Entsprechend der inhaltlichen Ausrichtung des Buchs werde ich nachfolgend das Familien- und Gemeinschaftsselbst beschreiben.

1.4.2 Familienselbst, Rolle und Delegation

Zu einer gesunden Entwicklung des Familienselbst gehört die ständige Veränderung und die Anpassung der Familie an die veränderten Bedingungen. Die Gesundheit einer Familie zeigt sich daran, wie erfolgreich ihre Mitglieder mit Veränderungen (wie Krankheit, Tod eines Mitglieds, Arbeitslosigkeit, Trennung oder Scheidung der Eltern) fertig werden und neue Möglichkeiten der Umgestaltung des Familienselbst finden. Eine Familie »entwickelt« sich im Sinne einer *bezogenen Individuation*, wenn Aspekte von Autonomie und Freiheit gelebt werden können, d. h. wenn jedes Familienmitglied die Möglichkeit hat, neue Beziehungen außerhalb der Familie aufzunehmen und zu gestalten. Während ein Kind seine biopsychosoziale Entwicklung durchläuft, verändert sich auch die Familie als Ganzes. Entsprechend der jeweiligen Entwicklungsphasen der Kinder durchläuft eine Familie verschiedene Stadien. Nach Duval (1977, zitiert nach Seiffge-Krenke, 2009, S. 157) können sieben Stadien beschrieben werden: Heirat und Partnerschaft ohne Kinder; Familie mit kleinen Kindern; Familie mit Schulkindern; Familie mit adoleszenten Kindern; Familie im Ablöseprozess, Familie in der Lebensmitte (Auszug der Kinder, bis zur Pensionierung); Familie im Alter (bis zum Tod der Eltern). In jeder

Phase sind charakteristische Probleme und Entwicklungsaufgaben (Havighurst) zu lösen, die das Leben an die Familien stellt (ebd., S. 157). Übergangsphasen und Krisen sind unvermeidlich. Ziel der bezogenen Individuation ist es, dass jedes Individuum innerhalb seiner Familie eine eigenständige Rolle entwickelt und nicht nur eine Delegation übernimmt, so dass jedes Familienmitglied ein von allen anderen Personen unabhängiges und getrenntes Selbst entwickeln kann. Unter der kindlichen Rolle (Richter 1963) werden die unbewussten Erwartungsfantasien der Eltern verstanden, die dem Kind die Erfüllung einer bestimmten Funktion oder Aufgabe zuweisen. Wenn Eltern ihre eigenen Konflikte nicht ausreichend selbst bewältigen können, neigen sie dazu, unbewusst auf ihr Kind eine entsprechende Rolle zu projizieren, mit dem Ziel, die Eltern in ihrer Konfliktspannung zu entlasten (Richter, 2000, S. 73). Eltern bringen in einer solchen Situation ihrem Kind Gefühle entgegen, die aus ihrer Beziehungserfahrung mit einem Menschen ihrer Lebensgeschichte stammen. Dem Kind wird diese Rolle aufgenötigt und es wird zum stellvertretenden Repräsentanten für jene Figur des autobiographischen Hintergrunds, was auch durch das nachfolgende Fallbeispiel deutlich wird:

> Eine Jugendliche war bei mir in einer psychodynamischen Therapie wegen einer Schulleistungsproblematik, Selbstwertstörung und Identitätsproblematik. Im Rahmen der begleitenden Elternarbeit fand ihre Mutter für sich heraus, dass sie die ambivalenten Gefühle, die sie gegenüber ihrer eigenen Mutter empfunden habe, auch gegenüber ihrer Tochter empfinde, da sie große Ähnlichkeiten im Wesen ihrer Tochter mit denen ihrer Mutter wahrnehme. In einem gemeinsamen Gespräch mit der Jugendlichen und ihrer Mutter war es möglich, dass Mutter und Tochter ihre Gedanken und Gefühle diesbezüglich aussprechen konnten und die Mutter daran arbeitete, ihre auf die Tochter gerichteten Projektionen allmählich zurückzunehmen und ihr somit den Weg zur eigenen Rolle zu ermöglichen.

Begünstigt werden solche Eltern-Kind-Übertragungen dadurch, dass sich beim Kind vielleicht tatsächlich bestimmte Ähnlichkeiten hinsichtlich der Persönlichkeitsmerkmale finden lassen, die an das Familienmitglied erinnern, mit dem die primäre Bezugsperson noch konflikthaft verbunden ist.

1.4 Der systemische Ansatz

Das Kind kann ein Substitut (Ersatz) für eine Elternfigur darstellen, ein Substitut für einen Ehepartner oder ein Substitut für eine Geschwisterfigur (ebd., S. 81). Bei der sogenannten narzisstischen Projektion wird das Kind zur Projektionsfläche des elterlichen Selbst, entweder als Abbild der Eltern schlechthin, als Substitut des idealen Selbst oder als Substitut der negativen Identität (»Sündenbockrolle«) (▶ Kap. 4.3). Innerhalb der Systemischen Therapie wurde der Begriff der Delegation von Stierlin in Zusammenhang mit dem Begriff der Loyalität eingeführt (Stierlin, 1994b, S. 80). Loyalität stellt ein Treuebündnis dar, ein starkes, aber oft verborgenes Band, das Familienmitglieder innerhalb ihres Systems miteinander verbindet und das oft als Vermächtnis weitergegeben wird. Das Wort Delegation stammt von lat. delegare und bedeutet »Verfügung, Gesetz; als Abgesandten hinaus senden« (Kluge, 1999, S. 169). Delegierte Jugendliche erhalten die Erlaubnis und Ermutigung, sich ein Stück weit von ihren Eltern oder anderen nahen Bezugspersonen abzulösen. Mit dieser vermeintlichen Ablösung ist jedoch ein unbewusster Auftrag verbunden. Auf diese Weise werden sie »an der langen Leine der Loyalität gehalten« (Simon, Clement & Stierlin, 1999, S. 62). Der Prozess der Delegation dient der psychischen Selbstregulation der Bezugsperson. Stierlin unterscheidet in Anlehnung an die psychoanalytischen Vorstellungen, Aufträge, die vorwiegend im Dienst des Es, Ich oder Über-Ich der Eltern stehen (Stierlin, 1982, S. 24).

Eine unter Depressionen leidende junge Erwachsene arbeitete im Laufe der Therapie für sich heraus, dass sie seitens einer in ihrem Familiensystem recht dominanten Tante, erheblichen narzisstischen Projektionen und Delegationen ausgesetzt ist. Diese Tante behauptete stets, die junge Frau genau zu kennen und zu wissen, was für sie gut sei, auch hinsichtlich der anstehenden Berufswahl. Ihre Tante dränge sie, eine bestimmte Berufsrichtung einzuschlagen. Gemeinsam konnten wir herausarbeiten, dass die junge Frau offensichtlich das erreichen sollte, was ihrer Tante selbst nicht möglich war, für sich zu verwirklichen. Das Bewusstwerden der auf sie gerichteten Projektion und Delegation ermöglichte der jungen Frau, sich deutlicher abzugrenzen. Sie wählte für sich eine Berufsausbildung, die aus ihrer Sicht zu ihren Interessen und Fähigkeiten passte und somit ihrem eigenen Selbst entsprach.

Bereits lange bevor sich die Systemische Familientherapie als Therapieform etablierte, hatte C. G. Jung (1931) die Vorstellung, dass die Ursache für die psychische Störung eines Kindes in den Persönlichkeiten der Eltern und ihrer inneren, unbewussten Konflikte liege. Nicht die bewussten Anteile wirken am stärksten auf ein Kind ein, sondern die unbewussten (Jung, 1995, GW 17, § 84). Da ein Kind im ersten Lebensjahr durch sein Unbewusstes mit dem elterlichen Unbewussten sehr stark verbunden sei (*participation mystique*) (GW 6, § 495) (u. a. ▶ Kap. 2.3.1) und sich erst allmählich im Laufe der Kindheit und der Pubertät herauslösen kann, erlebt es unterschwellig die Konflikte seiner Eltern oder deren psychische Schwierigkeiten mit. Es ist der familiären Atmosphäre ungeschützt ausgesetzt. Jung spricht von der Ansteckungskraft emotionaler Reaktionen: Ein Gefühl teilt sich allen Familienmitgliedern mit und das Kind ist im gleichen Maße betroffen wie seine Eltern (GW 17, § 83).

1.5 Ich und Selbst aus Sicht von Vertretern der Neuropsychologie und Neurowissenschaft

1.5.1 Das Ich aus Sicht der Neuropsychologie

Seit Jahrtausenden versuchen Philosophen und Wissenschaftler den Bereich der Seele oder Psyche zu lokalisieren und zu definieren. Die Neurowissenschaften haben in den letzten 30 Jahren mit ihren modernen bildgebenden Verfahren eine Antwort gefunden, nämlich, dass das Gehirn die Seele macht (Roth & Stüber, 2018). In den Vorstellungen unseres abendländisch geprägten Denkens und aus Sicht der Psychoanalyse wurde das Ich als Zentrum des Bewusstseins stets als zentrale und autonom denkende, handelnde und strukturierende Instanz erlebt und als Träger unserer Persönlichkeit. Menschen mussten sich zwar schon immer damit auseinandersetzen, dass ihr Ich nicht »der Herr im eigenen Hause« ist. Auch wenn z. B. die Triebseite die Oberhand gewonnen hat, so wurde doch

1.5 Ich und Selbst aus Sicht der Neuropsychologie und Neurowissenschaft

stets angenommen, dass das Ich nach einer ausreichenden Bewusstmachung und Stärkung, etwa im Rahmen einer Therapie, wieder in die Lage gebracht werden kann, sich gegenüber inneren Triebansprüchen abzugrenzen. In unserer westlich-abendländischen Kultur gehen wir deshalb von dem traditionellen philosophischen Konzept der Willensfreiheit aus. Das bedeutet, dass wir glauben, dass ein Individuum seine Gedanken, seinen Körper und seine Handlungen kontrollieren kann, wenn sein Ich es will. Dem gegenüber steht die Ansicht des Determinismus (die der Willensfreiheit widersprechende Lehre von der Bestimmung des Willens durch innere oder äußere Ursachen), dass unbewusste Prozesse unsere Persönlichkeit und unser Denken und Handeln prägen und bewussten Prozessen stets unbewusste Prozesse vorausgehen. Aus Sicht der Neuropsychologie werden deshalb das Ich und das Bewusstsein nicht länger als der »Steuermann« unseres Handelns verstanden. Unser Unbewusstes ist in weitaus höherem Maße für die Vorgänge im Gehirn und unsere seelisch-körperliche Selbstregulation verantwortlich, als wir das seit Freud und Jung jemals angenommen haben. Viele lebensnotwendige Prozesse in unserer Ganzheit Mensch finden unbewusst statt und wirken stärker auf die bewussten Prozesse ein als umgekehrt (Roth, 2001, S. 453).

> »Zu häufig erfahren wir, dass unsere Wünsche, Gedanken, Pläne in Richtungen gehen, die wir nicht beabsichtigen, dass wir Dinge tun, die wir nicht bzw. nicht so gewollt haben, dass uns Gefühle überwältigen. Aber auch bei Gedanken und Absichten, die wir uns selbst zuschreiben, gelingt es experimentell nachzuweisen, dass sie in aller Regel auf »Einflüsterungen« des Unbewussten zurückgehen« (ebd., S. 338).

Das vorangegangene Zitat legt nahe, dass das Unbewusste bereits eine Entscheidung getroffen hat, die dem Ich und dem Bewusstsein erst langsam bewusst und zugänglich gemacht werden muss. Da das Ich den unbewussten Vorlauf nicht wahrhaben will oder ihn leugnet, wird dieser Vorgang vom Ich erlebt, als ob es selbst diese Entscheidung gefällt hat. Was wir Menschen bewusst erleben, gehört drei Bereichen an: erstens der geistigen Vorstellungswelt, des bewussten Wahrnehmens, Denkens, Vorstellens, Erinnerns und der Gefühle; zweitens der Welt des Körpers, der am häufigsten mit den Gefühlen verbunden ist; und drittens, der dinglichen und sozialen Umwelt (Roth, 2021, S. 158f.). In uns selbst können wir täglich wahrnehmen, wie sich die unterschiedlichsten Ich-bezogenen Bewusstseinsinhalte abwechseln: Einmal dominiert vielleicht die körperliche Wahrnehmung (Müdigkeit, Hunger, Kopfschmerzen), dann wieder mentale Zustände wie Erinnern oder Denken, oder wir spüren Gefühle in uns wie Angst oder Ärger.

Vertreter der Neurowissenschaft gehen davon aus, dass wir kein einheitliches Ich haben, sondern dass die verschiedenen Ich-Zustände mit den Aktivitäten bestimmter Großhirnareale zusammenhängen (Roth, 2019, S. 341). Das, was wir als einheitliches Ich erleben, kann man sich als ein Bündel oder Konglomerat von vielen bewussten Ich-Zuständen vorstellen, die sich aktuell in verschiedener Weise zusammenbinden und den Strom des Ich-Erlebens hervorbringen (Roth, 2001, S. 327). Dass wir unser Ich als einheitliches Ich erleben, könnte darin begründet sein, dass wir seit frühester Kindheit von unseren Bezugspersonen und unserem sozialen Umfeld als ein Individuum, als eine *ungeteilte Einheit* behandelt und angeredet werden, so dass wir ein soziales Ich, eine soziale Identität entwickeln konnten (Roth, 2019, S. 343).

Der Hirnforscher und Neurobiologe Gerhard Roth benennt folgende Bewusstseinsinhalte, die jeweils mit einer Ich-Vorstellung verbunden sind (Roth, 2021, S. 159):

- die Wahrnehmung von Vorgängen in der Umwelt und im eigenen Körper
- mentale Zustände wie Denken, Vorstellen und Erinnern
- Bedürfniszustände, Affekte, Emotionen (»Ich habe Hunger, ich bin müde, ich fürchte mich«)
- das Erleben der eigenen Identität und Kontinuität (»Ich bin die, die ich gestern war.«)
- die Meinigkeit des eigenen Körpers (»Dies ist mein Körper.«)
- die Autorenschaft der eigenen Handlungen und der mentalen Akte (»Ich habe gewollt, was ich gerade tue.«)
- die Verortung des Selbst und des Körpers in Raum und Zeit (»Es ist Freitag, der 27.11.2020, ich befinde mich in X.«)
- die Unterscheidung zwischen Realität und Vorstellung (»Was ich sehe, existiert tatsächlich und ist kein Traum oder Wahn.«)
- das selbstreflexive Ich (»Wer oder was bin ich eigentlich?«)
- das sozial-kommunikative Ich (»Wenn die Leute jemanden mit meinem Namen ansprechen, dann meinen sie mich.«)

1.5 Ich und Selbst aus Sicht der Neuropsychologie und Neurowissenschaft

Aus Sicht Roths stellt das Ich-Bündel keine Wirksubstanz dar, sondern heftet sich wie ein Etikett an die unterschiedlichen Bewusstseinsaktivitäten. Es wird im Wesentlichen durch das Arbeitsgedächtnis in Zusammenarbeit mit dem autobiographischen Gedächtnis erzeugt. Die Inhalte bilden zusammengenommen eine »Gestalt«, also unter den verschiedensten Bedingungen eine dynamische Einheit (Roth, 2019, S. 343). Wie kam jedoch die Neurowissenschaft zu der Erkenntnis, dass das Ich nicht eine Instanz ist, sondern dass es viele verschiedene Ich-Zustände gibt, die sich kurzfristig zusammenschließen können und als einheitliches Ich erlebt werden? Diese Auffassungen wurden in der Arbeit mit neurologischen Patienten gewonnen, bei denen einzelne bewusste Ich-Zustände ausfielen, ohne dass andere Ich-Zustände beeinträchtigt waren (Kolb & Wishaw, 1996). Die Neurologen Alexander Lurija (1991) und Oliver Sacks (1987) haben in ihren Büchern anschaulich beschrieben, wie sich der Ausfall einzelner Ich-Zustände bei ihren Patienten auswirkte (Roth, 2001, S. 326). Das Ich ist also keine einheitliche Instanz, sondern ein jeweils kurzfristiger Zusammenschluss vieler Aktivitäten in zahlreichen corticalen und subcorticalen Zentren. Unser Ich nimmt den starken Einfluss durch das Unbewusste bzw. die subcorticalen limbischen Ebenen nicht wahr oder leugnet dies. Unsere Gedanken, Absichten, Wünsche und Handlungspläne scheinen autonom im Bewusstsein aufzutauchen und werden dem Ich zugeschrieben, was daran liegen könnte, dass das Ich die Herkunft dieser Empfindungen nicht zu den subcorticalen limbischen Zentren zurückverfolgen kann (ebd., S. 266). Das Ich liefert Pseudoerklärungen für das eigene Verhalten, die gesellschaftlich akzeptiert sind.

1.5.2 Die Funktionen des Ich aus philosophischer Sicht

Metzinger (1999) sowie Newen und Vogeley (2001) haben aus philosophischer Sicht über die Funktionen des Ich geschrieben (Roth, 2001, S. 338). Der Philosoph und Bewusstseinsforscher Thomas Metzinger (1999) geht davon aus, dass es sich beim Ich um das Zentrum einer virtuellen Welt handelt, die wir als unsere Erlebniswelt erfahren. Roth (1996) hat diese als »Wirklichkeit« bezeichnet. Unser Gehirn konstruiert über viele Jahre die erlebte Welt in mühevoller Arbeit. Diese besteht aus den Wahrnehmungen, Gedanken, Vorstellungen, Erinnerungen, Gefühlen, Wünschen und Plänen, die unsere Lebendigkeit ausmachen. Innerhalb dieser Welt bildet sich allmählich ein Ich aus, das sich zunehmend als vermeintliches Zentrum der Wirklichkeit erfährt, indem es den Eindruck entwickelt, es habe Wahrnehmungen, es sei Autor der eigenen Gedanken und Vorstellungen, es rufe aktiv die Erinnerungen auf, es bewege den Arm, die Lippen, es besitze diesen bestimmten Körper und so fort.

Metzinger verwendet die Metapher des »Ego-Tunnels« für das bewusste Erleben und meint, dass unser Bewusstsein einem Tunnel gleicht (Metzinger, 2014, S. 23).

> »Was wir sehen und hören oder ertasten und erfühlen, was wir riechen und schmecken, ist nur ein kleiner Bruchteil dessen, was tatsächlich in der Außenwelt existiert. Unser bewusstes Wirklichkeitsmodell ist eine niedrig dimensionale Projektion der unvorstellbar reicheren und gehaltvolleren physikalischen Wirklichkeit, die uns umgibt und uns trägt. Die Leistungsfähigkeit unserer Sinnesorgane ist begrenzt. Diese entstanden im Laufe der Evolution und verbesserten die Überlebenschancen der Individuen, aber sie wurden nicht mit dem Ziel entwickelt, die enorme Fülle und den Reichtum der Wirklichkeit in all ihren unauslotbaren Tiefen wahrheitsgetreu abzubilden. Aus diesem Grund ist der kontinuierliche ablaufende Vorgang des bewussten Erlebens weniger ein Abbild der Wirklichkeit als vielmehr ein Tunnel durch die Wirklichkeit.« (ebd., S. 23)

Unser Gehirn erzeugt eine Simulation der Welt, die so perfekt ist, dass wir sie nicht als ein Bild unseres eigenen Geistes erkennen können. Sie schafft ein inneres Bild von uns selbst als einer Ganzheit. Dazu gehören unser Körper und Geist, aber auch unsere Beziehung zu Vergangenheit und Zukunft und zu anderen Menschen. Dieses innere Bild der Person als Ganzer ist das Ich oder Selbst, so wie es im bewussten Erleben erscheint. Metzinger nennt es das bewusste Selbstmodell (PSM). Durch die Einbettung des Selbstmodells in das Weltmodell wird ein Zentrum geschaffen. Dieses Zentrum ist das, als was wir unser Selbst erleben. Wir stehen nicht im direkten Kontakt mit der äußeren Wirklichkeit oder mit uns selbst, aber trotzdem haben wir eine Innenperspektive: »Wir leben unser bewusstes Leben im Ego-Tunnel« (ebd., S. 24). Da wir ein integriertes inneres Bild von uns besitzen, das fest in unseren Gefühlen und körperlichen Empfindungen verankert ist, erleben wir uns als jemanden, der ein bestimmtes

1.5 Ich und Selbst aus Sicht der Neuropsychologie und Neurowissenschaft

Erlebnis oder eine Wahrnehmung usw. hat. Obwohl unser Gehirn die Wirklichkeit schafft, erleben wir einen eigenen Standpunkt. Es ist uns nicht möglich, das Selbstmodell als Modell zu erleben. Genauso wenig sehen wir die Neuronen, die in unserem Gehirn vor sich hin feuern, sondern nur das, was sie repräsentieren, wie z. B. Fantasien oder Träume.

Zusammenfassung

Die psychodynamischen Ansätze, der systemische Ansatz und die neuere Neurowissenschaft haben sehr unterschiedliche Vorstellungen und Definitionen der Begriffe von Ich und Selbst. Jeder dieser Ansätze hat etwas Spezifisches und kann wie ein Puzzleteil verstanden werden, das sich zu einem Ganzen fügt. Es gibt verschiedene Sichtweisen mit unterschiedlicher Fokussierung: für Freud sind Triebe, die von der Sexualität gespeiste Libido, der Hauptantrieb des psychischen Apparats. Im Vordergrund stehen die Triebkonflikte. Das Ich als zentrale Instanz muss zwischen dem Es und dem Über-Ich vermitteln. Hartmann entwickelte die psychoanalytische Theorie weiter, in dem er das Ich unter dem Aspekt seiner Funktionen versteht. Das Selbst wird als weiterer Begriff eingeführt im Sinne einer Selbstrepräsentanz, verstanden als bewusste Vorstellung für die ganze Person. Kohuts Selbstbegriff führt hingegen in Richtung einer Ganzheitsvorstellung, in dem er das Selbst als zentral-organisierenden Faktor der Psyche des Individuums versteht und zugleich als psychische Struktur. Zentrale Aspekte der Theoriebildung der Systemischen Therapie sind Beziehungsmuster in Familien und zirkuläre Prozesse, mit dem Ziel, dass jedes Familienmitglied eine eigenständige Rolle seines Ichs erlangt, im Sinne einer bezogenen Individuation. Vertreter der neueren Neurowissenschaft kommen zu dem Ergebnis, dass verschiedene Areale des Gehirns den Strom des Ich-Erlebens hervorbringen. Das Ich ist keine einheitliche Entität. Daher wird ihm keine Wirksubstanz zugemessen, sondern einzelne Ich-Zustände schließen sich kurzfristig als Bündel zusammen. Alle psychischen Prozesse und Funktionen, die traditionell einem steuernden Ich zugeschrieben wurden, finden im Rahmen der Selbstregulation autonom im Unbewussten statt. Aus philosophischer Sicht wird das Ich als

> Zentrum einer virtuellen Welt verstanden, die wir als Wirklichkeit erleben. Von allen Ansätzen wird der Qualität der Beziehung zwischen der mütterlichen Bezugsperson und dem Kind im ersten Lebensjahr eine zentrale Bedeutung für seine weitere psychische Entwicklung zugemessen, auch wenn die Prozesse der Entwicklung mit unterschiedlicher Fokussierung beschrieben werden.

Literatur zur vertiefenden Lektüre

Burchartz, A. Hopf, H. & Lutz, C. (2016). *Psychodynamische Therapien mit Kindern, Jugendlichen und jungen Erwachsenen. Geschichte, Theorie, Praxis.* Stuttgart: Kohlhammer.
Jacoby, M. (1985). *Individuation und Narzissmus. Psychologie des Selbst bei C. G. Jung und H. Kohut.* München: Pfeiffer.
Jacoby, M. (1998). *Grundformen seelischer Austauschprozesse. Jungsche Therapie und neuere Kleinkindforschung.* Zürich, Düsseldorf: Walter.
Mentzos, S. (2010). *Lehrbuch der Psychodynamik.* Göttingen: Vandenhoeck & Ruprecht.
Milch, W. (2019). *Selbstpsychologie.* Göttingen: Vandenhoeck & Ruprecht.
Metzinger, T. (2017). *Der Ego Tunnel. Eine neue Philosophie des Selbst.* München: Piper.
Roth, G. (2021). *»Über den Menschen«.* Berlin: Suhrkamp.
Tyson, P.; Tyson, R. (2009). *Lehrbuch der psychoanalytischen Entwicklungspsychologie.* Stuttgart: Kohlhammer.
Stierlin, H. (1994). *Ich und die anderen. Psychotherapie in einer sich wandelnden Gesellschaft.* Stuttgart: Klett-Cotta.

Weiterführende Fragen

- Wie unterscheidet sich das Menschenbild bei den dargestellten psychotherapeutischen Ansätzen von dem der Neurowissenschaft?
- Wie lassen sich neurotische Störungen und deren Heilung durch Psychotherapie aus Sicht der verschiedenen Ansätze erklären?
- Welche grundlegenden Qualitäten des Therapeuten werden aus Sicht der unterschiedlichen Ansätze als förderlich für den therapeutischen Prozess verstanden?

1.5 Ich und Selbst aus Sicht der Neuropsychologie und Neurowissenschaft

- Welche Bedeutung wird der mütterlichen Bezugsperson für die gesunde Entwicklung des Kindes insbesondere im ersten Lebensjahr beigemessen?

2 Selbst und Ich aus der Perspektive C. G. Jungs und Erich Neumanns

2.1 Das Selbst – unsere Gesamtpersönlichkeit

C. G. beginnt seine Autobiographie mit den Worten :»Mein Leben ist die Geschichte einer Selbstverwirklichung. Alles, was im Unbewussten liegt, will Ereignis werden und auch die Persönlichkeit will sich aus ihren unbewussten Bedingungen entfalten und sich als Ganzheit erleben.« (C. G. Jung in Jaffé, ETG, 1997, S. 10). Das Selbst ist in der Analytischen Psychologie C. G. Jungs der zentrale Begriff für die Einheit und Ganzheit unserer Gesamtpersönlichkeit (GW 6, § 814). Jung bezeichnet es auch als den zentralen Archetyp und den Gesamtumfang aller psychischen Phänomene im Menschen.

2.1.1 Jungs Vorstellung von der Ganzheit Mensch und dem Unbewussten

Der Mensch ist aus Sicht C. G. Jungs eine Ganzheit aus Körper, Geist und Psyche, die er zugleich als Gesamtpersönlichkeit, als das Selbst versteht. Das Selbst wird als der Mittelpunkt der Persönlichkeit verstanden, das sowohl das Bewusstsein als auch das Unbewusste einschließt (GW 12, § 44). Jung versteht das Selbst auch als »Grund und Ursprung der individuellen Persönlichkeit« (GW 14/2, § 414), das diese in Vergangenheit, Gegenwart und Zukunft umfasst. Das Selbst wird nicht als unser Ich-Bewusstsein oder als Selbstrepräsentanz (Vorstellungen, die man von sich selbst hat ▶ Kap. 1.2.1) verstanden, sondern es bezeichnet »jene steuernde Intelligenz und Weisheit unseres Organismus, die das Potential an Funktionen und

Fähigkeiten so arrangiert, dass sie sich in unserem Lebensprozess verwirklichen können« (Müller & Knoll, 1998, S. 96). Durch den Ich-Komplex, als nur ein kleiner Teil unserer Gesamtpersönlichkeit, bekommen wir Zugang zu unserem unbewussten Selbst. Jung unterscheidet zwei Aspekte des Unbewussten: das persönliche Unbewusste und das kollektive Unbewusste. Die Beschäftigung mit eigenen Träumen und Fantasien und mit denen seiner Patienten führten Jung zu der Annahme, dass es ein persönliches Unbewusstes gibt, in das Erfahrungen aus der frühen Kindheit, Vergessenes oder Verdrängtes einfließen. In vielen Träumen seiner Patienten tauchten immer wieder ähnliche Grundmuster oder Motive auf, die nicht aus deren unmittelbarer Erfahrung oder Vergangenheit entstammten. Aus diesem Grund nahm Jung an, dass es ein gemeinsames kollektives Unbewusstes der Spezies Mensch gibt, in dem sich menschliche Erfahrungen und Verhaltensweisen über Generationen niedergeschlagen haben. Die Strukturelemente des kollektiven Unbewussten bezeichnete er als Archetypen, die menschliches Verhalten und Erleben anordnen und regulieren (▶ Kap. 3.2). Die Inhalte des kollektiven Unbewussten drücken sich mittels der Bildersprache der Psyche aus: in symbolischen Bildern, im freien Spiel, in Träumen, Fantasien, Märchen und Mythen und in der Imagination. Das kollektive Unbewusste hat für Jung eine schöpferische Qualität. Es ist für ihn »eine ewig lebendige und schöpferische Keimschicht« (GW 4, § 760).

2.1.2 Das Selbst – Ursprung und Ziel der psychischen Entwicklung

Zu unserer Gesamtpersönlichkeit, dem Selbst, gehören unser Körper, unser Geist und unsere Psyche. Unter *Ich*, von Jung als Ich-Komplex bezeichnet, versteht er das Zentrum des Bewusstseinsfeldes. Der größte Teil des Selbst ist unbewusst. Vom Selbst geht eine antreibende Kraft für den Selbst-*Werdungs*prozess aus, den Jung als Individuationsprozess bezeichnet hat (▶ Kap. 3). Dass psychische Prozesse die Ganzheit anstreben, hat Jung mit Finalität bezeichnet (Daniel, 2003, S. 128). Unsere Gesamtpersönlichkeit ist ein lebendiges System, das unsere Selbstregulation ermöglicht. Vom Selbst gehen in der Vorstellung von Erich Neumann, einem Schüler

Jungs, die Impulse zur Ich-Entwicklung des Kindes aus (▶ Kap. 2.3). Jung bezeichnet das Selbst als Hypothese, denn es kann nur aus den Manifestationen des Unbewussten erahnt und erschlossen werden. Im Unterschied zu den psychoanalytischen Auffassungen hat das Selbst im Jungschen Sinne nicht nur personale Aspekte, sondern auch kollektive und transpersonale (Müller, 2003a, S. 376 f.). Der Begriff des Selbst aus Sicht der Analytischen Psychologie wird häufig nur auf die psychischen Aspekte des Menschen bezogen. Seit der Antike wird im abendländischen Denken der Frage nachgegangen, welche Beziehung zwischen dem Körper und der Seele besteht. Aus heutiger philosophischer und neurowissenschaftlicher Sicht hat sich eine Entwicklung vollzogen von einem dualistischen hin zu einem integralen Denken (Schüssler, 1999, zitiert nach Hüther 2011, S. 14). Leib und Seele werden nicht mehr als voneinander getrennte Wesenseinheiten angesehen, sondern als zwei Faktoren, die sich gegenseitig beeinflussen und durchdringen und damit eine »komplementäre Identität« (Kirsch & Hyland, 1987, zitiert nach Hüther, ebd., S. 14) bilden. Eine Psyche ohne Körper ist auch nicht vorstellbar. Von daher muss der Begriff des Selbst aus heutiger Sicht ganzheitlicher interpretiert werden, unter Einbezug ökologischer, biologischer, psychischer und sozialer Aspekte (Müller, 2018, S. 31). Ich beziehe mich in meinen folgenden Ausführungen auf das modifizierte Quadrantenmodell nach Ken Wilber (ebd., S. 31): Um den Menschen und sein Eingebundensein in die Welt aus einer umfassenderen Perspektive verstehen zu können, müssen vier verschiedene Aspekte berücksichtigt werden: seine Psyche, sein Körper, die ihn umgebende Umwelt und die Kultur, in der er lebt. Alle vier Faktoren sind dynamisch miteinander verbunden, beeinflussen sich gegenseitig und entwickeln sich im Zuge der Evolution weiter (ebd., S. 31). Mit dem Begriff des Selbst wird deshalb innerhalb der Analytischen Psychologie die ganze Persönlichkeit, das ganze komplexe »System Mensch« verstanden, die unbewusst-bewusste, polar-paradoxe und psycho-somatische Einheit und Ganzheit des Menschen in seiner wechselseitigen Verflochtenheit mit seiner Um- und Mitwelt (ebd. S. 32). Wie schwer fassbar das Selbst mit seinem polar-paradoxen Charakter ist, aber welche zentrale Bedeutung C. G. Jung dem Selbst zumisst, wird in folgendem Zitat deutlich:

2.1 Das Selbst – unsere Gesamtpersönlichkeit

»Dieses Etwas ist uns fremd und doch so nah, ganz uns selber und uns doch unerkennbar, ein virtueller Mittelpunkt von solch geheimnisvoller Konstitution, dass es alles fordern kann, Verwandtschaft mit Tieren und mit Göttern, mit Kristallen und Sternen. [...] Ich habe diesen Mittelpunkt als das Selbst bezeichnet. Intellektuell ist das Selbst nichts als ein psychologischer Begriff, eine Konstruktion, welche eine uns unerkennbare Wesenheit ausdrücken soll, die wir als solche nicht erfassen können, denn sie übersteigt unser Fassungsvermögen, wie schon aus ihrer Definition hervorgeht. Sie könnte eben sowohl als »der Gott in uns« bezeichnet werden. Die Anfänge unseres ganzen seelischen Lebens scheinen unentwirrbar aus diesem Punkt zu entspringen, und alle höchsten und letzten Ziele scheinen auf ihn zuzulaufen. Dieses Paradoxon ist unausweichlich, wie immer, wenn wir etwas zu kennzeichnen versuchen, was jenseits des Vermögens unseres Verstandes liegt« (GW 7, § 398).

Eine weitere Stufe des Selbst im Sinne einer Utopie beschreibt Jung in Anlehnung an den Alchemisten Dorneus: die Vorstellung, dass der ganzheitliche Mensch sich mit dem Kosmos verbinden kann (GW 14/2, § 414). In vielen östlichen Religionen und der abendländischen Philosophie gibt es Ganzheitsvorstellungen, die dem Selbst im Kontext der Analytischen Psychologie sehr nah kommen. In der religiösen und mystischen Erfahrung einer solchen Einheitswirklichkeit wird das Zentrale des Menschen, sein »wahres inneres Selbst« als identisch erlebt mit dieser tragenden und schöpferischen Essenz des Universums. »Alles ist eins, eins ist alles« oder »Tat tvam asi« – »Das bist Du« heißt es in der indischen Philosophie (Müller, 1994, S. 31). Damit verbunden ist die Überzeugung, dass der Mensch mit seiner Um- und Mitwelt in einer engen Verbundenheit existiert und jeder einzelne Mensch ein Ausdruck des Gesamten der Schöpfung ist (Müller, 2018, S. 34). Wir leben also in Beziehung und Wechselwirkung mit allem anderen. Die Vorstellung, dass wir im Innersten eins mit der Erde und dem Universum sind, wurde auch in sehr alten Texten gefunden. Die ersten Zeilen einer uralten Tafel, der »Tabula Smaragdina«, die der Legende nach in der Cheops-Pyramide gefunden wurde und vom Ahnvater der geheimen Wissenschaften »Hermes Trismegistos« stammen soll, lautet: »Es ist wahr, ohne Lüge und ganz gewiss: Was unten ist, ist wie das, was oben ist, und das, was oben ist, ist wie das, was unten ist, um die Wunder des Einen zu offenbaren« (Ruska, 1929).

Unsere Existenz kann als eine alle Polaritäten umfassende Einheit verstanden werden, wie oben und unten, innen und außen, Makrokosmos und Mikrokosmos, Körper und Psyche. Aus dieser Einheit, dem »Wunder« des Einen, des Anfangs und des Ursprungs, treten alle Wunder der Existenz hervor, gestalten sich in ihr und lösen sich wieder auf (ebd., S. 28). Hermes Trismegistos (der dreimal Größte) habe auf dieser Tafel das ganze Wissen in symbolischer Form und auch die Quintessenz der Lebensweisheit seiner Nachwelt hinterlassen. Dieser Text soll aber auch eine Beschreibung sein, wie der magische und wunderwirkende Stein der Weisheit gefunden werden kann. Der Stein der Weisen war das begehrte Ziel der alchemistischen Prozesse und kann als Symbol für das Selbst verstanden werden. C. G. Jung, der sich in seinem Werk mit der Symbolik der Alchemie umfassend auseinandersetzte, fand darin einen ganzheitlichen Ansatz (s. GW 14/1 und 14/2 »Mysterium coniunctionis«). Diese alten, mystischen Vorstellungen finden sich auch bei modernen Physikern:

> »Am unglaublichsten ist die Erkenntnis, dass alles, was es im Universum gibt, von einem gemeinsamen Ursprung herkommt. Die Materie deines Körpers und die Materie meines Körpers sind innigst miteinander verwandt, weil sie aus einem einzigen Energiegeschehen hervorgegangen sind und noch immer mit ihm zusammenhängen. Unsere Ahnenreihe reicht über die verschiedenen Lebensformen zurück bis zu den Sternen, zurück bis zu den Anfängen des urzeitlichen Feuerballs. Dieses Universum ist eine einzige, vielgestaltige, energiegeladene Entfaltung von Materie, Bewusstsein, Intelligenz und Leben« (Swimme, 1991).

2.1.3 Facetten des Selbst

C. G. Jung, der sich seit seiner Jugend mit verschiedenen Philosophien und mit östlichen Religionen auseinandergesetzt hat, entwickelte die Begriffe des Ich und des Selbst in Auseinandersetzung mit den Vorstellungen der hinduistischen Religion von Brahman und Atman. Brahman ist in der hinduistischen Religion die göttliche Kraft, das absolute Prinzip, das letzte Eine, aus dem alles entstanden ist und das alle Lebewesen und Dinge durchdringt. Atman ist die Seele jedes Lebewesens, der innerste, ewige Kern, das Selbst (Lexikon der Religionen, 2022). Jungs Vorstellung von der Gegensatzspannung basiert auf taoistischem Wissen (Wilhelm & Jung, 1994)

2.1 Das Selbst – unsere Gesamtpersönlichkeit

Der polare Charakter des Selbst

Der vorsokratische Philosoph Heraklit von Ephesos (um 500 v. Chr.) versteht polare Gegensätze als Grundprinzip des Seins. Zum Wesen des Menschen, unseren Gefühlen und unseren Bedürfnissen gehören die Gegensätze oder die Polaritäten (griech. *polos:* Himmelsgewölbe am Pol), wie sie auch in der Natur zu beobachten sind (Seifert, 2003b, S. 322 f.). Unser Dasein beruht auf dem Wechselspiel der Polaritäten, die in lebendigen Systemen ein Grundprinzip darstellen: Körper-Geist, bewusst-unbewusst, Licht-Schatten, hell-dunkel, männlich-weiblich, gut-böse, Leben-Tod, Sein-Nichtsein, hoch-tief, oben-unten, ein-aus oder aktiv-passiv. Wir erleben oft, dass wir zwei oder mehrere Seelen in einer Brust haben: Einerseits möchten wir in Liebe, Beziehung und Bezogenheit auf ein Du leben, andererseits ist es uns wichtig, unsere Individualität zu entfalten, autonom und unabhängig zu sein. Wir streben nach Sicherheit, Beständigkeit und Stabilität, gleichzeitig erscheint uns Dynamik, Veränderung und Neubeginn attraktiv. Ausgespannt zwischen verschiedenen Bedürfnissen oder Gefühlen erleben wir die Polaritäten als konflikthafte Dynamik in uns. Dieses Hin- und Hergerissensein erleben wir besonders schmerzhaft, wenn wir eine Entscheidung treffen müssen (▶ Kap. 6.1). Polaritäten gehören untrennbar zusammen und bedingen sich wechselseitig. In jedem Pol ist latent und keimhaft der entgegengesetzte Pol enthalten. Je stärker ein Pol bewusst betont und verabsolutiert wird, desto stärker konstelliert sich im Unbewussten der gegenteilige Pol. In jedem lebendigen und sich verändernden Organismus oder System kehrt sich ein Pol allmählich in seinen Gegenpol, wenn er seine höchste Ausfaltung erreicht hat. Heraklit hat diese Dynamik als Enantiodromie bezeichnet (Müller, 1988, S. 86). Für unsere seelische Gesundheit ist es entscheidend, dass wir diese innerseelischen Polaritäten oder Gegensätze in uns und unserer Mit- und Umwelt bejahen und als zu unserer menschlichen Natur gehörend verstehen. Denn, je nachdem, ob die Polaritäten in einer ausgewogenen, lebendigen Spannung zueinanderstehen, oder ob sie einander hemmen oder blockieren, bleibt ein System gesund oder wird krank. Schließen sich die Pole aus, entwickeln sich entsprechende Einseitigkeiten, die aus psychodynamischer Sicht ursächlich sind für eine neurotische Störung und der damit verbundenen Symptomatik (▶ Kap. 5).

2 Selbst und Ich aus der Perspektive C. G. Jungs und Erich Neumanns

Eine 16-jährige Jugendliche, die unter Depressionen leidet, malt in der Initiationsphase ihrer analytischen Langzeittherapie über mehrere Stunden an folgendem Bild mit Acrylfarben: Sie malt ein Gesicht, dessen rechte Hälfte von einem warm-gelbem Licht von der rechten Seite aus beschienen wird. Diese Gesichtshälfte erstrahlt in Gelb und Orange und hat einen fröhlichen Gesichtsausdruck. Für die linke Gesichtshälfte wählt sie schwarze Farbe. Tränen laufen über diese Gesichtshälfte, die einen traurigen Gefühlsausdruck hat. Eine Blumenvase mit verblühten Blumen und ein Scheinwerfer, der kein Licht strahlen lässt, flankieren die linke Seite. Die Jugendliche kommentiert ihr Bild mit dem Ausspruch:»Sie ist traurig, aber wenn sie gesehen wird und das Licht auf sie gerichtet ist, geht es ihr besser.« Ich sage ihr, dass ich mich darüber freue, dass sie so deutlich äußern kann, dass sie gesehen werden will. Dies sei ja auch ein wichtiges Grundbedürfnis, gesehen und von ihrer Umwelt »beleuchtet« und gespiegelt zu werden. Ich frage sie, wie es ihr denn hier in den Stunden damit gehen würde und ob sie sich von mir genügend gesehen fühle. In dem sich anschließenden Gespräch umkreise ich mit ihr die unterschiedlichen Gefühlszustände ihres gemalten Gesichtes und sage ihr, dass die Gegensätze oder Polaritäten, wie die Jahreszeiten im Wechselspiel der Natur, auch zu uns Menschen und unserer Persönlichkeit mit bewussten und unbewussten Anteilen gehören würden. Da ihr Bild ja auch die Hell-Dunkel-Polarität aufgreift, spreche ich aus, dass wir Menschen viele gegensätzliche Tendenzen in unserer Gesamtpersönlichkeit haben und beides zu uns gehört. So ist jeder Mensch gut, aber auch böse.

Der paradoxe Charakter des Selbst

Das Selbst hat durch seine polare Struktur einen paradoxen Charakter: Es ist männlich und weiblich, Greis und Kind, mächtig und hilflos, ohnmächtig und göttlich. Jung bezeichnet das Selbst als »winzig klein« – es hat jedoch ungeheure Kraft (GW 9/2, § 219). Das Selbst »ist uns fremd und doch so nah, ganz uns selber und uns doch unerkennbar [...]« (GW 7, § 398). Als Paradoxon wird in der Logik ein zunächst widersprüchlich oder nicht einleuchtend erscheinender Satz verstanden, der wider Erwarten doch eine Wahrheit aussagt« (Müller, 2003b, S. 310). Der genaue Gegensatz zu einem Satz und der Satz selber schließen sich aus, von daher können sie beide nicht zugleich wahr sein. Das bedeutet, dass ein Paradoxon rational und logisch falsch ist, weil Widersprüche an sich nicht vereinigt werden können (ebd.) Nur mittels einer transzendenten (▶ Kap. 6.2), die Gegensätze überschreitenden Logik, können in einem dialektischen Prozess (▶ Kap. 5.2) gegensätzliche Standpunkte in einer Synthese verbunden werden (ebd.). Jung bezeichnet das Selbst als eine absolute Paradoxie, »indem es in jeder Beziehung Thesis und Antithesis und zugleich Synthesis darstellt« (GW 12, § 22). Was kann man sich konkret darunter vorstellen? Ich versuche dies am Polaritätenpaar Gut und Böse zu erklären. Die Thesis sagt aus, dass der Mensch vom Grunde her gut ist. Die Antithesis würde bedeuten, dass der Mensch vom Grunde her böse ist. Die Synthese verbindet beide Aspekte. Das bedeutet, dass der Mensch sowohl gute als auch böse Anteile in sich trägt. Paradoxität findet sich in allen ganzheitlichen Anschauungen, im symbolischen Denken, in Religionen und östlichen Philosophien. Dem Paradoxon kommt vermutlich die Funktion zu, den »fest gefügten Boden des Denkens« aufzubrechen (Battke, 1978, S. 125). C. G. Jung sagt dazu: Das Selbst ist die Summe aller Paradoxien, »denn nur das Paradoxe vermag die Fülle des Lebens annähernd zu fassen, die Eindeutigkeit und das Widerspruchslose aber sind einseitig und darum ungeeignet, das Unerfassliche auszudrücken« (GW 12, § 18).

Selbstorganisation und Selbstregulation

Jung versteht das Selbst als den »geheimen spiritus rector« (führender wegweisender Geist, Anm. d. Verf.), als die antreibende Kraft, welche die notwendigen Impulse gibt für den Individuationsprozess (GW 9/2, § 257). In den Vorstellungen von Jung und Erich Neumann gehen vom Selbst die Impulse zur Entwicklung des Ich-Komplexes des Kindes aus (▶ Kap. 2.3). Wie in dem Samen einer Pflanze sind alle potentiellen Möglichkeiten und Begabungen eines Menschen in seinem Selbst angelegt, die im Laufe der Entwicklung zur Entfaltung und Verwirklichung gebracht werden können. Wie das Wachstum der Pflanze abhängig vom Boden und den klimatischen Bedingungen ist, denen die Pflanze ausgesetzt ist, so ist auch die kindliche Entwicklung davon abhängig, in welchem Umfeld das Kind aufwächst und welche Art der Beziehung und Bindung die Eltern zu ihrem Kind aufbauen und mit ihm gestalten. Die Entwicklungsmöglichkeiten, die im Selbst als Potenz angelegt sind, können sich im Individuum nur dann realisieren, wenn die Bezugspersonen eines Kindes dafür ein förderndes Umfeld schaffen (▶ Kap. 5.4). Jung war der Auffassung, dass die Psyche, wie auch unser Körper, ein dynamisches System ist, das in Übereinstimmung mit den Naturgesetzen funktioniert und sich im Sinne der Homöostase selbst reguliert, dadurch, dass ein inneres Gleichgewicht angestrebt wird. Unter Selbstregulation werden alle psychischen und somatischen Vorgänge verstanden, um Lebensfähigkeit, Entwicklung und Kohärenz aufrechtzuerhalten. Die Selbstregulation geschieht größtenteils unbewusst und autonom und wird nicht vom Ich gesteuert. Zu den Vorgängen der Selbstregulation gehören Träume, Tagträume, Fantasien, Symbole, das kindliche Spiel, Kompensation, Wünsche, Einfälle, Ideen, Gedanken, Gefühle, Stimmungen, Progression und Regression.

»Die Seele als ein selbstregulierendes System ist balanciert wie das Leben des Körpers. Für alle exzessiven Vorgänge treten sofort und zwangsläufig Kompensationen ein, ohne sie gabe es weder einen normalen Stoffwechsel noch eine normale Psyche. In diesem Sinne kann man die Kompensationsregel als eine Grundregel für das psychische Verhalten überhaupt erklären. Das Zuwenig hier erzeugt ein Zuviel dort. So ist auch das Verhältnis zwischen bewusst und unbewusst ein kompensatorisches. [...] Immer können wir mit Nutzen in der praktischen Traumdeutung die Frage aufwerfen: Welche bewusste Einstellung wird durch den Traum kompensiert?« (GW 16, § 330).

Ein wesentlicher Aspekt der Selbstregulation ist also, dass die unbewussten Vorgänge in einer kompensatorischen (lat. *compensare:* ausgleichen) Beziehung zum Bewusstsein stehen (GW 7, § 274). Nächtliche Trauminhalte können also das Ich-Bewusstsein um Inhalte erweitern, die dem bewussten Ich bisher nicht zugänglich waren, was auch das nachfolgende Fallbeispiel eindrücklich schildert.

> Eine 16-jährige Jugendliche, die große Angst vor einer Schulabschlussprüfung hatte, träumte, dass sie diese Prüfung als Beste ihrer Klasse

abgelegt hätte. Als wir zusammen über ihren Traum und die bevorstehende Prüfung sprachen, schmunzelten wir gemeinsam über ihren Traum und sie konnte ihre Gefühle zum Ausdruck bringen, wie groß ihre Angst vor dem totalen Versagen sei. Darüber habe sie, aus Scham, bisher mit niemanden gesprochen. Ich bestätigte ihr, dass man vor einer solchen Prüfung oft ganz auf sich zurückgeworfen sei und sich tiefe Ängste einstellen könnten, die man eigentlich glaubte, überwunden zu haben. Ich erzählte ihr von Initiationsritualen bei Naturvölkern und früheren Kulturen und dass die Jugendlichen Angst, Schmerz und Einsamkeit aushalten mussten, um symbolisch wiedergeboren und als gleichwertiges Mitglied in die Welt der Erwachsenen aufgenommen werden zu können. Eine Abschlussprüfung könne auch bei uns »modernen« Menschen in unserer Seele wie eine Einweihung oder Initiation erlebt werden, mit ähnlich tiefen Gefühlen und Ängsten. Dies beruhigte die Jugendliche etwas. Dass ich ihre Angst gehalten und containt hatte und ihr Erleben in den größeren Zusammenhang des kollektiven Unbewussten mit seinem Urbild des Initiationsgeschehens gestellt hatte (dieses Vorgehen wurde von Jung als Amplifikation (▶ Kap. 6.4.2) bezeichnet), gab ihr etwas Zuversicht, die Prüfung trotz ihrer Angst meistern zu können.

Das Selbst als Ganzheit des Menschen

»Psychologisch ist das Selbst definiert als die psychische Ganzheit des Menschen. Zum Symbol des Selbst kann alles werden, wovon der Mensch eine umfassendere Ganzheit voraussetzt als von sich selber. [....] Ohne Integration des Bösen aber gibt es keine Ganzheit« (GW 11, § 232).

Aus Sicht Jungs ist der Mensch eine Ganzheit, bestehend aus Körper, Geist und Psyche, die wiederum Bewusstes und Unbewusstes umfasst. Unter Ganzheit wird weniger eine Vollkommenheit oder Idealvorstellung verstanden, »sondern eine eher begrenzte, sehr individuelle Ganzheit, die alles beinhaltet, was den Menschen ausmacht: seinen Körper, seine Triebe und Bedürfnisse, seine Konflikte, seine Begabungen, seine Persönlichkeitseigenschaften, aber auch das Dunkle, Nicht-Perfekte, Fehlerhafte, Pathologische, einseitig ganz und gar Unvollkommene« (Müller, 2018, S. 33).

Menschen wie auch Religionen und Philosophien haben sich schon immer mit der Frage nach dem Bösen im Menschen beschäftigt. Aus Sicht Jungs sind Gut und Böse polare Gegensätze, die zu unserer menschlichen Natur gehören und letztlich für das menschliche Bewusstsein unverzichtbar sind (Battke, 1978, S. 16). Als Böse kann alles verstanden werden, was dem Anderen schadet. Jung bewertet das Böse nicht, sondern sieht im Bösen einen Sinn, eine Funktion im Ganzen der Welt, aber nur, wenn das Individuum sie in jedem einzelnen Fall gestaltet und verwandelt. »Erst im Aushalten der Gegensätze von Gut und Böse gewinnt sich das Ich, erkennt es den darin verborgenen Logos, findet es den verlorenen Sinn« (ebd., S. 100).

Der Philosoph Friedrich Nietzsche, der einen wichtigen Einfluss auch auf die Tiefenpsychologie hatte, betont, dass gut ist, was den Menschen stärkt, und böse ist, was ihn schwächt und sein Leben verkümmern lässt. Nietzsche kritisierte damit das christliche Moralgesetz und schaffte mit dieser Einsicht eine *Umwertung der Werte*, denn aus seiner Sicht kann das kollektiv Gute subjektiv betrachtet böse und umgekehrt das kollektiv Böse für den vitalen und den schöpferischen Menschen gerade das Gute sein (Frey-Rohn, 1961). Im einseitigen Anstreben des Guten nach den Vorstellungen der christlichen Moral liegt die Gefahr, dass Lebensverneinendes und Böses die Oberhand gewinnen, wenn das Individuum die Ge- und Verbote absolut nimmt, sie zum Selbstzweck erhebt und andere Regungen (wie z. B. die Triebseite) unterdrückt. Moralität schlage immer in ihr Gegenteil um, wenn sie verabsolutiert und zur Wahrheit und dem Ideal erhoben wird (ebd., S. 166). Je mehr der Einzelne sich mit den Wertungen des Kulturkanons identisch erklärt, desto mehr werden seine polaren Tendenzen ins Unbewusste verdrängt. Sie sind damit nicht verschwunden, sondern können jederzeit wieder auftauchen. Nietzsches Gedanken flossen auch in Jungs Konzept des Schattens ein (▶ Kap. 3.4.3).

Das Selbst besitzt einen Eros-Charakter

Um unser Selbst, unsere Gesamtpersönlichkeit, entfalten zu können und ein sinnvolles, *selbst*-bewusstes Leben zu führen, in dem wir unser Potential verwirklichen können, sind wir immer auf ein Du, auf Kontakt und

Austausch mit anderen Menschen, angewiesen. Ein Kind kann sich im ersten Lebensjahr nur in Resonanz und im intensiven affektiven Austausch mit seinen primären Bezugspersonen entwickeln und braucht eine sichere Bindungsbeziehung, empathische und feinfühlige Eltern und ein förderndes Umfeld. Von Jung wurde der Begriff Eros insbesondere für das Prinzip der Bezogenheit verwendet (Müller & Müller, 2003, S. 109). In der griechischen Mythologie ist Eros der Gott der Liebe, dessen Pfeile die Herzen, die er getroffen hatte, in Flammen versetzte (Ranke-Graves, 1995, S. 48). Eros soll nach alter mythologischer Vorstellung die kahle, leblose Erde belebt haben, dadurch dass er Pfeile in die Erde schoss und auf diese Weise Leben, Freude und Bewegung auf die Erde brachte (2003, S. 109). Eros sorgt dafür, dass Menschen sich voneinander angezogen fühlen, was zu einem Spektrum von unterschiedlichen Möglichkeiten des Angezogenseins führt, das von Sympathie, erotischem und sexuellem Angezogensein bis hin zu Liebe und einer sexuellen Beziehung reicht. In seinem negativen Pol kann Eros aber auch Verwirrung, Chaos und Leid bewirken, kann das Höchste im Menschen wecken und das Niedrigste anstacheln (ebd.) (Zur Überlegung, welche Wirkung das Eros-Prinzip im therapeutischen Prozess haben kann, verweise ich auf ▶ Kap. 5.4)

Jung spricht davon, dass »die Beziehung zum Selbst [...] zugleich die Beziehung zum Mitmenschen« [ist] und keiner hat einen Zusammenhang mit diesem, er habe ihn denn zuvor mit sich selbst« (GW 16, § 445).

2.1.4 Symbole des Selbst

Ein 11-jähriges Mädchen gestaltet in einer Stunde seiner fortgeschrittenen Therapie ein Sandbild und gibt ihm, als wir es uns anschließend miteinander anschauen, den Titel: »Die vergrabene Steinplatte«. Das Mädchen hat eine idyllische Landschaft mit Bäumen, einer Brücke und einem Teich geschaffen und als Figuren Esel, Hund, Hase und Lama ausgewählt. Die Tiere haben ihre Rückzugsplätze in Baumhöhlen und in einem Körbchen unter einer Brücke und finden dort Schutz vor den Menschen. Schwan und Gans bilden eine Familie und schwimmen im Teich. Eine Henne brütet unter Bäumen, eine weitere hat bereits Küken. Sie erzählt dazu: Die Menschen würden nicht gut mit der Natur umgehen und dazu neigen, diese zu zerstören. Die Tiere konnten jedoch eine Steinplatte in Form eines Labyrinths retten, das nun von dem Lama bewacht wird. Von dieser Labyrinthplatte geht eine magische Wirkung aus. Diese Platte beschützt die Natur und alle Tiere und sorgt dafür, dass möglichst wenige Menschen an den Ort kommen. Es gibt ein Ritual, mit dem die magische Wirkung der Platte aktiviert werden kann: Ein Obelisk wird auf die Labyrinthplatte gestellt. Die Platte beginnt zu leuchten, hat auf diese Weise Macht über die ganze Welt und beschützt die Natur und das Leben der Tiere.

Das Mädchen bringt sehr differenziert in ihrem Sandbild kollektive Tendenzen zum Ausdruck, die Neumann unter dem Begriff des patriarchalen Bewusstseins zusammengefasst hat (▶ Kap. 3.2.2). Die Menschen werden als der Natur entfremdet dargestellt, wie es dem kollektiven Bewusstsein der Industrie- und digitalen Gesellschaft entspricht. Zugleich findet das Mädchen selbst eine Lösung für diese einseitige Situation: Tiere repräsentieren die Triebkräfte und werden zu Hütern der Ganzheit. Den Tieren mit sehr unterschiedlicher Symbolik ermöglicht die Labyrinthplatte ein ganzheitliches Leben im Einklang mit der Natur. Das Mädchen wählt zwei sehr alte Symbole aus, die sehr vielschichtig sind: das Labyrinth und den Obelisk. Ein Labyrinth ist ein uraltes Symbol, das bereits in stein- und bronzezeitlichen Kulturen in Felsen eingeritzt wurde. Es war vermutlich eine Kultstätte oder ein Tanzplatz mit labyrinthförmiger Gangführung (Kern 1999, S. 17). Kern bringt das Labyrinth mit Initiationsvorgängen (wie z. B. den Pubertätsriten) in Verbindung (Ebd., S. 26f.). Der Initiant näherte sich auf unüberschaubaren Wegen allmählich der Mitte an, in der er »einem göttlichen Prinzip, einem Minotauros oder sich selbst begegnet« (Ebd., S. 26f.). Der Weg in das Labyrinth könnte als regressive Rückkehr in den Schoß der Mutter Erde verstanden werden und als Sterbeprozess. Die Regression und Auseinandersetzung mit dem unbewussten Selbst in der Mitte bewirken jedoch eine Wandlung, so dass der Weg aus dem Labyrinth heraus mit Neu- oder Wiedergeburt verbunden werden kann (ebd., S. 28). Der Weg durch das Labyrinth könnte von daher als symbolisches Bild für den Individuationsprozess verstanden werden. Ein Obelisk ist ein massives viereckiges Steinmonument, das sich nach oben verjüngt, mit einer pyramidenähnlichen, nach oben meist vergoldeten Spitze. Im alten Ägypten

2.1 Das Selbst – unsere Gesamtpersönlichkeit

wurden diese Steinpfeiler als Sitz des Sonnengottes verstanden (Lurker, 2005, S. 146). Ein Obelisk ist zugleich ein phallisches Symbol, das die Strahlen des Sonnengottes symbolisiert und eine Verbindung zwischen der Erde (Menschen) und dem Himmel (Götterwelt) schafft. Wie eine Antenne könnte er die Strahlen der kosmischen Energie empfangen und auf die Erde leiten (symbolonline). Labyrinth und Obelisk mit ihrer gegensätzlichen Symbolik können als gegensatzvereinigende Symbole, Aspekte des Selbst, verstanden werden. Die Annahme der Triebseite ermöglicht dem Menschen ein ganzheitliches Leben in Einklang mit der Natur.

Doch auf welche Weise und aus welchem Grund entstehen Symbole des Selbst im Verlauf des Individuationsprozesses und können so dem Ich-Bewusstsein zugänglich werden? C. G. Jung beschreibt dies mit folgenden Worten:

»Wird aber der Individuationsprozess bewusst gemacht, so muss zu diesem Zwecke das Bewusstsein mit dem Unbewussten konfrontiert und ein Ausgleich zwischen den Gegensätzen gefunden werden. Da dies logisch nicht möglich ist, so ist man auf Symbole, welche die irrationale Vereinigung der Gegensätze ermöglichen, angewiesen. Sie werden vom Unbewussten spontan hervorgebracht und vom Bewusstsein amplifiziert (▶ Kap. 6.4.2). Die zentralen Symbole dieses Prozesses beschreiben das Selbst, nämlich die Ganzheit des Menschen, der einerseits aus dem, was ihm bewusst ist, und andererseits aus den Inhalten des Unbewussten besteht. Das Selbst ist der vollständige Mensch, dessen Symbole das göttliche Kind oder dessen Synomyme sind« (GW 11, § 755).

Schon immer hatten frühere Kulturen und Naturvölker die Vorstellung von einer bewusstseinstranszendenten Macht im eigenen Inneren, die den eigenen Lebensprozess und das Schicksal steuert. Die Ägypter kannten die stern- und vogelgestaltige Ba-Seele, die unvergängliche geistige Kraft eines Menschen (Lurker, 2005, S. 50). In der griechischen Philosophie wurde vom Daimon (Etymog.: *Daiesthai* – teilen, »Zuteiler des Schicksals«) als einem persönlichen wegleitenden Schutzgeist gesprochen (Romankiewicz, 2011). Von Platon stammt die Vorstellung, dass sich die menschliche Seele vor ihrer (Wieder-)Geburt einen Entwurf (gr. *paradeigma*) ihres zukünftigen Lebens selbst aussuchen kann. Um diesen Entwurf zu verwirklichen, wird ihr ein dienender Daimon mitgegeben, der als wegleitende innere Stimme an die zu erfüllenden Aufgaben erinnert (ebd.). Nach den Überlieferungen des indigenen Volkes der Naskapi (Kanada) trägt jeder Mensch den »großen Mann« in seinem Herzen, seinen unsterblichen Seelenkern, der durch nächtliche Träume zu ihm spricht und ihnen Erkenntnis und Orientierung ermöglicht. Dieser wurde durch ein Mandala verbildlicht (v. Franz, 1993, S. 173). Da das Selbst nicht völlig in unserem Bewusstseinsbereich und gegenwärtigen Zeitraum erlebt wird, sondern mit Aspekten von Zeitlosigkeit und Allgegenwart in Verbindung gebracht wird, kann es in Religionen oder der Menschheitsgeschichte durch einen großen Menschen symbolisiert werden, der das Universum verkörpert und den ganzen Kosmos umfängt (ebd., S. 199). Dieser sogenannte »kosmische Mensch« oder Anthropos (»Mensch«) ist Bestandteil vieler Mythen. Im westlichen Kulturkreis wird Christus oft als der kosmische Mensch erlebt (ebd., S. 202). Das Selbst kann sich daher in Symbolen manifestieren, die Ähnlichkeiten mit einem Gottesbild haben (Jacoby, 1985, S. 76). Jung merkte zu diesem Thema an, dass er als Psychologe nichts über Gott aussagen könne. Vielmehr würden ihn die Inhalte beschäftigen, welche die Menschen als göttliche Manifestationen deuten (ebd.). Das Selbst kann nicht anschaulich gemacht werden, sondern wird in polaren symbolischen Bildern, die Ganzheit erahnen lassen, auf Menschen oder Objekte projiziert und so erfahrbar gemacht. Symbole werden nicht vom Bewusstsein erschaffen, sondern entstehen in den archetypischen Wirkfeldern unserer Psyche als bestmöglicher Ausdruck von unbewussten und bewussten Aspekten eines anders nicht zu erfassenden Sachverhalts (▶ Kap. 6.4.2).

> »Die Symbole besitzen wie der Archetyp selber eine dynamische und eine inhaltliche Komponente. Sie ergreifen die Ganzheit der menschlichen Persönlichkeit, die von ihnen erregt und fasziniert wird, und ziehen das Bewusstsein an, das sie zu deuten sucht. [...] Das Symbol ist also, abgesehen von seiner dynamischen Wirkung als Energietransformator, auch ein Bewusstseinsbildner, der die Psyche zur Verarbeitung der unbewussten Inhalte drängt, die im Symbol enthalten sind« (Neumann, 1997, S. 23).

Das Selbst symbolisiert sich in Mythen, Religionen und der Menschheitsgeschichte in höchsten Werten wie z. B. als Mitte oder Zentrum, kosmische Intelligenz oder Energie, allumfassendes Universum, Tao, Atman, das Mysterium, göttliche Wesenheit, göttlicher Funke, das innere oder alles durchflutende Licht (Müller & Knoll, 1998, S. 98). Symbole des Selbst sind das Mandala, geometrische Gebilde wie Kreis, Kugel, Quadrat, Quaternität, Kreuz, Oktogon oder Gegenstände, die mit Wert besetzt werden, wie

2.1 Das Selbst – unsere Gesamtpersönlichkeit

Perle, Diamant, Kristall, Rubin, Gold, Ring, Krone, Stein oder eine goldene Kugel. Das Selbst kann sich in einem numinosen Tier zeigen, wie z. B. als Adler, Pferd, Fisch, Löwe, Stier oder Schlange oder als bedeutungsvolle Pflanze wie Baum, Lotus, Rose oder blaue Blume (GW 6, § 815). In Menschengestalt symbolisiert es sich in einer übergeordneten Persönlichkeit wie König oder Königin, in einem vorbildhaften Menschen wie dem Held oder der Heldin, in dem oder der alten Weisen, in einem bewunderten Vorbild, einem innerer Meister, Magier, der Großen Mutter oder dem göttlichen Kind (GW 6, § 815; GW 9/2, § 354). Im Wechselspiel der verschiedenen Polaritäten wandelt sich unser unbewusstes Selbst stetig und kann von daher in Wandlungssymbolen wie Naturvorgängen, Wasser, gegensatzvereinigenden Symbolen wie dem Tao, dem chinesischen Yin-Yang-Symbol, aber auch in der sexuellen Beziehung zwischen Mann und Frau zum Ausdruck kommen (Müller & Knoll, 1998, S. 98). In der Alchemie drückt sich das Selbst im Stein der Weisen, Hermaphrodit oder Anthropos (der kosmische Ur-Mensch) aus (ebd.). In Märchen kann sich das Selbst als Wasser des Lebens, goldene Kugel oder goldene Frucht, Ei, Garten, Schloss, Insel, Kristallkugel oder schwer erreichbare Kostbarkeit darstellen, oder sich am Ende des Heldenwegs im Erlangen der Königswürde symbolisieren (v. Beit, 1997, Bd. 3, S. 200 f.). Jung bringt bestimmte Zahlen mit dem unbewussten Selbst in Verbindung: Vierheit, Dreiheit oder Fünfheit (GW 12, § 331). Auch vier einzelne Gegenstände oder Personen, die durch ihre Anordnung sinngemäß aufeinander bezogen sind, können als Aspekt des Selbst zum Ausdruck kommen (GW 9/2, § 351). Symbole des Selbst konstellieren sich häufig in krisenhaften Zeiten, in denen es kompensatorisch zu einer inneren Zentrierung und Ordnung des Unbewussten kommen muss. Wenn das unbewusste Selbst sich konstelliert und dem Ich-Bewusstsein in Form eines archetypischen Bildes zugänglich wird, können numinose Wirkkräfte spürbar werden (Numen – göttliches Wesen ohne konkrete Gestalt, aber mit Wirkkraft) (▶ Kap. 3.2). Unter Numinosität kann man sich eine besondere, gehobene Erfahrung vorstellen, die über das Erleben des Alltäglichen hinaus geht und von einer spirituellen Qualität sein kann, als ob sich das Transpersonal-Göttliche in irgendeiner Form *gezeigt* hätte. In einem solch numinosen Augenblick, beispielsweise beim Erleben einer besonderen Naturerscheinung wie dem Sonnenwunder von Abu Simbel oder einem »alltäglichen« Sonnenauf-

oder -untergang oder Regenbogen können wir uns mit einem umfassenden großen Ganzen verbunden fühlen und dadurch Sinn erfahren. In Auseinandersetzung mit den numinosen Kräften des unbewussten Selbst weist Jung jedoch auf die Gefahr der Inflation hin. Darunter versteht er, wenn das Ich-Bewusstsein sich mit dem Selbst identifiziert. Dies könnte eine Überschwemmung des Ich-Bewusstseins mit unbewussten Inhalten bedeuten, was im schlimmsten Falle einer Psychose gleich käme.

Das Mandala

In Sandbildern kreieren Kinder oder Jugendliche bisweilen kreisförmige Gestaltungen, die in ihrer Mitte einen inneren Raum haben, der im Gegensatz zum Kreis steht, wie z. B. ein Quadrat oder ein Kreuz. Jung hat diese gegensatzvereinigenden Gestaltungen als Mandalas (sanskrit: Kreis) bezeichnet und sie als Symbole des Selbst verstanden. Mandalas gehören zu den ältesten religiösen Symbolen der Menschheit. Bereits in der megalithischen Kultur entstanden Mandalas als Felszeichnungen. In der tibetisch-buddhistischen Religion stellen ein vier- oder achtgeteilter Kreis die Grundlage religiöser Bilder dar, die der Meditation und Kontemplation dienen. Häufig sind es Darstellungen des Kosmos in Verbindung mit göttlichen Mächten. Mandala-Abbildungen sind jedoch nicht nur im tibetischen Buddhismus zu finden, sondern auch in der christlichen Religion des frühen Mittelalters. Oft wurden Figuren von hoher religiöser Bedeutung in ihrem Zentrum dargestellt, wie Christus mit den vier Evangelisten oder Buddha mit seinen Jüngern (Jacobi, 1971, S. 72 f.). C. G. Jung hat die zentrierende Kraft der Mandalas bei sich selbst entdeckt, als er in einer Lebensphase täglich diese Kreisbilder zeichnete. Er erkannte, dass seine Mandala-Bilder Ausdruck von etwas Zentralem waren und schloss daraus, dass das Ziel der psychischen Entwicklung die eigene Ganzheit, das Selbst, ist (von Franz, 1972, S. 172). Insbesondere in Zeiten psychischer Des- oder Neuorientierung schaffen Mandalas eine neue Ordnung: »Sie bannen und beschwören als Zauberkreise die gesetzlosen Mächte der Dunkelwelt und bilden eine Ordnung ab oder erzeugen eine solche, welche das Chaos in einen Kosmos wandelt« (GW 9/2, § 60). Welche Wirkung

2.1 Das Selbst – unsere Gesamtpersönlichkeit

solch ein mandalaähnliches Sandbild entfalten kann, zeigt die folgende Fallvignette:

Eine 18-jährige Frau, die sich als ehemaliges Pflegekind entwurzelt fühlt und auf der Suche nach sich selbst und ihrer eigenen Identität ist, gestaltete in ihrer Psychotherapie folgendes Sandbild: Sie legte einen großen kreisförmigen See im Zentrum des Sandkastens an, der von Bäumen eines Waldes umgeben war. In der Mitte des Sees gestaltete sie eine quadratische Insel, die durch eine kleine Brücke und einen Steg mit dem Festland verbunden war. Auf dieser Insel befindet sich ein Haus, das von einem Baum schützend flankiert wird, neben einem Felsen und Büschen.

Bei der Gestaltung dieses Sandbildes und auch anschließend, als wir ruhig und betrachtend neben dem Sandkasten sitzen, entsteht eine meditative, sehr konzentrierte Stimmung. Die junge Frau schildert ihre Gefühle, die während des Aufbaus und jetzt beim Betrachten in ihr entstanden sind. Sie spüre eine starke Sehnsucht, zu sich selbst zu finden. An solch einem Ort würde sie am liebsten einmal wohnen, ganz im Einklang mit der Natur. Damit verbindet sie die Freiheit, selbst zu bestimmen, über das, was sie tun und lassen möchte. Auf keinen Fall will sie, wie viele Erwachsene, nur arbeiten müssen, sondern sie wünscht sich die Zeit und die Möglichkeit, sich kreativ entfalten zu können. Ich sage ihr im Verlauf des Gesprächs, dass unsere Gesamtpersönlichkeit, das Selbst, zu dem unser Unbewusstes gehört, uns hilft, uns zu zentrieren und zu uns selbst zu finden. Dieser Prozess, unser Selbst zu verwirklichen, beginne sich allmählich zu entfalten, wenn wir versuchen, die Manifestationen unseres Unbewussten ins Bewusstsein zu integrieren. Jung geht von einem lebenslangen Prozess der Individuation aus, in dem wir immer mehr unser Potential, unsere Begabungen und unsere noch nicht gelebten Möglichkeiten entfalten können, die uns zu dem einzigartigen Individuum machen, das wir sind. Kreisbilder mit einem Quadrat im Zentrum können als eine Mandala-Darstellung verstanden werden, die das Selbst symbolisieren können. Von diesen Bildern gehe eine zentrierende Wirkung aus, wie wir diese auch wahrgenommen hätten.

Der Traum vom göttlichen Kind

Träume können aus der Sicht C. G. Jungs als »spontane Selbstdarstellung des Unbewussten der aktuellen Lage des Träumers in symbolischer Ausdrucksform« verstanden werden (GW 8, § 505). Im Prozess der Selbstregulation des Träumers zeigt sich seine innere Wahrheit und Wirklichkeit in der Symbolsprache (▶ Kap. 6.3). Jung geht davon aus, dass in Träumen, Gedanken, Gefühlen und Vorstellungen Aspekte der Persönlichkeit des Träumers zum Ausdruck kommen, die in der bewussten Existenz zu wenig gelebt werden (ebd., § 466). Jeder Traum bewirkt im finalen Sinne die Ganzheit des Träumers und fügt der bewussten Erkenntnis etwas hinzu. Träume können nur im Zusammenhang mit der realen und psychischen Situation des Träumers und im gemeinsamen Gespräch mit diesem erschlossen werden. Träume, symbolisches Spiel, Märchen und Mythen können objektstufig und subjektstufig verstanden und gedeutet werden. Auf der Objektstufe bedeutet es, dass die darin vorkommenden Personen, Gegenstände oder Situationen als reale Objekte oder Gegebenheiten der Außenwelt der Hauptperson verstanden werden (GW 6, § 778). Subjektstufig verstanden sind die Personen, Gegenstände oder Situationen des Traums eigene innerseelische Anteile und Befindlichkeiten der Hauptperson (ebd., § 817).

Eine 18-jährige junge Frau träumte:

> »Meine Familie und ich: Tante, Mutter, Bruder und meine kleine Cousine, die etwa 1–2 Jahre alt war, gehen zu einem großen Platz, der ein Schrottplatz ist. Jeder hält seinen eigenen, mit Helium gefüllten Luftballon in der Hand. Wir sollen mit den Luftballons fliegen. Meine kleine Cousine und ich werden einzeln mit einem Geschenkband an je einen Luftballon gebunden. In Sorge um meine kleine Cousine und auch mich selbst, die wir vielleicht vom Wind weggetrieben werden und im Luftraum verloren gehen könnten, rufe ich ihr zu, dass wir in den nächsten Baum fliegen. Wir bleiben beide mit unseren Bändern in den Ästen des Baumes hängen und klettern in die Äste. Ich versuche die Bänder unserer Luftballons zusammenzubinden. Aber die Bänder haben nicht gehalten. Da es dunkel wurde, gab es keine andere Möglichkeit, als über Nacht auf dem Baum zu bleiben.

2.1 Das Selbst – unsere Gesamtpersönlichkeit

Im Gespräch mit der jungen Frau über ihren Traum äußerte sie Gefühle von Angst, die sie bei der Vorstellung spürte, mit einem Luftballon in die Höhe zu steigen, dort abgetrieben zu werden, vielleicht »verloren« zu gehen, wie auch die Erde als sichere Basis zu verlassen. Angst sei auch das vorherrschende Gefühl bei der Vorstellung gewesen, das kleine Mädchen zu verlieren, das als Leichtgewicht viel schneller weggeweht werden könnte. Beunruhigend war für sie, die Bänder ihrer beiden Luftballons nicht verbinden zu können. Dass sie und ihre Cousine im Fokus des Traums stehen und als mögliche Hoffnungsträgerinnen der Familien beide »in die Höhe steigen sollen«, bringt die junge Frau mit Wunschvorstellungen ihrer Familie nach guter Schulbildung und sozialem Aufstieg in Verbindung. Luftballons sind farbenfrohe Spielzeuge der Gegenwart für Kinder: Eine sehr dünne Gummischicht wird mit Luft oder Helium gefüllt und dient meist nur kurze Zeit als vergnügliches Spielzeug. Das Schicksal der Luftballons ist, dass sie platzen, Luft verlieren, oder sie werden in einem unbedachten Moment in die Weite des Himmels abgetrieben. Im Mittelpunkt des Traumes steht ein ein bis zwei Jahre altes Mädchen, die kleine Cousine der Träumerin, zu der sie eine liebevolle Beziehung hat. Traum-Ich und Kind sollen mittels Luftballons in den Luftraum (Himmel, verstanden als männlich-väterlicher Bereich) abheben, den die Träumerin jedoch mit Verlorenheit und Ungeborgenheit verbindet. Das Traum-Ich und das Kind finden gemeinsam Halt und Zuflucht für eine Nacht in der bergenden und schützenden Krone eines Baumes, der mit seiner aufnehmenden und geborgenheitsgebenden Qualität als Symbol für den weiblich-mütterlichen Bereich verstanden werden kann (GW 13, § 350). Für die Individuation der jungen Frau könnte das bedeuten, dass ihr psychischer Entwicklungsweg zunächst in den Bereich des großen Weiblich-Mütterlichen führt (Märchen: *Frau Holle* in ▶ Kap. 6.5).

Mit Kindern verbinden wir ihre Fähigkeit zu großer Freude, ihr Lachen, ihre Neugier, ihre Begeisterungsfähigkeit, ihre Vitalität und ihre Fantasiefähigkeit. Das Symbol des Kindes kann Neubeginn, Lebens- und Entdeckerfreude, Spontanität, Unschuld und Zukunft bedeuten. Der Anblick von Kindern oder das Zusammensein mit ihnen kann in uns den Kindarchetyp ansprechen und gleichzeitig den Mutterarchetyp konstellieren, was bedeutet, dass in uns Bildvorstellungen, begleitet von positiven Gefühlen, entstehen, das kleine Wesen zu schützen, zu nähren, zu umsorgen und ihm Geborgenheit zu geben. In vielen Mythen, Märchen und Religionen gibt es die Vorstellung eines göttlichen Kindes. Unter diesem Begriff wird die Erscheinung eines Gottes in der Gestalt eines Kindes verstanden. Da Kinder mit dem Wunder des sich erneuernden Lebens in Verbindung gebracht werden, ist es gut vorstellbar, dass frühere Kulturen und Religionen Kinder als Ausdruck des Schöpferischen betrachteten und das Göttliche in der Ursprungsform des Menschen, dem Kind, verehrten. Jung sagt über das göttliche Kind:

> »Das Kind tritt als eine Geburt des Unbewussten aus dessen Schoß hervor. [...] Es personifiziert Lebensmächte, jenseits des beschränkten Bewusstseinsumfanges [...] von denen das Bewusstseins in seiner Einseitigkeit nichts weiß, und eine Ganzheit, welche die Tiefen der Natur einschließt. Es stellt den stärksten und unvermeidlichsten Drang [...] dar, sich selbst zu verwirklichen« (GW 9/1, § 289).

Zum Urbild des göttlichen Kindes gehört, dass es in seiner Kindheit einerseits verlassen, bedroht und Gefahren ohnmächtig ausgeliefert, andererseits göttlichen Ursprungs ist. Es verfügt über vielfältige Kräfte und Möglichkeiten, welche menschliches Maß weit übersteigen. Diese Paradoxie ist grundlegend für das Symbol des göttlichen Kindes: Einerseits ist es »unerkannt«, »nur« ein Kind, andererseits aber göttlich und hat besondere Fähigkeiten (GW 9/1, S. 184). Oft taucht das Symbol des göttlichen Kindes in Träumen oder anderen unbewussten Manifestationen auf, wenn die Bewusstseinseinstellung des Träumers zu einseitig ist. Durch das Symbol des Kindes deutet sich an, das etwas zur Selbständigkeit erwacht. Eine *Selbst*-Verwirklichung ist aber nur möglich, wenn man sich vom Ursprung ablöst. Deshalb ist die Verlassenheit und Einsamkeit des göttlichen Kindes in vielen Mythen und Märchen ein zentrales Motiv. Träume von einem Kind, wie in unserem Beispiel, könnten subjektstufig verstanden eine Annäherung an unser *inneres Kind* bedeuten. Im guten Kontakt zu seinem inneren Kind zu sein, bedeutet in lebendiger Beziehung zu sein mit der kindlichen Seite in uns, die einerseits spontan, verspielt, neugierig und voller Lebens- und Entdeckerfreude sein kann, andererseits aber auch naiv, ängstlich, wütend, vielleicht auch voller Scham und Trauer, weil es uns schwerfällt, unsere Verletzlichkeit und Sehnsucht z. B. nach Bestätigung und Bewunderung einzugestehen.

Das Symbol des Kindes kann darauf hinweisen, dass sich eine Wandlung der Persönlichkeit andeutet. »Es ist daher ein die Gegensätze vereinigendes Symbol, […], ein Heilbringer, d. h. ein Ganzmacher« (GW 9/1, § 278).

2.2 Das Ich-Bewusstsein

2.2.1 Das Bewusstsein

Unter Bewusstsein können Inhalte des Wahrnehmens, Denkens, Intuierens, Fühlens, Vorstellens, Erinnerns und der Handlungsplanung verstanden werden. Dazu gehören auch die Gefühle, die man bewusst wahrnimmt (Roth, 2021, S. 269). Von ganz einfacher Bewusstheit abgesehen, ist Bewusstheit oft mit dem Ich-Erleben verbunden, das als Strom des Aktualbewusstseins aus Sinneseindrücken, Gedanken, Vorstellungen, Erinnerungen, Bedürfniszuständen und Emotionen besteht, die in kurzer Abfolge wechseln. Neben dem Aktualbewusstsein gibt es das Hintergrundbewusstsein (▶ Kap. 1.5.1), das wir meist erst wahrnehmen, wenn es infolge von Verletzungen durch Unfälle oder Krankheiten in einzelnen Arealen des Gehirns ausfällt (ebd.) Unsere Denk- und Fühlfunktion, die Fähigkeit zur Wahrnehmung und Intuition, wie auch alle emotionalen Erlebnisqualitäten sind auf die in unserem Gehirn ablaufenden neuronalen Verarbeitungsprozesse zurückzuführen, wie die Hirnforschung in den letzten 30 Jahren nachweisen konnte:

> »Hochkomplexe Leistungen wie Wahrnehmen, Erinnern, Planen, Entscheiden, selbst intuitives Empfinden und Bewerten lassen sich auf eine, wenn gleich hochkomplexe und enorm vernetzte, so doch letztlich aber materielle Grundlage [unser Gehirn] zurückführen. Dies gilt auch für das Phänomen, das gemeinhin als die entscheidende Errungenschaft betrachtet wird, die den Menschen vom Tier unterscheidet, unser Bewusstsein« (Hüther, 2006, S. 115).

Aus neurobiologischer Sicht ist Bewusstsein untrennbar an Aktivitäten der assoziativen Großhirnrinde des Gehirns gebunden und dient der Verarbeitung von Informationen verschiedenster Art. Vieles, was unbewusst verarbeitet wird, wird anschließend, nach rund einer drittel Sekunde bewusst und wird dann, mittels der Großhirnrinde, zur Grundlage eines komplexen Denkens, Fühlens, Kommunizierens und Handelns. Bewusstsein ist ein Format zur Verarbeitung neuer, wichtiger und bedeutungsvoller Informationen, die dem Denken, den Gefühlen oder der unbewussten Wahrnehmung entstammen. Bewusstseinsprozesse schaffen einen mentalen oder virtuellen Raum, in dem Körper, Welt und Ich direkt miteinander zu interagieren scheinen. Mittels dieses mentalen Raumes ist eine komplexe Informationsverarbeitung und ein vielschichtiges Problemlösen möglich (Roth & Stüber, 2018, S. 281). Der von Vertretern von Philosophie und Neurowissenschaft geführte wissenschaftliche Diskurs, wie Körper und Seele/Geist miteinander verbunden sind und ob Geist und Bewusstsein nichts anderes als neuronale Zustände sind, ist noch nicht zu einem abschließenden Ergebnis gekommen (Roth, 2021, S. 265 ff.). Neurowissenschaftliche Erkenntnisse der letzten 30 Jahre unterscheiden sich deutlich von den Vorstellungen C. G. Jungs. Aus Sicht Jungs wird der Ich-Komplex als das Zentrum des Bewusstseinsfeldes verstanden, mittels dessen wir Bewusstsein erfahren. Im günstigen Falle steht der Ich-Komplex in einer wechselseitigen Beziehung zum Selbst, unserer Gesamtpersönlichkeit. Dabei wurde oder wird der Stärkung des Ich sowohl in der kindlichen Entwicklung als auch im Rahmen einer psychodynamischen Therapie eine wichtige Bedeutung zugemessen. Angestrebtes Ziel war oder ist die Ausbildung eines kohärenten Ich (*cohaerere* – zusammenhängend, verbunden sein, Kluge, 1999, S. 460). Darunter versteht Kast (1990, S. 106), dass der Ich-Komplex deutliche Strukturen und klare Ich-Grenzen aufweist.

Das menschliche Gehirn und mit ihm das Bewusstsein hat sich über Tausende von Jahren im Prozess der Evolution entwickelt. Mit der Bewusstseinsentwicklung in der Menschheitsgeschichte haben sich vor allem Gebser (1949), Neumann (1949) und Wilber (1996) beschäftigt. Die Bewusstseinsentwicklung wird einerseits als stammesgeschichtliche Entwicklung des Menschen geschildert, wie sie sich im Zuge der Evolution über Millionen von Jahren entwickelt haben könnte. Zugleich können wir die Bewusstseinsentwicklung aber auch in der individuellen Entwicklung eines jeden Kindes miterleben. Ken Wilber hat in seinem Buch *Halbzeit der Evolution* die Stufen der Bewusstseinsentwicklung in der Evolution beschrieben und bezieht sich stets auf Erich Neumann (*Ursprungsgeschichte des*

Bewusstseins, 1949). In verkürzter Form möchte ich einen Überblick geben und halte mich an Müller (2018, S. 103 ff.), Wilber (1996) und Neumann (2004):

1. *Die archaische Phase* (bei Neumann als uroborisch, vegetativ-animalisch bezeichnet, zentrales Symbol ist der Uroboros): Der Urmensch erlebte sich als Einheit mit dem Anderen, der Natur, der Gruppe, der Welt und dem Außen. Alles war noch miteinander verschmolzen und undifferenziert. Es war noch kein klares Ich-Bewusstsein vorhanden, sondern eher ein vorbewusstes Einheits- und Ganzheitserleben, ein Ich-Keim, der sich entwickeln musste. Das Zeitgefühl entsprach der ewigen Gegenwart. Einzelne bewusste Erlebniserfahrungen konnten noch nicht miteinander verbunden werden. Der Paradiesmythos (Genesis) vor dem Sündenfall charakterisiert diese Phase am besten.
2. *Die magische Phase:* Vor etwa 200.000 Jahren lebten die Menschen als Jäger und Sammler, sie waren aber auch Magier (Wilber, 1996, S. 57). Der Mensch wurde sich seiner eigenen getrennten Existenz allmählich bewusst und nahm seine Verwundbarkeit und seine Sterblichkeit mit Angst wahr. Das Individuum war zwar nicht mehr mit der naturhaften Welt verschmolzen, aber immer noch mit ihr magisch verbunden. Die Umwelt und Natur wurden als beseelt erlebt (animistisches Weltbild). Der Mensch bezog äußere Vorgänge auf sich selbst (egozentrischer Standpunkt). Nicht integrierte oder abgespaltene Anteile (Affekte und Triebe) erschienen dem Menschen als bedrohliche dämonische Kräfte, die mittels magischer Rituale bewältigt werden sollten.
3. *Die mythische Phase* (Beginn des Ackerbaus 9000–5000 v. Chr.): Das Leben als Ackerbauer führte zu einer weiteren Bewusstwerdung über die Gegenwart hinaus, denn mit Planung und Anbau von Nahrung gewann die zeitliche Perspektive und das Leben im Zyklus der Jahreszeiten, das sich Abstimmen mit anderen (Sprache) an Bedeutung. Durch das Herauslösen aus dem Einheitserleben begegnete der Mensch einer ambivalenten Welt und wurde sich seiner Sterblichkeit bewusst. Die Welt konnte nun in Gegensätzen wahrgenommen werden (Neumann, 2004, S. 44). Religionsgeschichtlich war dies die Zeit der Großen Mutter, die in ihrer Polarität erfahren wurde: einerseits Leben und Nahrung spendend, andererseits festhaltend und Leben nehmend.

Muttergottheiten wurden mit Fruchtbarkeit und Wachstum verbunden, die der Mensch in dieser Phase mit Opfern und Ritualen günstig zu stimmen suchte. Aufgrund des animistischen Denkens fühlte der Frühmensch sich einer übermächtigen Welt ausgeliefert. Innere Ängste wurden auf das Außen projiziert, was zu einem Existenzgefühl dauernder Gefährdung führte.

4. *Die Phase des rationalen Bewusstseins:* Diese Phase begann in Ansätzen mit dem Beginn der abendländischen Philosophie, der patriarchalen Kultur und der Entwicklung der Technik (ca. 2500 v. Chr.) und erfuhr in der Epoche der Renaissance und der Aufklärung ihre deutliche Ausgestaltung (Müller, 2018, S. 105f.). Das Ich-Bewusstsein war weiterhin erstarkt, das egozentrische Weltbild schien überwunden und der Mensch versuchte sich immer mehr aus der Abhängigkeit von äußeren Naturmächten und den inneren Kräften der Triebe und Affekte zu lösen (Müller, 2003b, S. 51). Das zentrale Symbol für diese Phase ist der Heldenmythos. Neumann hat die Begrifflichkeit des patriarchalen oder solar-patriarchalen Bewusstseins für diese Phase eingeführt. Durch das Erstarken des Ich-Bewusstseins und durch die Identifikation mit patriarchalen Werten erfährt der Mensch sich als autonom und allmächtig und entfremdet sich zunehmend von der »unteren« matriarchalen Welt, der Natur, Triebseite, dem Unbewussten und von bezogenen und wertschätzenden Beziehungen zu Mitmenschen und Umwelt (Müller, 2018, S. 106) (▶ Kap. 3.2.2).

5. *Das integral-transpersonale Stadium:* Das Individuum erlebt sich als Ganzheit von Körper, Geist und Psyche, Bewusstem und Unbewusstem. Das einseitig rationale Bewusstsein wird überwunden von einem integralen Denken und Erleben, das sich in ganzheitlicher Weise der Symbolik, Kunst und Spiritualität gegenüber öffnet. All diese Faktoren entsprechen Jungs und Neumanns Vorstellung von der Individuation. Im Sinne einer neuen Zentroversion erweitert sich das Ich-Bewusstsein zu einem Selbst-Bewusstsein, indem der Mensch sich mit allem (Mitmenschen, Umwelt, Erde und Kosmos) verbunden fühlt und sich als Teil der Schöpfung erfährt (ebd., S. 117).

Jung sieht das Bewusstsein eng mit dem Ich-Erleben verbunden. Seelische Inhalte gelten dann als bewusst, wenn sie mit dem Ich in Verbindung stehen. Besteht diese Beziehung nicht, so sind sie unbewusst. Wie oft und leicht Inhalte ihre Verbindung zum Ich verlieren, zeigt sich darin, wenn wir etwas vergessen (GW 6, § 687). Jung vergleicht das Bewusstsein mit dem Licht eines Scheinwerfers, dessen Lichtkegel Gegenstände beleuchtet, die auf diese Weise in das Feld der Wahrnehmung treten. Ein Gegenstand, der zufällig im Dunkeln ist, hat aber nicht aufgehört zu existieren, er wird bloß nicht gesehen. Die unbewussten seelischen Inhalte üben jedoch weiterhin ihre Wirkung aus, auch wenn sie nicht bewusst wahrgenommen werden können (GW 8, § 610 f.). In diesem Bild wird deutlich, dass das Ich-Erleben und das Bewusstsein aus Sicht Jungs nur einen kleinen Teil der Gesamtpersönlichkeit darstellen, die er als Selbst bezeichnet. Symbole des Bewusstseins sind Feuer, Licht, Sonne, Kerze und Lichterscheinungen, wie z. B. der Sternenhimmel, als Widerschein der Sterne im dunklen Wasser, als in schwarzer Erde ausgestreute Goldklümpchen oder ein einzelnes Auge in der Tiefe der Erde oder des Meeres (GW 8, § 396). Das Bewusstsein hat für Jung eine herausragende Bedeutung, weil es der Existenz Erkenntnis und bewusstes Sein vermittelt (Paetzold & Emrich, 2003b, S. 46). Jung erklärt sich Bewusstsein folgendermaßen: Eine Begebenheit, die im Kosmos stattfindet, erzeuge ein inneres Bild im Menschen. Das Ereignis findet dann sozusagen innerlich statt (Basler Seminar, 1934, unveröff. Seminarbericht, zitiert nach ETG, S. 411).

In folgender Textstelle beschreibt C. G. Jung, welche herausragende Bedeutung er dem Ich-Bewusstsein in der Menschheitsentwicklung beimisst:

»Alle Urwelten vor dem Menschen waren physisch vorhanden. Sie waren ein namenloses Geschehen, aber kein bestimmtes Sein, denn es gab jene minimale Konzentration des ebenfalls vorhandenen Psychischen noch nicht, welche das Wort aussprach, das die ganze Schöpfung aufwog: »Das ist die Welt, und das bin ich.« Das war der erste Tag der Welt, der erste Sonnenaufgang nach dem Urdunkel, als jener bewusstseinsfähige Komplex [...] das Ich, erkennend Subjekt und Objekt schied und damit der Welt und sich selber zum bestimmten Sein verhalf, denn er gab ihr und sich selber Stimme und Namen. Der lichtstrahlende Sonnenkörper ist das Ich und sein Bewusstseinsfeld, [...] außen Licht und innen Dunkelheit. In der Quelle des Lichtes ist Dunkles genug, um daraus Projektionen zu bilden, denn die Basis des Ich ist die Dunkelheit der Psyche« (GW 14/1, § 125).

Für Jung ist die Bewusstwerdung im psychotherapeutischen Prozess das Zentrale: Psychologie verwirkliche den Drang des Unbewussten nach Bewusstheit (GW 8, § 429). Das gemeinsame (kollektive) Unbewusste führe den Menschen bzw. die menschliche Gemeinschaft zur Bewusstheit (GW 16, § 227).

2.2.2 Der Ich-Komplex

Jung versteht das Ich als »einen Komplex von Vorstellungen, der das Zentrum des Bewusstseinsfeldes ausmacht, der mir von hoher Kontinuität und Identität mit sich selber zu sein scheint. Ich spreche deshalb von einem Ich-Komplex« (GW 6, § 730).

Die Grundlage des Ich-Komplexes ist unsere Gesamtpersönlichkeit, das Selbst, unsere bewusst-unbewusste, körperlich-psychische Ganzheit (GW 8, § 798). Das Ich als Zentrum des Bewusstseinsfeldes hat zu allen Bewusstseinsinhalten Zugang und wird zugleich als Verbindung zu dem Selbst verstanden, denn mithilfe unseres Ichs können wir die Manifestationen des Selbst integrieren, wie Träume oder symbolische Aspekte, die uns bewusst werden. Unser Ich ermöglicht die Wahrnehmung nach außen, die als Realitätsprüfung verstanden werden kann, und nach innen im Sinne der Introspektion. Mithilfe der Introspektionsfähigkeit können wir Aspekte unseres Ichs erfassen und über uns selbst, unsere Gefühle, Wünsche, Absichten und Impulse im Sinne eines selbstreflexiven Prozesses nachdenken. Jung betont, dass der Ich-Komplex nur ein Komplex unter anderen Komplexen ist (GW 8, § 582). Wenn ein anderer Komplex sich konstelliert, kann der Ich-Komplex von den Inhalten des Komplexes überschwemmt werden (s. Fallvignette ▶ Kap. 3.3). Komplexe sind Energiezentren, die sich um einen affektbetonten Bedeutungskern aufgebaut haben. Wie jeder Komplex hat auch der Ich-Komplex einen archetypischen Kern, um den herum sich persönliche Erfahrungen gruppieren, die ihnen den entsprechenden Gefühlston verleihen. Das Ziel, eine eigene personale Identität zu erlangen und ein damit verbundenes Selbstbewusstsein und Selbstwertgefühl zu entwickeln, ist eng mit dem Ich-Komplex verbunden. Das Gefühl, mit sich selbst identisch zu sein und sein Potential zur Entfaltung zu bringen, trägt dazu bei, sich als Individuum und in seinem Ich-

Komplex aktiv, vital und lebendig zu fühlen und das Gefühl zu haben, etwas bewirken zu können und sich zu verwirklichen (Kast, 1990, S. 68 ff.). Jung entwickelte eine eigene Typologie der Persönlichkeit, die der Orientierung und Bewusstwerdung dient (GW 6, § 556 ff.). Er unterscheidet darin zwei Grundeinstellungen: Extraversion und Introversion. Mit der extravertierten Einstellung orientiert sich der Mensch vorrangig an der ihn umgebenden Außenwelt und ihren Objekten. Mit der introvertierten Einstellung wendet sich der Mensch dagegen seiner inneren Welt und eigenen Erfahrungen zu. Dem Ich-Komplex werden Ich-Funktionen unterstellt wie Gedächtnis, Aufmerksamkeit, Orientierungsfähigkeit, Fantasieren, Realitätsprüfung, Frustrations- und Affekttoleranz sowie Affektdifferenzierung. Weitere Fähigkeiten, die Jung dem Ich zuschreibt, sind die vier Orientierungsfunktionen Wahrnehmung, Empfindung, Denken und Intuition. Mittlerweile haben Erkenntnisse der neueren Neurowissenschaft jedoch belegt, dass sowohl die Ich-Funktionen wie auch die Orientierungsfunktionen nicht einem Ich unterstellt werden können, sondern mit bestimmten Arealen des Gehirns in Verbindung stehen und autonome Leistungen des Gehirns sind (Hüther, 2006, S. 115)

2.3 Urbeziehung, Entwicklung des Ich aus dem Selbst und Ich-Selbst-Achse aus Sicht Erich Neumanns

Erich Neumann (1905–1960) lebte und arbeitete als Psychoanalytiker in Berlin. Aufgrund seiner Zugehörigkeit zur jüdischen Religion entschied er sich 1933, der Bedrohung durch die Nationalsozialisten sehr bewusst, mit seiner Familie nach Tel Aviv, Palästina, auszuwandern. C. G. Jung hatte Neumann bei der Entscheidung der Auswanderung sehr unterstützt und blieb mit ihm im brieflichen Kontakt. Angeregt durch Kinderzeichnungen und Aufzeichnungen von Rollenspielen und Sandspielprozessen, die Kindertherapeuten in ihre Supervision mit Neumann eingebracht hatten, beschäftigte sich Neumann mit der kindlichen Bewusstseinsentwicklung (1949). In seinem Buch *Das Kind*, das er durch seinen frühen Tod leider nicht vollenden konnte, hat er die Urbeziehung zwischen Mutter und Kind, die Entwicklung des kindlichen Ichs aus dem Selbst und die sogenannte Ich-Selbst-Achse beschrieben. Die modellhaften Arbeiten Neumanns geben uns eine Vorstellung wie Selbstorganisation und Entwicklung des Ich-Bewusstseins im frühen Kindesalter miteinander verbunden sein könnten. Ich halte mich in den folgenden Ausführungen an Neumanns oben erwähntes Buch (1999).

2.3.1 Die Urbeziehung

Das ungeborene Kind wächst neun Monate im Mutterleib heran, was symbolisch als »intrauterine Paradiessituation« und »uroborische Einheitswirklichkeit« verstanden werden kann. Der Uroboros (ägypt.: Schwanzfresser), eine sich selbst in den eigenen Schwanz beißende Kreisschlange, ist ein altes Symbol für den Frühzustand der Psyche, in dem es noch kein Bewusstsein gibt und das keimhafte Ich noch mit dem Unbewussten verschmolzen ist. Der Säugling ist aus Sicht Neumanns eine biopsychosoziale Ganzheit. Physiologisch zu früh geboren, erreicht der Säugling erst gegen Ende des ersten Lebensjahres den artgemäßen Reifegrad, den Säugetiere bei der Geburt aufweisen. Das gesamte erste Lebensjahr des Kindes muss deshalb als nachgeburtliche Embryonalzeit verstanden werden. Es dauert mindestens ein Jahr, bis das Kind den aufrechten Gang und die Wortsprache erlernt.

Der Biologe Portmann (1958) sieht den bio-psychischen Sinn des physiologisch zu früh Geborenwerdens darin, dass der Säugling »einen außerordentlich frühen Kontakt mit dem Reichtum der Welt erfährt, was für den Menschen, als soziales und mit Bewusstsein begabtes Wesen von entscheidender Bedeutung ist« (Jacoby, 2003a, S. 445).

Die Wirklichkeit zwischen Mutter und Kind nennt Neumann die »Einheitswirklichkeit« und meint damit, dass Psyche und Welt, Innen und Außen noch nicht getrennt und polarisiert, sondern als Einheit erlebt werden. In dieser Phase existiert das Kind in der »participation mystique« (Levy-Bruhl), der unbewussten Identität (GW 6, § 495) mit der Mutter,

2.3 Urbeziehung, Entwicklung des Ich und Ich-Selbst-Achse (Neumann)

einem ozeanischen Gefühl der All-Verbundenheit (▶ Kap. 1.4.2) Der Säugling ist im ersten Jahr darauf angewiesen, mit seiner mütterlichen Bezugsperson in einer innigen, symbiotischen, spannungslosen Beziehung zu leben, in der Körperliches und Psychisches, innen und außen, Kind und mütterliche Bezugsperson als Einheit erlebt werden, für die Neumann den Begriff der Urbeziehung oder Dual-Union eingeführt hat. Die primäre Bezugsperson verkörpert für den Säugling das Selbst. In der Beziehung zwischen Mutter und Kind ist das Eros-Prinzip wirksam, von dem die Existenz des Kindes abhängt (▶ Kap. 2.1.3). Wenn die primäre Bezugsperson zu einem intensiven affektiven Austausch in der Lage ist, die kindlichen Bedürfnisse angemessen beantwortet und seine Unlusterfahrungen erträglich gemacht werden, erfährt das Kind umfassende Geborgenheit bei der mütterlichen Bezugsperson und es konstelliert sich der positive Pol des Mutterarchetyps (▶ Kap. 3.2.1). Auf diese Weise entsteht sowohl das grundlegende Gefühl der Geborgenheit und des Vertrauens in sich selbst als auch zu einem Gegenüber und zum Kollektiv. Aufgrund der in ihrer Psyche angelegten Möglichkeiten bildhafte Vorstellungen zu entwickeln, erfährt die kindliche Persönlichkeit allmählich den inneren und äußeren Reichtum des kollektiven Unbewussten und der Archetypen, projiziert auf die Welt (▶ Kap. 3.2). Da im ersten Lebensjahr beim Kind wie auch bei der mütterlichen Bezugsperson der Mutterarchetyp stark konstelliert ist, erlebt das Kind die Mutter noch nicht als persönliche Mutter, sondern transpersonal als Große Mutter mit polaren Aspekten. Über den Körper- und Hautkontakt mit seiner primären Bezugsperson, findet ein basaler Austausch statt und bedeutet Lebenssteigerung, Lebensfreude und Welt-Vereinnahmung (Neumann, 1999, S. 31). Neumann versteht Oralität als Austausch mit der Welt und als Auftauchen einer zentralen archetypischen Symbolwelt. Zugleich versteht er Oralität auch als Erkenntnisprozess, sich die Welt einzuverleiben. Das kindliche Ich, das anfangs nur inselhaft aus dem Unbewussten auftaucht und nur Teile der Wirklichkeit wahrnehmen kann, ist auf *geladene* erogene Zonen angewiesen, die auch als gnosogen (»Erkenntnisstellen der Wirklichkeit«, ebd., S. 33) bezeichnet werden können, mit denen das Ich die Wirklichkeit erfassen kann. Der Schweizer Biologe und Entwicklungspsychologe Jean Piaget hat ebenfalls darauf hingewiesen, dass die Welterfahrung des Kindes zunächst am Körper und in der Symbolik des Körpers erfolgt (ebd., S. 35). Neumann bezeichnet die Qualität der Urbeziehung zwischen Kind und mütterlicher Bezugsperson als schicksalhaft, »weil in der Frühphase der menschlichen Entwicklung Liebes- und Erkenntnismoment, Ich-Entwicklung und Du-Beziehung aufs intimste zusammengehören (ebd., S. 33).

Im ersten Lebensjahr erfährt das Kind seine Körperlichkeit noch ganzheitlich. Eine Teilung in einen *oberen* Kopf-Pol und einen *unteren* Pol, der die Ausscheidungs- und die Sexualorgane umfasst, erfolgt erst im Laufe seiner Entwicklung. »Alle körperlich-psychischen Vorgänge sind hier noch geliebt, das lustbringende Saugen ebenso wie der schöne Stuhl« (ebd., S. 34). Neumann betont, dass die kulturellen Werte des Kollektivs die Urbeziehung und dadurch auch die Einstellung zum Kind sowie dessen Entwicklung entscheidend mit beeinflussen und prägen.

2.3.2 Die kindliche Ich-Entwicklung aus dem mütterlichen Selbst

Die Ich-Entwicklung des Kindes wird durch eine von Anfang an wirkende Kraft und Energie angetrieben, die in seinem Selbst angelegt ist. Aufgrund einer natürlichen Tendenz der Seele (Zentroversion) bildet sich in der ersten Lebenshälfte des Menschen ein Bewusstseinszentrum aus. Von Anfang an verwirklicht sich im Säugling die Kraft des Automorphismus (griech.: Selbstgestaltung, Müller & Walch 2003, S. 41). Darunter versteht Neumann die für das Individuum spezifische und einmalige Tendenz, sich selbst innerhalb des Kollektivs zu verwirklichen, wenn nötig, aber auch gegen das Kollektiv gerichtet. Aus dem Ich-Keim, der zunächst in der Ursprungseinheit ruht, entwickelt sich im Verlauf des ersten Lebensjahres das kindliche Ich. Die mütterliche Bezugsperson ist in dieser Phase für das Kind die Trägerin seines Selbst (Bezogenheitsselbst). Die früheste manifestierte Form des Selbst des Kindes ist sein Körperselbst, seine bio-psychische Ganzheit, welche die Entwicklung des Kindes mittels dessen vitaler, sich körperlich ausdrückender Bedürfnisse antreibt. Mit der Geburt des Kindes hat sich zwar ein Teil der Verbundenheit des Kindes mit der Mutter aufgelöst, aber Mutter und Kind bilden im ersten Lebensjahr weiterhin eine verschmolzene Einheit (s. *unbewusste Identität*, ▶ Kap. 1.4.2). Aus Neumanns Sicht wandert das Selbst im Verlauf des ersten Lebensjahres in

2.3 Urbeziehung, Entwicklung des Ich und Ich-Selbst-Achse (Neumann)

das Kind hinüber und errichtet dort eine *Filiale*, die dann allmählich zu einem eigenständigen Ich-Komplex wird. Damit einhergehend nimmt das Bewusstsein des Kindes zu. Das kindliche Ich bleibt im günstigsten Fall in lebendiger Beziehung zum Selbst und hat die Ganzheitsinteressen gegenüber der Innen- oder Außenwelt zu vertreten (▶ Kap. 2.3.4). Aus der Vereinigung des Körperselbst und dem in der Mutter vorhandenen Bezogenheitsselbst entsteht bis zum Ende des ersten Lebensjahres das Ganzheitsselbst des Kindes. Diesen Zeitpunkt versteht Neumann als die eigentliche Geburt des Kindes und des Ich. Das Kind kann nun zwischen Ich und Nicht-Ich unterscheiden, zwischen sich und seiner mütterlichen Bezugsperson und die Welt in Gegensätzen wahrnehmen. Neumann beschreibt die weiteren Ich-Stufen (1999, S. 151 ff.): Während die »unteren« Ich-Stufen zur Urbeziehung und zur matriarchalen Welt gehören, löst sich das Ich mit zunehmender Stärkung und männlicher Identifikation von der Verbundenheit mit dem Weiblich-Mütterlichen. Der Mutterarchetyp verliert an Einfluss, es konstelliert sich die Wirkung des Vaterarchetyps. Das Ich des Einzelnen wird zum Helden-Ich, das die matriarchale Welt überwinden muss (ebd., S. 196). Symbole des Ich auf den »oberen« solaren Stufen sind der Tageshimmel und die Sonne (ebd., S. 152). Das solare Ich erfährt sich mit einer »höheren« himmlisch-geistigen Welt verbunden und grenzt sich gegenüber der »unteren« erdhaft-materiellen Welt ab, zu dem auch der Körper und das Unbewusste gehören, wie es charakteristisch ist für patriarchale Kulturen (ebd., S. 197). Um jedoch ein ganzheitliches, schöpferisches Bewusstsein erlangen zu können, muss diese mögliche Spaltung und Abwertung des Unbewussten und des Körpers spätestens im Verlauf des Individuationsprozesses der zweiten Lebenshälfte überwunden werden (▶ Kap. 3.1.2).

2.3.3 Die gestörte Urbeziehung und das Not-Ich

Die kindlichen Erfahrungen von Angst, Unlust und schrittweiser Versagung sind auch in einer bezogenen Urbeziehung nicht zu vermeiden. Sie werden jedoch meist von den positiven Aspekten des Mütterlichen überwogen, so dass ein Kind trotz dieser Negativerlebnisse die Erfahrung von Geborgenheit und Sicherheit machen kann. Es gehört zur gesunden Entwicklung, dass das Kind im Rahmen seiner beginnenden Ablösung und Autonomieentwicklung seine Aggressionen gegenüber seiner mütterlichen Bezugsperson zum Ausdruck bringt. In einer tragfähigen Urbeziehung kann ein Kind normalerweise seine Aggressionen integrieren, weil seine mütterliche Bezugsperson seine Aggressionen annimmt, aus-»hält«, containt (Bion), zum Teil vielleicht auch lenkt und begrenzt, dabei im optimalen Fall seine Gefühle vielleicht in Worte fasst und beruhigend auf es einwirkt. In einer gestörten Urbeziehung hingegen treten innerpsychisch Aggressionen auf, die nicht integriert werden können und die gegen sich selbst gerichtet zu depressiven Tendenzen und Angststörungen führen können.

Als Gründe für eine gestörte Urbeziehung benennt Neumann eine ungenügende emotionale Bezogenheit, aber auch, wenn die mütterliche Bezugsperson aufgrund psychischer oder sozialer Umstände als Basis der Existenz des Kindes nicht im ausreichenden Maß zur Verfügung steht oder durch Trennung, Krankheit oder Tod ausfällt (ebd., S. 79). Aufgrund einer *gestörten* Urbeziehung kann sich im Kind ein negativer Mutterkomplex (▶ Kap. 3.3) konstellieren, was sich in einer fehlenden Bezogenheit des Kindes zu seinem Körper, zu sich selbst und zum Du niederschlagen kann. Je früher die Störung der Urbeziehung einsetzt, umso negativer kann diese sich auf die Ich-Entwicklung auswirken, bis hin zu Apathie und Tod (Spitz 1965). Wenn die Störung der Urbeziehung einsetzt, nachdem das Ich bereits eine gewisse Festigkeit erlangt hat, kann sich ein Not-Ich oder ein negativiertes Ich entwickeln. In dieser Verlassenheits- oder Notsituation wird das Ich des Kindes zu einer verfrühten Selbständigkeit gedrängt, mit der Folge, dass das Kind egoistische, egozentrische und narzisstische Persönlichkeitszüge ausbildet. Dadurch wird der Kontakt zur Umwelt und zum eigenen Selbst erheblich erschwert oder verunmöglicht. Ein wesentliches Symptom der gestörten Urbeziehung ist das sogenannte primäre Schuldgefühl. Das Kind gibt sich die Schuld dafür, dass es nicht geliebt wird, dadurch dass es sich für nicht liebenswert, nicht normal oder nicht in Ordnung fühlt. Der Mangel an Liebe wird schuldhaft verarbeitet. Das primäre Schuldgefühl kann meist nicht bewusst reflektiert werden, sondern bleibt diffus und archaisch.

2.3.4 Die Ich-Selbst-Achse und das integrale Ich

Der Begriff der Ich-Selbst-Achse wurde von Neumann eingeführt. Unter diesem etwas starren und technisch anmutenden Begriff versteht er eine lebendige und dynamische Beziehung zwischen dem Ich und dem Selbst. Aus seiner Sicht kann sich ein integrales Ich nur entwickeln, wenn das Ich in dynamischer Beziehung zu den schöpferischen Kräften des Selbst steht und Aspekte der Manifestationen des Unbewussten in das Ich-Bewusstsein integriert werden können. Eine solche Beziehung zwischen dem Ich und dem Selbst ist die wesentliche Voraussetzung für eine gesunde Persönlichkeitsentwicklung, Selbstregulation und die Grundlage der Individuation. Jeder psychische Prozess, jede Krise, Störung und jede Bewusstseinsveränderung bedeuten eine Schwerpunktverschiebung auf der Ich-Selbst-Achse. Eine tragfähige Urbeziehung bildet die Basis dafür, dass ein Kind Positives und Negatives integrieren kann, so dass die Einheit der Persönlichkeit gewahrt bleibt und nicht in polare Teile abgespalten wird. Bei einer ungestörten Entwicklung bildet sich gegen Ende des ersten Lebensjahres ein Ich als Zentrum des Bewusstseinsfeldes, das Neumann als positives, integrales Ich bezeichnet. Dieses Ich hat die Fähigkeit auch negative Qualitäten der kindlichen Außen- und Innenwelt zu assimilieren und zu integrieren. Mit heutigem Wortschatz formuliert könnte eine gute Verbindung zwischen Ich und Selbst, die Neumann als Ich-Selbst-Achse bezeichnet hat, folgendermaßen beschrieben werden: Das Individuum hat ein »Selbstbewusstsein« erlangt, verstanden im philosophischen Sinne (Newen & Vogeley, 2001, S. 11) als Bewusstsein von den eigenen geistigen und bio-psychischen Prozessen seiner Person. Es vertraut auf den dialektischen Prozess (▶ Kap. 5.2) und darauf, dass von seinem Selbst, wenn die Selbstregulation in Gang kommt, heilende und wandelnde Wirkung ausgeht. Ziel ist das Erlangen der eigenen Ganzheit im Sinne von Vollständigkeit.

2.3.5 Exkurs zu Daniel Sterns Theorie: »Die Entwicklung des Selbstempfindens«

Der amerikanische Psychiater Daniel Stern (1934–2012) ist einer der bekanntesten Vertreter der Säuglings- und Kleinkindforschung, der die Entwicklung von Säuglingen nicht klinisch rekonstruierte, sondern seine Erkenntnisse durch unmittelbare Beobachtung erlangte (Stern, 1996, S. 30).

Stern geht davon aus, dass Säuglinge bereits nach der Geburt die Fähigkeit haben, zwischen sich und dem Anderen zu unterscheiden und dass sie zu keinem Zeitpunkt eine autistische Phase erleben (ebd., S. 19). Er stellte Hypothesen auf, wie der Säugling sich selbst, seine umgebende Umwelt und den Anderen wahrnimmt, und führte dafür den Begriff des Selbstempfindens (Ich-Empfinden oder Ich-Gefühl im Verständnis der Analytischen Psychologie – Jacoby, 1993b, S. 60) ein. Die Fähigkeit des Selbstempfindens entwickelt sich im interaktionellen und affektiven Austausch des Kindes mit seinen primären Bezugspersonen und nimmt im Laufe der Entwicklung stetig zu. Stern beschreibt vier Stufen:

1. *Phase des auftauchenden Selbstempfindens* (von Geburt bis zum 2. Monat): Einzelne Erfahrungen werden klar und lebendig erlebt, bleiben aber zunächst noch unverbunden (Stern, 1996, S. 73). Allmählich verbinden sich diese zu einem größeren Zusammenhang und ermöglichen dem Säugling eine erste innere Strukturierung und Organisation (ebd., S. 103).
2. *Phase des Kern-Selbstempfindens* (zw. 2./3. und 7./9. Monat): In dieser Phase beginnt das Kind, die oder den *das Selbst regulierende/n andere/n* (ebd., S. 148) als eine von sich selbst getrennte Wesenseinheit zu erleben, mit dem gemeinsame Erfahrungen und Interaktionen möglich sind, aber ohne jemals miteinander symbiotisch verschmolzen zu sein. Durch Interaktionen und affektiven Austausch mit seinen Bezugspersonen erlangt das Kind die Vorstellung, eine zusammenhängende Einheit zu sein (s. Selbstkohärenz, ▶ Kap. 1.3.1).
3. *Phase des subjektiven Selbstempfindens* (zw. 7./9. und 16./18. Monat): Hier nimmt das Kind wahr, dass es selbst und seine Bezugspersonen ein eigenes Seelenleben besitzen und dass es affektive und kognitive Erfahrungen mit einem anderen teilen und kommunizieren kann (Rei-

fungsgrad der Intersubjektivität wird erreicht) (1996, S. 179). Gleichzeitig macht das Kind die Erfahrung, dass die primären Bezugspersonen zum Teil andere Emotionen und Absichten als es selbst haben.

4. *Phase des verbalen Selbstempfindens* (ab 15–18 Monaten, Phase ist nie abgeschlossen): In dieser Phase entdecken die Kinder, dass sie persönliches Wissen und Erfahrungen haben, die sie mit Hilfe von Symbolen kommunizieren können. Durch den Spracherwerb verliert das Kind jedoch die Ganzheit seines Erlebens (ebd., S. 378), was krisenhaft erlebt werden kann (symbolisch: Verlust des Paradieses). Der vorsprachliche Zustand ist vermutlich für das Kind ganzheitlicher. Später fügt Stern (1989b, zitiert nach Dornes 1993/2004, S. 81) noch eine *fünfte Phase* dazu: *das narrative Selbstempfinden*. Es entsteht im Alter von drei bis fünf Jahren und bezeichnet die Fähigkeit, persönliche Erlebnisse und Motive in einer erzählenden, kohärenten Geschichte zu organisieren, was über eine bloße sprachliche Beschreibung hinausgeht.

Vergleich der Konzepte Neumanns und Sterns

Das von Neumann in den 1960er Jahren entstandene Konzept der Urbeziehung wird durch eine zweizeitige Embryonalzeit des Kindes und eine enge bewusst-unbewusste Verbundenheit von Kind und Mutter, wie auch durch ihren intensiven affektiven Austausch im ersten Lebensjahr charakterisiert. Neumann hat damit ein auf dem ganzheitlichen Menschenbild der Analytischen Psychologie beruhendes Konzept der Selbstorganisation der kindlichen Entwicklung geschaffen und dieses den damals vorherrschenden Vorstellungen (von Freud, Spitz, Mahler) vom Säugling als einem objektlosen, undifferenzierten Wesen gegenüber gestellt. Die Annahme Sterns über das Selbstempfinden als organisierendes Prinzip kommt Jungs und Neumanns Vorstellungen vom Selbst als organisierendem und regulierendem Prinzip sehr nahe. Neumanns Vorstellungen über die entscheidende Bedeutung der emotionalen Qualität der Urbeziehung, die regulierenden, haltenden und geborgenheitsgebenden Charakter hat, ähneln Sterns Vorstellung von dem/der *das Selbst regulierende Anderen*. Während Neumann davon ausgeht, dass der Säugling im ersten Lebensjahr noch keine Gegensätzlichkeit zwischen Ich-Selbst und mütterlicher Umwelt erfährt und erst gegen Ende des ersten Lebensjahres zwischen Ich und Nicht-Ich unterscheiden kann, kommt die neuere Säuglings- und Kleinkindforschung sowie die Neuropsychologie mit experimentalpsychologischen Methoden zu anderen Ergebnissen. In den ersten sechs Lebensmonaten ist der Säugling weder in seiner Wahrnehmungsorganisation noch in seinem Interaktionsverhalten und -erleben autistisch oder symbiotisch, sondern kompetent, aktiv und differenziert (Dornes, 2004, S. 16). Der Säugling erlebt sich nicht als mit der Mutter verschmolzen, sondern als selbständig und gut abgegrenzt. Gemeinsamkeitserlebnisse mit der/ dem Anderen werden möglich und gesucht, denn der Säugling hat bereits vorsprachlich Fähigkeiten zum affektiven Austausch mit diesen. Aufgrund seiner Fähigkeiten, die Umwelt und die eigene Person wahrzunehmen, zu erkennen und zu begreifen, macht der Säugling zunehmend die Erfahrung eines eigenständigen, abgegrenzten Selbst (ebd.). Welche Kompetenzen und Fähigkeiten Säuglinge nach ihrer Geburt haben, wird ausführlich dargestellt in Pauens Beitrag *Wie werden Kinder selbstbewusst* in Newen und Vogeley (2001, S. 291 ff.) oder Dornes *Der kompetente Säugling* (2004).

Zusammenfassung

Selbst und Ich sind zentrale Begriffe in der Analytischen Psychologie. Das Selbst ist unsere Gesamtpersönlichkeit, unser Körper, Geist und Psyche, Bewusstsein und Unbewusstes, von dem eine zentrierende Kraft ausgeht, sowie antreibende Kraft für den Selbstwerdungsprozess, den Jung als Individuationsprozess bezeichnet hat. Das Ziel der Selbst-*werdung* sieht er im Erlangen der Ganzheit, nicht im Sinne von Vollkommenheit, sondern im Sinne von Vollständigkeit. Zum Selbst, unserer Gesamtpersönlichkeit, gehört der polare und paradoxe Charakter. Ein Ziel könnte sein, die Polaritäten in sich zu bejahen und gegensätzliche Spannungen als Ausdruck der Dynamik unserer psychischen Energie zu verstehen. Der Ich-Komplex, den Jung als Zentrum des Bewusstseinsfeldes versteht, ist nur ein kleiner Teil des Selbst. Jung kam zu der Vorstellung, dass es außer einem persönlichen Unbewussten ein kollektives Unbewusstes gibt, in dem sich menschliche Urerfahrungen seit Generationen niedergeschlagen haben. Letzteres hat für ihn eine schöpferische Qualität. Strukturelemente des kollektiven Unbewussten sind die Archetypen, die selbst unanschaulich als Fundamente verstanden werden können, die Bildvorstellungen, Emotionen und energetische Prozesse in der Gesamtpersönlichkeit bewirken können. Der Arbeit mit der Bildersprache der Seele, die in Symbolen, Träumen, im freien Spiel, Märchen oder Mythen zum Ausdruck kommt, wird im therapeutischen Prozess mit Kindern und Jugendlichen eine zentrale Bedeutung zugemessen. Diese Manifestationen des Unbewussten sind Ausdruck der in Fluss gekommenen psychischen Energie. Wenn ihre Wirkung ins Ich-Bewusstsein integriert werden kann, ermöglichen sie die Selbstorganisation und -regulation des Individuums und bewirken letztlich die Ganzheit des Individuums im Sinne der prospektiv-finalen Tendenz. Die Bewusstseinsentwicklung des Menschen ist ein Ergebnis der Evolution, kann aber auch in der Entwicklung eines jeden Kindes beobachtet werden. Jungs Theorie über den Ich-Komplex, wurden Erkenntnisse der Neurowissenschaft gegenübergestellt. Erich Neumann arbeitete die Vorstellung aus, dass die Mutter das Selbst für das Kind bedeutet, das die kindliche Ich-Entwicklung im ersten Lebensjahr erst ermöglicht. Dieser Ansatz wird mit Daniel Sterns Konzept der Entwicklung des Selbstempfindens verglichen. Ergebnisse der neueren Säuglingsforschung über den *kompetenten* Säugling im ersten Lebensjahr runden das Kapitel ab.

Literatur zur vertiefenden Lektüre

Dornes, M. (2004). *Der kompetente Säugling.* Frankfurt/M.: Fischer.
Jaffé, A. (1997). *Erinnerungen, Träume, Gedanken von C. G. Jung.* Sonderausgabe (10. Aufl.). Zürich, Düsseldorf: Walter.
Müller, L. & Müller, A. (2003). *Wörterbuch der Analytischen Psychologie.* Düsseldorf und Zürich: Patmos.
Müller, L. & Müller, A. (2018). *Praxis der Analytischen Psychologie.* Stuttgart: Kohlhammer.
Neumann, E. (1999). *Das Kind.* Frankfurt/M.: Fischer.
Neumann, E. (2004). *Ursprungsgeschichte des Bewusstseins.* Düsseldorf und Zürich: Walter
Stern, D. (1996). *Die Lebenserfahrung des Säuglings.* Stuttgart: Klett-Cotta.
Wilber, K. (1996). *Halbzeit der Evolution.* Frankfurt/M.: Fischer.

Weiterführende Fragen

- Was bedeutet Finalität?
- Warum ist die Vorstellung, im Leben dauerhafte Glücksgefühle anzustreben aus Sicht Jungs nicht realistisch?
- Schließt die Vorstellung Jungs von der Ganzheit des Menschen auch Aspekte der Persönlichkeit mit ein, die aufgrund der Wertvorstellungen der Gesellschaft als unerwünscht angesehen werden?
- In welchen Aspekten unterscheidet sich das Konzept von der Urbeziehung (Neumann) von der Vorstellung Mahlers über die frühe Mutter-Kind- Beziehung?

3 Der Individuationsprozess

»Jedes Leben ist schließlich eine Verwirklichung eines Ganzen, d. h. eines Selbst, weshalb man die Verwirklichung auch als Individuation bezeichnen kann« (GW 12, § 33).

Mit dem Prinzip der Individuation haben sich bereits viele Philosophen wie Aristoteles, Albertus Magnus, Leibniz, Spinoza und Schopenhauer beschäftigt (Jacobi, 1971, S. 22). Der Individuationsprozess kann als archetypisch verankerter, psychischer Differenzierungs- und Reifungsprozess verstanden werden. Das Ziel ist, die Ganzheit des Individuums (s. Finalität ▶ Kap. 2.1.2) anzustreben, nicht im Sinne von Vollkommenheit oder Perfektion, sondern im Sinne von Vollständigkeit. Es ist ein lebenslanger Prozess, der sich parallel zum körperlichen Wachstums- und Alterungsprozess bis zum Tod entfaltet. Oft bleibt dieser Prozess unbewusst. Der natürliche Individuationsprozess, wie er in vielen Formen der Natur seine Ausgestaltung findet, wird von Jung in seiner Gültigkeit nicht hinterfragt. Sein Anliegen ist es jedoch, dass das Individuum den natürlichen Verlauf, der ihm widerfährt, aktiv mitgestaltet, bewusst begeht und erlebt (ebd., S. 29). Dieser Prozess kann von einem Therapeuten im Rahmen einer analytischen Psychotherapie verstehend begleitet werden, in der es vorrangig um Integration der Manifestationen des Unbewussten ins Ich-Bewusstsein des Patienten geht. Für C. G. Jung [ist] »der Drang und Zwang zur Selbstverwirklichung [...] eine Naturgesetzlichkeit und daher von unüberwindlicher Kraft« (GW 9/1, § 289). Jungs eigene Erfahrungen flossen in seine Vorstellung über den Individuationsprozess mit ein. In seiner tiefen Krise, die er nach der Trennung von Freud im Alter von 37 Jahren durchleiden musste, erlebte er, dass sein Ich in entscheidenden Punkten seines Lebens nicht mehr seinen Willen steuern konnte (Jacoby,

1985, S. 99). Er sah sich gezwungen, die Autonomie seines Ichs aufzugeben, auch auf die Gefahr hin, ins psychische Chaos zu stürzen. Aus dem scheinbaren Chaos seines Unbewussten ordneten sich jedoch Kräfte an, die eine neue Zentrierung seiner Gesamtpersönlichkeit bewirkten. Jung sagte dazu: »Prozess der Individuation heißt somit, bewusste Übereinstimmung mit diesen inneren Kräften des Unbewussten anzustreben« (ebd., S. 99).

»Werde, der du bist«, sagte der Philosoph Pindar. »Es ist das uns aufgetragene Wesen, das wir geheimnisvoll, keimhaft, als ein unentfaltetes Bild in uns tragen« (Froboese 1956, S. 136 zitiert nach Vogel, 2017, S. 17). Der Mensch soll zu seiner Individualität als »Einzelwesen« stehen, das ihn mit seinem zu entfaltenden und zum Großteil unbewussten Potential einzigartig und unverwechselbar macht und ihn vom Kollektiv unterscheidet (GW 6, § 743). Einerseits ist der Individuationsprozess ein sehr individueller, einmaliger Prozess. Das bedeutet für das Individuum anzunehmen, dass jeder Mensch einen eigenen Schicksalsweg, eine eigene Individuation zur Sinnerfüllung seines Lebens zu gehen hat. Andererseits ist der Individuationsprozess ein Ausdruck archetypischer existentieller Grundthemen des Menschen, mit denen der einzelne Mensch sich entsprechend seines Lebensalters und seiner Lebenssituation auseinandersetzen und sie individuell in schöpferischer Weise bewältigen muss. Individuation bedeutet aber auch, sich mit den kollektiven Anteilen des Menschseins (s. Archetypen, kollektives Unbewusstes) zu versöhnen und diese anzunehmen. Die zentralen Grundthemen sind dabei vor allem, die Frage nach dem Sinn des Lebens, der Umgang mit Freiheit, Einsamkeit, Krankheit und die Auseinandersetzung mit dem Tod (Yalom, 2002, S. 150; Vogel, 2017, S. 86). Jung fasste es folgendermaßen zusammen: »Die Individuation fällt zusammen mit der Entwicklung des Bewusstseins aus dem ursprünglichen Identitätszustand. Die Individuation bedeutet daher eine Erweiterung der Sphäre des Bewusstseins und des bewussten psychischen Lebens« (GW 6, § 748).

Unter dem ursprünglichen Identitätszustand versteht Jung die enge Verschmolzenheit des Säuglings im ersten Lebensjahr mit seiner primären Bezugsperson (GW 6, § 495) (▶ Kap. 2.3.1). Aus dieser muss das Kind sich allmählich herauslösen, um seine eigene Persönlichkeit zu entwickeln. Sich aus der unbewussten Identität herauszulösen, könnte aber auch auf die Notwendigkeit hinweisen, sich von Inhalten des kollektiven Bewusst-

3 Der Individuationsprozess

seins abzugrenzen, den kollektiven, nicht hinterfragten Meinungen und Strömungen des Zeitgeistes, die uns bestimmte Werte vorgeben wollen (Jacoby, 1998, S. 55). Im Individuationsprozess geht es von daher auch um die Entwicklung einer eigenen, personalen Identität, d. h. der oder die zu werden, der/die man vom Wesen her ist. Die Frage »Wer bin ich eigentlich, was macht mich einzigartig, wodurch unterscheide ich mich?« beschäftigt Jugendliche in zunehmenden Maß ab dem Pubertätsalter und stellt sich auch Erwachsenen als Frage im Laufe ihrer Individuation immer wieder. Es war aber nicht Jung, sondern der deutsch-amerikanische Psychoanalytiker Erik H. Erikson (1968), der den Begriff der Identitätsentwicklung als Aspekt der psychosozialen Entwicklung in die psychoanalytische Theorie einbrachte. Seine Identität gefunden zu haben, bedeutet das Gefühl, jemand zu sein, der vom Wesen her gleich bleibt, auch wenn seine Körperlichkeit, seine Lebensbedingungen und Beziehungen sich im Laufe seines Lebens verändern (Erikson, 1968, S. 256). Entwicklung aus dem ursprünglichen Identitätszustand könnte aber auch so verstanden werden, dass es im Umgang mit dem kollektiven Unbewussten wichtig und notwendig ist, sich von archetypischen und emotionsgeladenen Inhalten abzugrenzen, die in polarer Weise das Bewusstsein überschwemmen können. Im Prozess der Individuation geht es »um eine allmähliche Entwicklung eines kritisch differenzierenden Bewusstseins, welches befähigt, kollektive Phänomene zu hinterfragen und sich mit ihnen auseinanderzusetzen« (Jacoby, 1998, S. 55). Ein weiterer Aspekt des Individuationsprozesses zielt auf das Erreichen von mehr Autonomie, auch im Sinne der Ablösung von den Elternkomplexen (Kast, 1990, S. 10). Der Individuationsprozess kann jedoch nur in Beziehung und Auseinandersetzung mit anderen Menschen stattfinden. Jung betont, dass das Ziel der Individuation nur als Idee wichtig ist. Wesentlich ist für ihn die gelebte Individuation, das *opus* (*Werk*), das zum Ziel hinführt. Es erfüllt die Dauer des Lebens mit Sinn (Jung, GW 16, § 400).

C. G. Jung hat den Lebensprozess mit dem Lauf der Sonne verglichen:

»Unser Leben ist wie der Sonnenlauf. Am Morgen gewinnt die Sonne stetig an Kraft, bis sie zuletzt strahlend und heiß die Mittagshöhe erreicht. Dann kommt die Enantiodromie (Umkehrbewegung), ihre stetige Abwärtsbewegung bedeutet nicht mehr Zu-, sondern Abnehmen der Kraft. [...] Es ist aber ein großer Irrtum anzunehmen, dass der Sinn des Lebens mit der Jugend- und Ausdehnungsphase erschöpft ist. [...] Der Nachmittag des menschlichen Lebens ist ebenso sinnreich wie der Vormittag, nur sind sein Sinn und seine Absicht ganz andere. Der Mensch hat zweierlei Zwecke: der erste ist der Naturzweck, die Erzeugung von Nachkommenschaft und alle Geschäfte des Brutschutzes, wozu Gelderwerb und soziale Stellung gehören. Wenn dieser Zweck erschöpft ist, beginnt eine andere Phase: der Kulturzweck. [...] Was die Jugend außen fand und finden musste, soll der Mensch des Nachmittags innen finden« (Jung, GW 7, § 114).

3.1 Der Individuationsprozess in der ersten und zweiten Lebenshälfte

Der Individuationsprozess besteht aus zwei großen Abschnitten: Der Individuationsprozess der ersten Lebenshälfte erstreckt sich über Kindheit, Jugend und junges Erwachsenenalter bis etwa zum Zeitpunkt der Lebensmitte im Alter von 35–40 Jahren. In diesem Abschnitt liegt die Betonung auf der Differenzierung und Entwicklung des Ich-Bewusstseins wie auch auf der Zentrierung der Persönlichkeit im Ich (Neumann, 1999, S. 9). Der Individuationsprozess der zweiten Lebenshälfte beginnt mit der Lebensmitte und erstreckt sich über das mittlere Erwachsenenalter und das Alter bis zum Tod. Wenn Jung vom Individuationsprozess spricht, dann meint er vor allem den Individuationsprozess der zweiten Lebenshälfte. Der Prozess der Individuation erfolgt nicht vorhersehbar oder in einem phasenspezifischen linearen Ablauf, sondern hat einen individuellen Verlauf, der sich bei jedem Menschen unterschiedlich gestaltet. Mit diesem Konzept schuf C. G. Jung innerhalb der psychoanalytischen Ansätze einen Behandlungsansatz für Menschen in der zweiten Lebenshälfte. Dem Individuationsprozess der zweiten Lebenshälfte, den er als eigentlichen Individuationsprozess versteht, hat Jung eine besondere Bedeutung beigemessen (Müller, 2003d, S. 196). Auf diese Weise eröffnete er dem Individuum die Möglichkeit der Entfaltung seiner Persönlichkeit bis zum Tod. Entsprechend der Ausrichtung dieses Buches wird im Folgenden der Schwerpunkt auf den Individuationsprozess der ersten Lebenshälfte gelegt.

3.1.1 Der Individuationsprozess der ersten Lebenshälfte

Neben Neumann hat sich der englische Arzt Michael Fordham mit der Entwicklung des kindlichen Ichs aus dem Selbst und den damit verbundenen Reifungsprozessen von Kindern beschäftigt. Im Gegensatz zu Neumann geht Fordham davon aus, dass der Säugling zu Beginn seines Lebens bereits eine Ganzheit bzw. ein Selbst ist, das die Reifungsprozesse bewirkt (Fordham, 1974, S. 20). Während Jung davon ausgeht, dass die Individuation sich insbesondere bei Menschen in der zweiten Lebenshälfte vollzieht, ist Fordham der Meinung, dass Individuationsprozesse bereits in der Kindheit wirksam sind und dass man sie als wesentliches Merkmal der Reifung bezeichnen muss (ebd., S. 19). Die Aufgabe der Eltern sieht Fordham darin, Prozesse der Selbstorganisation und -regulation des Kindes zu unterstützen, indem sie sein Selbstvertrauen durch tragende und förderliche Beziehungen zu ihnen, zu den Geschwistern und zur weiteren Umwelt stärken (ebd., S. 20f.). Wie im Samen einer Pflanze sind im Menschen bereits vor der Geburt alle Funktions- und Entfaltungspotenzen der Persönlichkeit latent vorhanden, und die sich selbst organisierende Tätigkeit des Organismus beginnt mit der ersten Zellteilung (Müller, 2003c, S. 197). Von Geburt an organisiert und reguliert die Gesamtpersönlichkeit, das Selbst des Kindes, seine biopsychosoziale Entwicklung und Reifung. Sicher ist, dass das ungeborene Kind bereits eine psychische Entwicklung durchläuft und sowohl günstige Faktoren im Lebensumfeld der werdenden Eltern als auch ungünstige Faktoren Einflüsse und Auswirkungen auf das ungeborene Kind haben (▶ Kap. 4.2). Die Geburt eines Kindes kann aus archetypischer Perspektive einerseits als Freigabe ins Leben verstanden werden, andererseits aber auch als Verstoßenwerden aus dem uterinen Paradies (Neumann, 1997, S. 76). Eine Geburt kann jedoch auch bei sanftestem und einfühlsamstem Vorgehen in Hinblick auf Mutter und Kind ein gewisses Trauma der »Ur-Trennung« darstellen:

> Die Erfahrung des Geborenwerdens bedeutet für das Kind den Verlust der ganzheitlichen Urgeborgenheit und das Ausgesetztsein in einer Welt, in der Gegensätzlichkeit, Konflikte und existentielle Bedrohung bestehen. Es bedeutet aber auch »die Trennung des Kindes vom mütterlichen Objekt [und zugleich] die

Trennung eines beginnenden Ich-Bewusstseins von seiner unbewussten Einheit und Ganzheit« (Müller, 2003c, S. 197).

Der menschliche Säugling ist im ersten Jahr nach seiner Geburt mit seiner mütterlichen Bezugsperson darauf angewiesen (unter Einbezug der väterlichen Bezugsperson), in einer von Feinfühligkeit und Resonanz geprägten, bezogenen und sicheren Bindungsbeziehung zu leben (Zur weiteren Beschreibung der psychischen Entwicklung des Kindes im ersten Lebensjahres verweise ich auf ▶ Kap. 2.3, 4.1 und 4.2). Bereits nach der Geburt verfügt ein neugeborenes Kind über verschiedene Wahrnehmungen und Kompetenzen, wie z. B. zwischen sich und den anderen unterscheiden zu können, und entwickelt diese mit fortschreitender Bewusstseinsdifferenzierung und Gehirnreifung weiter, so dass es mit der umgebenen Welt interagieren und diese beeinflussen kann, was wiederum seine Selbstwirksamkeit stärkt. Geborgenheit und Sicherheit schaffen die Basis, dass ein Kind Urvertrauen ausbilden kann, was für seine weitere Entwicklung maßgeblich ist (Erikson, 1981, S. 97, zitiert nach Flammer, 2009). Das Beziehungsgeschehen zwischen dem Kind und den primären Bezugspersonen steht unter dem starken Einfluss des Mutter- und Vaterarchetyps (▶ Kap. 3.2). Wenn das Kind »ausreichend gute« (Winnicott, 1989) Erfahrungen mit seinen primären Bezugspersonen gemacht hat, kann es die Welt als eine Erweiterung seiner Bezugspersonen erleben und längerfristig einen Unterschied zwischen beiden machen. Es hat den Anschein, »als ob das Kind die Welt als eine Erweiterung seiner Mutter erfährt, und folglich erweitert es seine Investition an Libido in die Mutter zu einer Investition in die Welt. So sind die ersten Wahrnehmungen des Kindes von der Welt durchdrungen von Eros [...]; allmählich tritt die Welt als Quelle einer geheimnisvollen Verlockung mit der Mutter in Wettstreit« (Stevens,1993, S. 118). Wenn die Bindungs- und Geborgenheitsbedürfnisse eines Kindes befriedigt sind, zusammen mit seinen zunehmenden motorischen und kognitiven Fähigkeiten, beginnt das Kind zu explorieren und die Welt zu erforschen. So entwickelt es Aspekte von Autonomie und Selbstbestimmung. Zur Welt des Kindes gehören die weiteren Familienmitglieder, Vater und Geschwister, auf die Aspekte des Selbst projiziert werden und die dadurch faszinierend und begehrenswert erscheinen. Von Anfang an erweist sich die Beziehung zur väterlichen Bezugsperson für ein Kind als sehr

3.1 Der Individuationsprozess in der ersten und zweiten Lebenshälfte

wichtig (▶ Kap. 3.2.2). Dadurch kann sich das Kind allmählich aus der engen Beziehung zur Mutter lösen. Geschwister bedeuten für ein Kind (Spiel-)Gefährten auf fast gleicher Ebene, mit denen man sich auch gegen die Erwachsenen verbünden kann. Zugleich sind Geschwister aber auch Rivalen um die Liebe und Zuwendung der Eltern. Gestärkt und gehalten durch die tragenden Bindungserfahrungen zu seinen Eltern, kann sich das Kind allmählich von ihnen ablösen und sich vertrauensvoll gegenüber Einzelnen und Gruppen des Kollektivs (Verwandten, Spielkreis, Kindertageseinrichtung usw.) öffnen. Die Radien der Weltentdeckung vergrößern sich mit zunehmendem Alter und der Verselbständigung des Kindes, wobei das zentrale innerseelische Spannungsfeld Abhängigkeit versus Autonomie mit seinen polaren Aspekten immer tangiert ist: einerseits das Bedürfnis nach Bindung und Beziehung, andererseits das Streben nach Autonomie und Selbstbestimmung. Freundschaften mit Gleichaltrigen wirken bereichernd und stärken das Selbstvertrauen. Mit ihnen kann das Familiäre in anderen Familienverbänden erlebt und mit dem Eigenen verglichen werden. Nichtmenschliche Objekte der Außenwelt, wie z. B. Spielsachen, Bücher, später Medien und Handys, werden als interessant und begehrenswert erlebt. Der Besuch der Schule bedeutet »die erste ernsthafte Einweihung in das kollektive Leben« (Fordham, 1970, S. 93) und wird von Kindern oft ambivalent erlebt. Hier sollen sie einerseits Kulturtechniken und Wissen erwerben, das im Kontext mit den Werten und intellektuellen Vorstellungen der jeweiligen Gesellschaft und ihrer Kultur steht, andererseits sich als Individuum in eine Gemeinschaft einfügen und Anpassung an die kollektiven Normen erlangen. Zur Entwicklung der Persönlichkeit in der Pubertät gehört, dass Jugendliche nun oft den Schatten der Familie (▶ Kap. 3.4.3) leben, ihre Eltern entwerten und sich auf diese Weise von ihnen allmählich ablösen (Zur biopsychosozialen Entwicklung Jugendlicher verweise ich auf ▶ Kap. 6.6). Selbstaspekte werden nun auf das oder die »Fremde« projiziert. Andere Lebensentwürfe, Ausbildungen, aber auch Reisen oder Studieren in fremden Ländern erscheinen erstrebenswert, verlockend und sind hilfreich, um sich von den persönlichen Eltern abzulösen und eine eigene Identität entwickeln zu können. Jung hat das frühe Erwachsenenalter als sogenannten »Naturzweck« bezeichnet. Das bedeutet, dass von der Evolution her der Sinn dieser Lebensphase ist, sich als Paar zusammenzuschließen und

Nachkommen zu zeugen, für deren Absicherung natürlich Gelderwerb und das Eingebundensein in ein Kollektiv notwendig sind. Die Ich-Bewusstseinsentwicklung und der Identitätsfindungsprozess des Individuums finden im optimalen Falle durch die Wechselwirkung von Selbst und Umwelt statt (Müller, 2003c, S. 198).

3.1.2 Erwachsenenalter und der Individuationsprozess in der zweiten Lebenshälfte

Aus kollektiver Sicht sind anzustrebende Ziele des Erwachsenwerdens das Erlangen eines Berufs, der im günstigsten Falle der »Selbst«-Verwirklichung der eigenen Begabungen und Kompetenzen dient und die Bestreitung des Lebensunterhaltes ermöglicht. Mit dem Beruf ist meist die Entwicklung einer beruflich bedingten Identität sowie das Einnehmen eines entsprechenden Platzes im Kollektiv verbunden. Eine weitere Entwicklungsaufgabe, der sich das Individuum in dieser Lebensphase stellen muss, ist das Eingehen einer verbindlichen Partnerschaft, mit der eine Familie gegründet werden kann, aus der möglichst Kinder hervorgehen. Auch wenn heute andere Lebensmodelle gesellschaftlich toleriert werden, so wird doch das Zusammenleben mit Kindern in einer Familie, an die als nächste Generation Werte weitergegeben werden, als sinnstiftend erlebt und von vielen Paaren gewünscht. Im Vordergrund der Lebensplanung steht das Streben nach Wohlstand und materiellen Gütern. Für viele Menschen bedeutet das Erreichen dieser Ziele den Sinn ihres Lebens (Müller, 2003d, S. 198). Das Identifizieren mit kollektiven Werten, die sich in der Industriegesellschaft sehr am Besitz von »äußeren« materiellen Werten orientieren, führt dazu, dass der Entwicklung der »inneren«, unbewussten Persönlichkeitsanteile oft zu wenig Bedeutung zugemessen wird. Oft ausgelöst durch eine Krise in oder nach der Lebensmitte und der Auseinandersetzung mit dem unvermeidlichen Näherrücken des Alters und des eigenen Todes, stellt sich dann oft die vertiefte Frage, nach dem Sinn des eigenen Lebens. »Während die Persönlichkeitsentwicklung in der ersten Lebenshälfte fast notwendigerweise mit der Abspaltung und dem Unbewusstlassen ganz bestimmter Persönlichkeitsanteile verbunden ist, kommt es nun zu einem umgekehrten Prozess, in dem sich der Mensch den unbewusst gebliebenen Selbstanteilen aussetzt und sich von ihnen erweitern und relativieren lässt« (ebd., S. 199).

Aus Sicht der Analytischen Psychologie bedeutet das, sich seinen unbewussten Persönlichkeitsanteilen zuzuwenden und im Sinne der Individuation einen Differenzierungs- und Integrationsprozess anzustreben, der darin besteht, dass eine Auseinandersetzung zwischen dem Bewusstsein und dem Unbewussten in Gang kommt. Im Einzelnen bedeutet das, sich mit den archetypischen Wirkfeldern der Persona, des Schattens und der Herstellung einer Beziehung zum inneren Gegengeschlecht (Animus und Anima) auseinanderzusetzen sowie der Bewusstmachung unbewusster Komplexe. Letztlich bedeutet das die Verwirklichung des Selbst. Die Auseinandersetzung mit den archetypischen Wirkfeldern, die auch als Persönlichkeitsinstanzen verstanden werden, erfolgt jedoch nicht vorhersehbar oder in einem phasenspezifischen linearen Ablauf. Es ist ein wirklich individueller Prozess, der bei jedem Menschen sehr unterschiedlich verlaufen kann. Zur ausführlichen Beschreibung des Individuationsprozesses der zweiten Lebenshälfte verweise ich auf Müller und Müller (2018; 2003), Vogel (2017) und Meier (1986).

3.2 Die Archetypen und das kollektive Unbewusste

Eine gesunde kindliche Entwicklung beruht auf einer bezogenen, feinfühligen und sicheren Bindungsbeziehung zwischen dem Kind und seinen primären Bezugspersonen, die wiederum einem Kollektiv, einer Kultur angehören und sich ihrem Kind gegenüber, geprägt durch die Wertvorstellungen und Normen des Kollektivs, entsprechend verhalten. Aus Sicht C. G. Jungs stellt noch ein weiterer Faktor die Grundlage für das Beziehungsgeschehen zwischen Eltern und Kind dar: Es sind die Archetypen, die Strukturelemente des kollektiven Unbewussten. Archetypen sind

3 Der Individuationsprozess

menschliche Urerfahrungen, die sich im kollektiven Unbewussten über viele Generationen des Erlebens und Verhaltens niedergeschlagen haben und die durch Verdichtung unzähliger, einander ähnlicher Vorgänge entstanden sind (GW 6, § 693). Die Archetypen an sich werden nicht vererbt, sie sind eher als grundlegende, selbst unanschauliche Fundamente zu verstehen, die Bildvorstellungen, Emotionen und lebendige energetische Prozesse in der biopsychosozialen Gesamtpersönlichkeit bewirken können (GW 10, § 53; GW 6, § 694). Auf der Basis dieser grundlegenden Fundamente kann ein Kind Aspekte und Anlagen entwickeln, muss es aber auch nicht. Neumann betont, dass der Prozess der Bewusstwerdung und dass ein Kind sich zu einer individuellen Persönlichkeit entwickeln kann, erst durch die Projektion der Archetypen in faszinierenden Bildern auf die Außenwelt möglich wird (Neumann, 2004, S. 417). Die Archetypen können dem Ich-Bewusstsein in Manifestationen des Unbewussten als Symbole oder Träume zugänglich werden. Von den Archetypen geht eine Wirkung und Dynamik aus, die Jung als Numinosität (»die wirkende Kraft eines göttlichen Wesens«, Müller, A., 2003 f, S. 301) bezeichnet hat. Darunter versteht er, dass Archetypen eine faszinierende Kraft und Zauber ausüben (GW 18/1, § 547), die den Menschen mit Erschrecken und Faszination (*tremendum et fascinosum*, GW 10, § 864) erfüllen können. Archetypische Inhalte konstellieren sich oft in der Beziehung zu einem anderen Menschen und bewirken entsprechende Fantasien, Gefühle und Symbole. In *reiner* Form können Archetypen mittels einer Symbolsprache in Märchen und mythologischen Bildern erfahren werden (GW 18/1, § 80 ▶ Kap. 6.3 und 6.5). Als Kraftfelder des kollektiven Unbewussten sind die Archetypen wertneutral, ihr Wesen ist jedoch bi-polar und wie ein Januskopf, vorwärts und rückwärts blickend. Entsprechend der Situation in der sie sich konstellieren, übt entweder der positive Pol oder der negative Pol seine Wirkkraft aus. Ihre Inhalte, Wert- und Ortsbestimmung erhalten die Archetypen erst durch die Konfrontation mit dem Bewusstsein. Jung äußerte sich wie folgt dazu: »Es gibt so viele Archetypen, als es typische Situationen im Leben gibt. Endlose Wiederholung hat diese Erfahrungen in die psychische Konstitution eingeprägt, nicht in Form von Bildern, die von einem Inhalt erfüllt wären, sondern zunächst beinahe nur als Formen ohne Inhalt, welche bloß die Möglichkeit eines bestimmten Typus der Auffassung und des Handels darstellen« (GW 9/1, § 99).

3.2 Die Archetypen und das kollektive Unbewusste

Die bekanntesten Archetypen, die Jung und seine Nachfolger beschrieben haben, sind der Archetyp der Mutter, des Vaters und des Kindes, der Familie, des mütterlichen und väterlichen Prinzips, der Archetyp des Schattens, Anima und Animus, der Archetyp des Helden, der Hexe, des Magiers, des oder der alten Weise(n), des Tricksters, des Narren, des Gottesbildes, der Coniunctio und des Selbst. Die Anzahl der Archetypen ist einerseits in Richtung allgemeiner biologischer und psychischer Grundmöglichkeiten des Verhaltens und Erlebens relativ begrenzt, andererseits erscheinen ihre Ausdrucksformen, die sich individuell ausprägen, in immer neuen, schöpferischen Formen und Kombinationen (Seifert, 2003a, S. 33).

3.2.1 Der Archetyp des Großen Weiblich-Mütterlichen

Die Muttergöttinnen früherer Kulturen, wie etwa die Schlangengöttinnen der Minoischen Kultur Kretas oder die Göttin Hathor im alten Ägypten in Gestalt einer Kuh, sind mythologische Beispiele für das Erscheinungsbild der Großen Mutter in der Menschheitsgeschichte. In Märchen zeigt sich der Archetyp des Weiblich-Mütterlichen in polaren Figuren, aber auch in Gegenständen und Landschaften. Es sind weibliche oder mütterliche Figuren, die, wenn der positive Pol sich konstelliert, Liebe, Wärme, Nahrung und Geborgenheit spenden, Entwicklung, Wachstum und Autonomie ermöglichen und ins Leben freilassen. In seinem negativen Pol bedeutet das große Weiblich-Mütterliche das »Angsterregende und Unentrinnbare« (GW 9/1, § 158), Festgehaltenwerden und Gefangenschaft, das Nehmen von Autonomie und Selbstbestimmung bis hin zu Vernichtung und Tod. Es sind Hexen, Zauberinnen, böse Feen oder Mütter, die in der Symbolsprache der Märchen verhexen, verwünschen, vergiften, versteinern, Kinder auffressen wollen, sie in der Not im Wald aussetzen, verstoßen, schlecht behandeln oder ihnen unlösbare Aufgaben stellen (z.B. im Schnee Erdbeeren zu pflücken wie in *Die drei Männlein im Wald*, Brüder Grimm, in Derungs, 2010, S. 93f.). Der Mutterarchetyp bewirkt in der Psyche entsprechende Fantasien, Gedanken, Gefühle, Strebungen und Handlungen, die im Zusammenhang stehen mit den polaren Aspekten des Mutterarchetyps. Das archetypisch Weiblich-Mütterliche kann sich zum einen für ein Kind oder Jugendlichen in Beziehungen zu Frauen konstellieren, die eine weiblich-mütterliche Qualität für es/ihn verkörpern, zum anderen durch den weiblichen Seelenanteil des Vaters oder eines anderen Mannes (s. Anima), mit dem es/er in Beziehung steht. Archetypisch Weiblich-Mütterliches kann aber auch im Zusammenhang mit bestimmten Tieren, Gegenständen, Erlebnissen in der Natur und des realen Lebens, jeweils in seinen positiven oder negativen Aspekten, erfahren werden. So gehören z. B. die Erde, der Teich, der Brunnen, die Stadt, der Wald, der Backofen, die Kuh, die Bärin und das hilfreiche Tier zum positiven Pol. Symbole des negativen Pols sind verschlingende Tiere wie Drache, Schlange, Krake, Spinne, Netz, Grab, Wassertiefe, Abgrund und Tod (GW 9/1, § 156–157; Neumann, 1997, S. 74). Archetypisches kann eine persönliche Erfahrung kompensieren: Wenn ein Kind zu wenig Geborgenheit und Liebe in den Beziehungen zu seinen persönlichen Eltern erfährt, kann es sich vielleicht in der Natur geborgen und gehalten fühlen. Auf dem Rücken liegend in einer blühenden Wiese und über sich den vorbeiziehenden Wolken zuschauen, das Klettern auf einen Baum, das Getragenwerden von einem Pferd oder eine Hütte im Wald können in einem Kind das Gefühl von überpersönlicher Geborgenheit und ein von *Mutter-Natur*-behütet-und-geschützt-Sein bewirken. Neumann beschreibt das Vorherrschen oder das Konstelliertsein des Mutterarchetyps als »matriarchales Bewusstsein« (Neumann, 1953, S. 70). Es ist die Phase in der das Unbewusste (und das Weibliche) dominiert und das Bewusstsein (und das Männliche) noch nicht zu seiner Eigenständigkeit und Autonomie gekommen ist (ebd., S. 70). Mit dem weiblichen Prinzip werden das Unbewusste, das Dunkle, die Nacht und der Mond verbunden. Alle Wandlungsprozesse in der Natur, Wechsel der Jahreszeiten, Fruchtbarkeit, Reifen, Werden und Vergehen, aber auch Kochen, Backen, Garwerden und Wandlung, Prozesse, die vergleichbar mit einer Schwangerschaft und an einen abzuwartenden Zeitablauf gebunden sind, gehören zum weiblichen Prinzip (ebd., S. 99).

3.2.2 Der Archetyp des Großen Männlich-Väterlichen

Zum Erscheinungsbild des Großen Männlich-Väterlichen gehören Göttergestalten der griechischen Mythologie wie Zeus, Hades oder Poseidon

3.2 Die Archetypen und das kollektive Unbewusste

mit ihren polaren Aspekten oder der ägyptische Sonnengott Amun-Re. Die Vorstellung des Christentums geht von einem Bild Gottes aus, der Gesetze erlassen, aber auch zerstören und töten kann. Im neuen Testament tritt ein weiterer Aspekt hinzu: der des liebenden und vergebenden Vaters im Himmel, dessen dunkle Seite aber abgespalten wurde in die Figur des Widersachers (Teufel). Der Archetyp des Großen Männlich-Väterlichen konstelliert sich in Märchen in vielfältiger Gestalt: als Vater oder Großvater, alter Weise, Lehrer, Greis, Zauberer, Medizinmann, Handwerker, alter König oder Waldgeist. Nicht personifiziert kann das Große Männlich-Väterliche im Wind, Blitz, Donner, Feuer, Same, Quellengrund, Tod, Gesetz, Autorität und Tradition zum Ausdruck kommen (von Beit, 1997a, S. 97).

»Der Archetypus der Mutter ist für das Kind wohl am unmittelbarsten. Mit der Entwicklung seines Bewusstseins aber tritt der Vater in seinen Gesichtskreis und belebt einen Archetypus, dessen Natur dem der Mutter in vielen Beziehungen entgegengesetzt ist. Wie der mütterliche Archetypus der Definition des chinesischen Yin entspricht, so entspricht der väterliche Archetyp der des Yang. Er bestimmt die Beziehung zum Manne, zu Gesetz und Staat, zu Verstand und Geist, zur Dynamik der Natur« (GW 10, § 65).

Im Laufe seiner Entwicklung im ersten Lebensjahr erfährt ein Kind das Männlich-Väterliche in seinem Vater oder einer anderen väterlichen Bezugsperson sowie im Animus, dem innerseelischen männlichen Seelenanteil seiner Mutter. Ein Vater ermöglicht einem Kind durch seine tiefere Stimme und den möglicherweise kraftvolleren und dynamischeren Körperkontakt in Spiel und Interaktion eine weitere Erlebnisqualität, sichere Basis und andere Bindungserfahrung, ergänzend zu den Erfahrungen mit der Mutter. Durch das Entstehen einer weiteren zentralen Beziehung für das Kind, die sich bereits im Verlauf der Schwangerschaft herausbilden kann, vervollständigt er als Dritter die Dyade von Mutter und Kind. Der Schweizer Psychologe Abelin spricht von der *Triangulation* (heute: Triangulierung) (Garstrick, 2019, S. 28). Stork (1986) sieht die wesentliche Aufgabe des Vaters als triangulierendem Dritten darin, zu weit gehende Verschmelzungswünsche der Mutter zu ihrem Kind aufzufangen und eine zu narzisstische Liebe zu korrigieren (ebd., S. 41). Zugleich erfährt das Kind, dass die Eltern in ihrer intimen Verbindung Erfahrungen teilen, bei denen das Kind ausgeschlossen ist, was von ihm verarbeitet werden muss (ebd., S. 32). Nach den Vorstellungen Neumanns konstellieren sich dieje-

3 Der Individuationsprozess

nigen Aspekte des Archetyps, die vom realen Vater nicht erschöpfend vorgelebt werden können (Rasche, 2003, S. 449). Archetypische Bilder und Symbole des Männlich-Väterlichen sind u. a. Held und Heldenweg, Sonne, Tag, Berg, Phallus und Waffen, jeweils in polarer Bedeutung: So kann mit Himmel und Sonne nicht nur Wärme und das Licht spendende Leben verbunden werden, sondern auch der negative Pol der Sonne, also die versengende Hitze, Feuer und das blendende und blindmachende Licht (Neumann, 1999, S. 207). Zum ambivalenten Männlichen gehören »Aktivität und Bewegung, Aggression und Eindringen, Befruchten und Zerstören zugleich« (ebd., S. 206). Neumann spricht vom »patriarchalen Bewusstsein« (männlichen Prinzip), das er als Bewusstseinszustand unserer modernen, abendländischen Gesellschaft versteht. Mit dem Großen Männlich-Väterlichen werden die Qualitäten von Ordnung, Struktur, Mut, Stolz, Freiheitsliebe, Tradition, Autorität, Gesetz, Wissen und Geist (Logos) verbunden. Im Zuge gesellschaftlicher Entwicklung beginnend mit der Frauenbewegung in der Mitte des 19. Jahrhunderts, kämpften Frauen um Gleichbehandlung, Wahlrechte und gegen die Einseitigkeit der patriarchalen Werte, Strukturen und Einstellungen (der *alten weißen Männer*), so dass gesellschaftlich eine zunehmende Emanzipation und das Hinterfragen der patriarchalen Einstellungen und Werte zu beobachten ist. Aus Sicht Neumanns führt die Einseitigkeit des patriarchalen Bewusstseins und das damit verbundene Sich-Abwenden vom Unbewussten zu Neurotisierung, Selbstentfremdung und Verlust der schöpferischen Lebendigkeit der Seele (Neumann, 1953, S. 121, ▶ Kap. 2.2.1). Das Ziel einer gelungenen Individuation im Sinne des Anstrebens der Ganzheit könne dann erreicht werden, wenn sich ein Mann seinem weiblichen Seelenanteil, der Anima, zuwendet, über diesen Zugang zum matriarchalen Bewusstsein erhält und sich auf diese Weise die Gegensätze ergänzen und befruchten können (ebd., S. 122). Für die Frau bedeutet es entsprechend, sich ihrem männlichen Seelenteil, dem Animus, zuzuwenden, der in einem Gegensatz zum matriarchalen Bewusstsein steht.

In psychodynamischen Kindertherapien kommen viele polare archetypische Aspekte im freien Spiel und in kreativen Gestaltungen in die Darstellung, wie z. B.: Geburt und Tod, Mutter-Kind- und Vater-Kind- Beziehungen, Eifersucht, Neid und Rivalität in Geschwisterbeziehungen, Gefangenschaft und Befreiung, Macht/Kämpfe und Krieg, Gut- und Bö-

3.2 Die Archetypen und das kollektive Unbewusste

sesein, Krankheit und Heilung, Prüfungen und Wettbewerbe, Heldenweg, das bedrohte Heldenkind, Drachenkampf und Schatzsuche oder das Königwerden.

Kinder haben bis in das Grundschulalter hinein durch ihr magisches Denken eine besondere Nähe zu den Archetypen, die auch im therapeutischen Prozess in der Übertragung und Gegenübertragung zwischen Kind und Therapeutin lebendig werden können, wie das nachfolgende Fallbeispiel illustriert:

Ein 5-jähriges Mädchen machte spontan die Äußerung, dass ich, die Therapeutin, »Hexenschuhe« an habe. Sie kannte die Hexen aus Märchen. Diese seien zunächst freundlich zu Kindern, würden sie dann aber gefangen nehmen und vielleicht auch fressen wollen. Ich bestätigte ihr, dass wir Menschen, so auch ich, nicht nur helle, sondern auch dunkle Seiten hätten und einiges an mir an eine Hexe erinnern könne. Wir umkreisen, wie ich ihr mit meinen hexenhaften Seiten vielleicht gefährlich werden könnte. Mit dem Einfall, dass ich eine Hexe sein könne, projizierte das Mädchen archetypische Aspekte des polaren Weiblich-Mütterlichen auf mich. Möglicherweise brachte aber auch mein positives Einfühlen die Angst für das Mädchen mit sich, dass ich die Macht habe, sie gefangen zu nehmen und festzuhalten. Sie fragte mich in einer folgenden Stunde, ob ich sie durchschauen könne und wisse, was sie denke. Ich sagte ihr bedauernd, dass ich über keine besonderen Fähigkeiten im Durchschauen von Menschen verfügen würde und weder zaubern noch hexen könne. In den folgenden Stunden umkreisen wir das Urbild der Hexe mit seinen polaren Aspekten. Einerseits kannte sie die bösen Hexen aus den Märchen, gegen die man ankämpfen, sie töten oder sich von ihnen befreien muss. Andererseits begeisterte sie *Die kleine Hexe* (Preußler, 1957), die nicht böse sein kann und um Autonomie und Selbstbestimmung ringt, um sich von den übermächtigen Hexenmüttern abzulösen. Das Mädchen wünschte sich sehr, dass wir für sie ein Hexenkleid nähten, was wir dann auch gemeinsam taten. Dieses Kleid zog sie in einigen Stunden gerne an, wenn sie eine Hexe sein wollte, »die selbstbestimmen will und sich von den anderen Hexen nichts sagen lässt«. In weiteren Stunden erprobte sie mithilfe entsprechender Fantasien und Rollenspiele ihre Aggression und Kraft und übte im Rahmen der bestehenden positiven Mutterübertragung, mir gegenüber in die Autonomie zu gehen.

3.3 Die Komplexe und das persönliche Unbewusste

Unter dem persönlichen Unbewussten versteht Jung die Inhalte des Unbewussten eines Individuums, die sich aus Vergessenem, Verdrängtem, unterschwellig Wahrgenommenem, peinlichen Vorstellungen, Gedachtem und Gefühltem zusammensetzen, die grundsätzlich auch wieder bewusst werden könnten. Nämlich »alles, was ich absichts- und aufmerksamkeitslos, das heißt unbewusst fühle, denke, erinnere, will und tue, alles Zukünftige, das sich in mir vorbereitet und später erst zum Bewusstsein kommt [...]« (GW 8, § 382). Das persönliche Unbewusste entspricht der in Träumen auftretenden Figur des Schattens (GW 6, § 919 und GW 7, § 103). Komplexe sind die Strukturelemente des personlichen Unbewussten. In ihnen schlagen sich die Beziehungserfahrungen eines Kindes mit seinen Bezugspersonen und seinem Umfeld nieder, die großen Einfluss auf seine weitere Entwicklung haben. So entstehen Mutter- und Vaterkomplexe als Wirkfelder, die das Erleben der Realität abbilden. Je nach der individuellen Erfahrung können sie positiv oder negativ besetzt sein. Komplexe können aber auch aus affektgeladen Ereignissen hervorgehen (Kast, 2003, S. 230). Das Wort Komplex stammt vom lat. *complexus*, was so viel wie Umfassung, Umschließung, Umschlingung, Zusammenfassung bedeutet (ebd., S. 230). In seinen Assoziationsexperimenten hatte Jung herausgefunden, dass seine Patienten zu den ihnen vorgegebenen Reizwörtern nicht spontan assoziieren konnten, wenn ein Komplex, eine affektbetonte Lebenserfahrung, angesprochen oder betroffen war (ebd., S. 230). Im Assoziationsexperiment benennt der Therapeut bestimmte Reizwörter, zu denen der Proband jeweils so rasch wie möglich ein Wort assoziieren soll, das ihm dazu einfällt. Für Jung wiesen die Reaktionen seiner Patienten dann auf einen Komplex

3.3 Die Komplexe und das persönliche Unbewusste

hin, wenn sie zögerten, bis ihnen ein Wort einfiel, sie lachten, eine Körperreaktion zeigten oder das Wort wiederholten (Kast, 1990, S. 51). Komplexe sind Energiezentren, die sich um einen affektbetonten, archetypischen Bedeutungskern aufgebaut haben, um den herum sich persönliche Erfahrungen gruppieren, die ihnen den entsprechenden Gefühlston verleihen. Da Komplexe sich um einen archetypischen Kern gruppieren, haben sie einen positiven oder negativen Pol. Komplexe werden in Symbolen sichtbar. Wenn ein Komplex bei uns »getroffen« wurde, können wir hochemotional und impulsiv reagieren, da ein wunder Punkt in unserer Psyche berührt wurde. In diesen Situationen spüren und erleben wir, dass unser Ich-Komplex (▶ Kap. 2.2.2) nur ein Komplex unter vielen ist. Denn solange die Komplexwirkung anhält, wird unser Ich-Komplex von Gefühlen und Bildern regelrecht überschwemmt, die sich um den Komplex, der einen archetypischen Kern hat, gruppieren. Meist dauert es einige Zeit, bis sich unser komplexhaftes Erleben etwas beruhigt hat und unser Ich wieder in der Lage ist, sachlicher das Ereignis mit den vielleicht übertrieben wirkenden Reaktionen zu reflektieren und sich bewusst zu machen, welcher Komplex angesprungen ist und welches archetypische Feld dadurch berührt wurde. Wenn das Ich zum komplexhaften Geschehen in Kontakt treten kann, lässt sich beobachten, dass Symbole, die den Komplex ausdrücken, ins Bewusstsein treten oder Gefühle, die wir auch körperlich erleben, auftauchen. »Können diese Symbole und die damit verbundenen Fantasien erlebt und gestaltet werden, kann die Energie, die im Komplex gebunden ist, zu einer Energie werden, die den ganzen Menschen belebt und neue Verhaltensmöglichkeiten initiiert« (ebd., S. 47).

> Eine Jugendliche, die unter Depressionen leidet und erhebliche Selbstzweifel hat, berichtete mir, dass sie am vergangenen Abend heftig weinen musste. Beim abendlichen Spaziergang mit ihrer Mutter zu einer Pferdekoppel seien die Pferde im Gegensatz zu anderen Abenden nicht zu ihr gekommen und hätten sich streicheln lassen. Das habe sie so zum Weinen gebracht, »da nun auch die Pferde sie nicht mögen würden«.

Es konstellierte sich für die Jugendliche unangenehm spürbar ihr Komplex im Bereich des Selbstwerterlebens. Ihr Ich-Komplex wurde ganz vom sogenannten Minderwertigkeitskomplex dominiert, so dass die Jugendliche auf die Pferde projizieren musste, dass sie nicht gemocht wird. Wenn sich solch ein Komplex »konstelliert«, der emotional stark besetzt ist, hat er hemmende Wirkung auf den Ich-Komplex. Es findet dann eine Projektion des konstellierten Komplexes auf eine Person, ein Tier (wie in unserem Beispiel) oder einen Gegenstand statt, was bewirkt, dass die Wahrnehmung im Sinne einer Komplexwahrnehmung gestört sein kann (Kast 1990, S. 86 f.). Wir erleben dann auf das Außen projiziert, dass Menschen, wie im Beispiel Tiere, oder sogar die ganze Welt sich gegen uns wendet und uns ablehnt. Im gemeinsamen Anschauen des geschilderten Erlebnisses der Jugendlichen konnte sie selbst ihre Projektionen auf die Pferde erkennen und diese allmählich zurücknehmen. Ich umkreiste mit der Jugendlichen die Symbolik des Pferdes. Zu der Frage, was die Jugendliche mit dem Symboltier Pferd verbindet, fielen ihr das kraftvolle Animalische des Tieres ein, das sie stets bewundere und dass sie im Zusammensein mit einem Pferd oft den Eindruck habe, diese Tiere hätten ein intuitives Gespür und könnten die Gefühle von Menschen erahnen. Ich verdeutlichte, dass die Jugendliche vermutlich auch beide Aspekte in sich selber trage, als Potential ihres Selbst, welches verwirklicht werden möchte.

Bei den Komplexen handelt es sich um affektbetonte Inhalte,»die sich einer gewissen Autonomie erfreuen« (GW 6, § 923). Jung beschreibt ihre Fähigkeit,»den Intentionen des Bewusstseins Widerstand zu verleihen, zu kommen und zu gehen, wann es ihnen beliebt [...] Es sind psychische Größen, die sich der Kontrolle des Bewusstseins entzogen haben und von diesen abgespalten ein Sonderdasein in der dunklen Sphäre der Seele führen, von wo aus sie jederzeit bewusste Leistungen hemmen oder fördern können« (ebd., § 923). Komplexe enthalten immer einen Konflikt, verursachen einen oder gehen aus einem hervor (ebd., § 925). Es sind die wunden Punkte des Individuums, die dem Einzelnen peinlich sind oder ihn erschüttern und die Erinnerungen, Wünsche, Befürchtungen oder Einsichten hervorrufen, die zeigen, dass psychisch etwas noch nicht verarbeitet ist und dass Unvereintes, Unassimiliertes, Konflikthaftes besteht. Sie bezeichnen das Unerledigte im Individuum. Jung benennt sie als die Brenn- und Knotenpunkte des seelischen Lebens, die nicht fehlen dürfen, weil sonst die seelische Aktivität zu einem Stillstand käme (ebd., § 925). Jung war der Meinung, der Komplex gehe aus einem schmerzhaften Zu-

3.3 Die Komplexe und das persönliche Unbewusste

sammenstoß des Individuums mit einer Anpassungsforderung hervor. Aus heutiger Sichtweise entsteht ein Komplex nicht aus einer einzigen traumatischen Erfahrung, sondern dadurch, dass sich immer wieder ähnliche Interaktionen zwischen dem Kind und seinen Bezugspersonen ereignet haben und das Kind sozusagen eine Verdichtung von generalisierten Beziehungserfahrungen erfährt (Kast, 2003, S. 231).

In der folgenden Fallvignette bringt ein Junge in symbolischen Bildern Aspekte seinen negativen Mutterkomplexes in die Darstellung. In dieser gemalten und gespielten Szene zeigt sich eine verdichtete generalisierte Beziehungserfahrung:

> Der 5-jährige Junge war bei mir in Psychotherapie, da er, bedingt durch eine Erkrankung seiner Mutter, deren längere Abwesenheit nicht gut verkraftet hatte.
> Der Junge malte eine weinende Giraffe, die an einem Baum steht. Er erzählte dazu: »Die Giraffe weint, weil sie nichts zu fressen hat. Es gibt keine Blätter.« Ich fragte, ob denn keine Blätter vom Baum herunterfallen würden. Er antwortete: »Der Baum wirft so viel Blätter ab, wie er kann, aber die anderen Tiere fressen sie zuerst auf!« Ich war vom Malen seiner Szene und seiner Symbolsprache (▶ Kap. 6.3) sehr berührt, mit der er seine Einsamkeit und orale und emotionale Mangelsituation zum Ausdruck brachte. Anschließend nahm er zwei Giraffenfiguren (Kind und Mutter) und eine Palme und spielte mit diesen folgende Szene: Die kleine Giraffe kommt nicht an die Blätter der Palme, von denen sie so gerne fressen möchte. Nach mehrmaligen erfolglosen Versuchen hatte sie schließlich die Idee, auf den Rücken der Mutter-Giraffe zu steigen, was sie aber den Blättern nicht wirklich näher brachte. Er wiederholte diese Szene mehrmals. Ich übernahm schließlich die Rolle der Mutter-Giraffe und ermutigte die kleine Giraffe: »Da sagt die Mama: Komm, mein Kleiner, auf meinen Rücken, damit du fressen kannst.« Der Junge antwortete: »Nein, der Kleine muss selber drauf kommen.«

Daniel Stern hat für eine verdichtete generalisierte Beziehungserfahrung den Begriff der »generalisierten Interaktionsrepräsentationen« (RIGs – »*R*epresentation of *I*nteractions that have been *G*eneralized«) eingeführt (Stern, 1985), der Ähnlichkeit zum Konzept der Komplexe hat. Tulving

(1972, zitiert nach Kast, S. 40) erklärt diesen Vorgang folgendermaßen: Im Episodengedächtnis des Kindes schlagen sich Handlungen, Wahrnehmungen und Emotionen nieder (z. B. Brust, Milch, Sättigung). Treten diese Erfahrungen immer wieder auf, werden diese Episoden generalisiert. Das Kind erwartet, dass sich in Zukunft diese Episode ähnlich abspielen wird (Stern, 1985, S. 143, zitiert nach Kast, ebd., S. 40). Die geweckten Erwartungen können natürlich auch enttäuscht werden. Aus Sicht Sterns entstehen die RIGs aus allen Interaktionen und vermitteln dem Säugling die Grundlage seines Identitätserlebens (ebd., S. 40 f.). »In den Komplexen sind [...] die problematischen und die uns prägenden Beziehungsinteraktionen und damit auch die Beziehungsgeschichten unserer Kindheit und unseres späteren Lebens abgebildet, samt den damit verbundenen Emotionen, den Abwehrformen dieser Emotionen und den Erwartungen, wie denn Leben etwa zu sein hat« (ebd., S. 38).

Kast geht davon aus, dass Mutterkomplexe primär in der Beziehung zur sozialen Mutter, Vaterkomplexe primär in der Beziehung zum sozialen Vater gebildet werden. Diese persönlichen Mütter und Väter haben jedoch auch kollektive Aspekte. Kast spricht davon, dass sich beim Kind sogenannte *Mutter- und Vaterräume* bilden, Lebensräume, in denen z. B. Mütterliches geschieht und erfahrbar wird: die Atmosphäre, in der man aufwächst, Tiere, Pflanzen, Umgebung, Vater, Geschwister oder Menschen, die mit leben (ebd., S. 90). Komplexe, die nicht bewusst gemacht werden, erleben wir projiziert. Sie können eine hemmende oder förderliche Wirkung auf ein Individuum haben. Komplexe machen sich bemerkbar, indem sie Abweichungen von der Ich-Bewusstseinskontinuität hervorrufen. Wir erleben Komplexe hauptsächlich als unangenehm, da sie in Zusammenhang mit Missgeschicken, Trieb- und Affektdurchbrüchen, Unfällen, psychosomatischen Reaktionen oder psychischen Symptomen erfahren werden. Komplexe können aber auch als psychische Struktur- und Steuerungselemente verstanden werden, die das menschliche Erleben und Verhalten sowohl in normaler als auch in störender Hinsicht bestimmen (Müller, 2003e, S. 232). Komplexfelder in der kindlichen Entwicklung konstellieren sich durch die Beziehungserfahrungen zu den Eltern, Geschwistern und im Familienverband. Später entstehen sie durch Beziehungserfahrungen mit Gleichaltrigen, innerhalb des erweiterten Umfeldes sowie Erfahrungen mit Lernen und Leistung, in Bereichen, in denen die

Persönlichkeit gefordert ist, sich zu profilieren, etwa in einer Kindertageseinrichtung, Schule, Berufsausbildung oder in einer Peergroup.

3.4 Die Persönlichkeitsinstanzen in Kindheit und Jugend

3.4.1 Soziale Rollen und Identifizierungen

In jedem Kind ist seine bio-psychische Ganzheit angelegt, die sich aber nur in Resonanz und Interaktion mit seinem menschlichen Umfeld entfalten kann. Das Individuum wird in hohem Maße von den kulturellen und sozialen Wertvorstellungen der jeweiligen Gesellschaft geprägt. Durch das Hineinwachsen des Individuums in die gesellschaftlichen Strukturen (Familie, soziale Gruppen, Schule usw.) erlernt das Individuum aufgrund der bestehenden Werte soziales Verhalten und entwickelt seine Persönlichkeit. Der Sozialwissenschaftler Hurrelmann versteht Sozialisation als aktiven Prozess eines Individuums, in dem es seine innere Realität (seine bio-psychische Realität) und die vorgefundene äußere Realität (Gegebenheiten seiner sozialen und physischen Umwelt) »produktiv« verarbeitet und zum eigenen Vorteil handelnd eingreift (Hurrelmann, 2012). Hurrelmann versteht diesen Prozess einerseits als Individuation, mit dem Ziel der Entwicklung einer eigenen personalen Identität, und andererseits als Integration, mit dem Ziel der verantwortungsvollen sozialen Rollenübernahme und dem Erlangen einer sozialen Identität. In der Interaktion mit seinem Umfeld erlernt das Kind zunächst im familiären Umfeld, später durch andere gesellschaftliche Instanzen und soziale Gruppen, wie z.B. Schule, Peers oder Freizeiteinrichtungen, seine Muttersprache, nonverbale Kommunikation, soziale Rollen und erfährt eine Leistungsmotivation durch Vorbild, Erziehung und Werte der Gesellschaft. Im Rahmen seiner sozialen Entwicklung beginnt ein Kind etwa im Alter von zwei Jahren sich mit seinen Bezugspersonen zu identifizieren. Spielerisch erprobt es verschiedene soziale Rollen und verankert sie intrapsychisch (Rudolf, 2000, S. 45). Auch das Verständnis von Weiblichkeit und Männlichkeit wird weitgehend im Prozess des Rollenlernens erworben (Mertens, 1997, Bd.1, S. 38). Neben gleichgeschlechtlichen Identifizierungen werden auch gegengeschlechtliche Identifizierungen erprobt. Auf der gleichgeschlechtlichen Ebene lernt das Kind durch die Identifizierung, wie man als Mädchen/Frau oder als Junge/Mann sein und sich verhalten kann. So identifiziert sich ein Mädchen mit seiner mütterlichen Bezugsperson und erfährt dadurch weibliches Verhalten, was sie wiederum in Interaktion mit ihrem Vater erproben kann. Für einen Jungen gilt dies in gleichem Maße in der Identifikation mit seinem Vater, so dass er sein männliches Verhalten in Interaktion mit der Mutter erproben kann. Die unbewussten Erinnerungsspuren dieser frühen Identifizierungen und Bindungen liefern das Grundgerüst aller späteren Beziehungen (Rudolf, 2000, S. 50). Die Persönlichkeitsinstanzen der Persona, des Schattens, von Anima und Animus beginnen sich in der Kindheit erst allmählich herauszubilden. Eine bewusstere Wahrnehmung und Auseinandersetzung damit erfolgt jedoch in Ansätzen erst im Laufe der späteren Pubertät, Adoleszenz oder im frühen Erwachsenenalter, eine reifere Auseinandersetzung erst in der zweiten Lebenshälfte.

3.4.2 Die Persona

Die Persona gilt als die Anpassungsfunktion des Individuums an seine Welt. Kindliche Eigenschaften, die von den Eltern und dem Umfeld abgelehnt werden, schlagen sich im sogenannten persönlichen Schatten nieder. Die Persona kann als das Spiegelbild des Schattens verstanden werden und ist aus Sicht Jungs die nach außen gezeigte Seite des Ich. Sie entspricht dem eigenen Ich-Ideal, enthält aber auch unsere Vorstellungen, wie die Menschen uns sehen wollen (Kast, 2021, S. 12). Die Persona entsteht im Spannungsfeld zwischen Anpassung an die Vorstellungen des Kollektivs und dem eigenen Lebendig-, Authentisch- und Mit-sich-selbst Stimmig-sein, dem inneren *freien* Kind (Berne, 1970). Wann sich genau in der Kindheit die Persona-Haltung entwickelt, ist nicht festzumachen. An kleinen Kindern spricht uns oft an, dass sie noch keine Persona zeigen,

3.4 Die Persönlichkeitsinstanzen in Kindheit und Jugend

sondern mit spontanem und oftmals sehr erfrischendem Kindermund die Personen oder Geschehnisse in ihrem Umfeld kommentieren. Besonders angepasste Kinder können wie kleine Erwachsene wirken, die meist verbal sehr gewandt sind und zum Teil die Sprache zum Ausdruck ihrer gestauten Aggressionen nutzen. Möglicherweise kann dabei aber noch nicht von einer Persona-Haltung gesprochen werden. Ihr angepasstes Verhalten könnte in Zusammenhang mit der Suche nach einer angemessenen sozialen Rolle oder einer Identifizierung mit ihren primären Bezugspersonen verstanden werden. Astrid Lindgren hat in ihren Büchern über die Kinderbuchheldin *Pippi Langstrumpf* (1967) diesen angepassten oder personahaft erscheinenden Kindern in den Figuren Tommy und Annika einen Platz gegeben. Auch heute noch beschäftigen sich Kinder gern mit diesen angepassten Geschwisterkindern als Gegenpol zu ihr. Pippi kann einerseits als gelebter Schatten von Tommy und Annika verstanden werden, andererseits stellt sie eine Größenfantasie dieser angepassten, eher langweiligen Kinder dar. Die Geschichten um *Pippi Langstrumpf* haben für viele Kinder in der psychodynamischen Therapie eine wichtige selbstwert- und autonomiefördernde Funktion, die ihre Selbstwirksamkeit anregt. Die Persona kann als »Gesicht« verstanden werden, das man nach außen dem Kollektiv zugewandt zeigt. Das *Gesicht* stellt aber auch einen Schutz dar, hinter dem man allzu private Gefühle und Befindlichkeiten verbergen kann. Persona bedeutet ursprünglich Maske. In der griechischen Antike brachten Schauspieler mittels einer Maske ihre Rolle bei Theateraufführungen in die Darstellung. Das Persönliche und Individuelle sollte durch eine mythische Gestalt und Rolle überdeckt werden und durch die Maske das Überpersönliche hindurchtönen (Müller, 2018, S. 130).

Jung spricht davon, dass die Persona »eine Maske [ist], die Individualität vortäuscht, die andere und einen selber glauben macht, man sei individuell, während es doch nur eine gespielte Rolle ist, in der die Kollektivpsyche spricht« (GW 7, § 244).

Den Zweck der Individuation sieht Jung darin, »das Selbst aus den falschen Hüllen der Persona einerseits und der Suggestivgewalt unbewusster Bilder andererseits zu befreien« (GW 7, § 269). Die Persona kann auch als Abwehr des Schattens verstanden werden. Während eine zu gering ausgeprägte Persona die Ausbildung einer gesunden Identität und eines stabilen Selbstwertgefühls erschweren kann, führt eine Überbetonung der

Persona dazu, dass der Mensch von seinem Umfeld eher fassadenhaft, nicht als authentisch und echt erlebt wird und sich von sich selbst entfremdet (Müller, 2018, S. 131).

3.4.3 Der Schatten

Der Archetyp des Schattens ist innerhalb der Analytischen Psychologie ein innovatives Konzept, das bis in die gegenwärtige Zeit nichts an Gültigkeit verloren hat. Der Schatten, abgeleitet von der indogerm. Wurzel skot = dunkel (Schnocks, 2003a, S. 367) ist ein Begriff für die dunklen Aspekte der Persönlichkeit und die ungelebten Anteile eines Menschen, sozusagen das Spiegelbild der Persona. Persönlichkeitsanteile, Gedanken, Gefühle und Fantasien, die zum einen unserem Ich-Ideal nicht entsprechen, zum anderen aufgrund der Normen und Werte des Kollektivs nicht als wünschenswert oder negativ angesehen werden, verdrängen wir ins Unbewusste. Diese schlagen sich im Schatten nieder, dessen wir uns, wenn überhaupt, nur zum Teil bewusst sind, der sich aber jederzeit, ähnlich wie ein Komplex, mit einer gewissen Autonomie bemerkbar machen kann (GW 9/2, § 15). Unseren Schatten erleben wir oft nicht unmittelbar bei uns selbst, sondern auf andere projiziert. Wenn wir auf andere Menschen mit unbegründet heftigen Emotionen reagieren, können wir sicher sein, dass wir mit unserem Schatten in Berührung gekommen sind (Miller, 1997, S. 77). Dann sind wir oft davon überzeugt, dass allein der andere für unsere negativen Gefühle verantwortlich ist, und das Ganze nichts mit uns zu tun hat. Durch Träume und andere Manifestationen des Unbewussten können in einem dialektischen Prozess (▶ Kap. 5.2) Aspekte des eigenen Schattens bewusst werden. Eine zentrale *Aufgabe* im Rahmen des Individuationsprozesses, in dem es um Erstreben der Ganzheit im Sinne von Vollständigkeit geht, sieht Jung in der Integration des Schattens (GW 16, § 452). Auch Neumann hält die Integration des Schattens für wertvoll, da das bewusste Ich sich auf diese Weise Aspekte des Bösen und die Fähigkeit zur Aggression aneignen könne (▶ Kap. 2.1.3). Letzteres sei notwendig, um sich von den kollektiven Wertvorstellungen abgrenzen zu können, seine Individualität zu wahren und durchzusetzen (Neumann, 2004, S. 360). Kast hingegen hinterfragt den Begriff der *Integration* des Schattens (Kast,

2021, S. 19) und meint, es könne nur dann von einer Integration des Schattens gesprochen werden, wenn man(n)/frau den Schattenaspekt vollständig annehmen könne und diesen in keiner Weise mehr ablehne. Sie schlägt vor, stattdessen von der *Schattenakzeptanz* zu sprechen und versteht darunter, dass wir die Schattenqualität unseres eigenen Verhaltens erkennen und korrigieren und uns vielleicht mit der Vorstellung beschäftigen, welche Konsequenzen das Ausleben dieser Schattenaspekte für uns und unser Umfeld hätte (ebd.).

Im Laufe des psychodynamischen Prozesses mit Kindern und Jugendlichen können die verdrängten Persönlichkeitsanteile im Spiel, in Träumen, Fantasien oder Sandbildern in sehr vitaler und lebendiger Weise als Schattenaspekte in die Darstellung kommen, wie das folgende Fallbeispiel veranschaulicht:

> Ein 9-jähriges Mädchen bringt über viele Stunden ihrer Therapie die Situation zweier Familien im Spiel in die Darstellung: Während *ihre* Familie ein großes Haus mit Garten bewohnt, die Eltern akademischen Berufen nachgehen, die Kinder mit vielen Haustieren und drei Pferden aufwachsen, gibt sie mir vor, dass *meine* Familie (Therapeutin) eine eher arme Bauernfamilie ist, die nur ein altes Haus bewohnt, sich mit Naturalien selbst versorgt, aber kaum finanziell über die Runden kommt. Die Hauptrollen, von denen wir beide jeweils eine übernehmen, sind zwei gleichaltrige Freundinnen im Grundschulalter aus der jeweiligen Familie. Leistungsmäßig unterscheiden sich die beiden Freundinnen ebenfalls, so dass sehr schnell deutlich wird, dass das Bauernmädchen den Sprung zum Gymnasium nicht schaffen und eine Realschule besuchen wird, während das Akademikerkind mit sehr guten Leistungen auf ein Gymnasium wechseln kann. Im Verlauf der Spielhandlung nähern sich diese unterschiedlichen Familien einander an, verwickeln sich aber auch sehr schattenhaft miteinander. Während die Akademikertochter in der Bauernfamilie mit Verhalten wie Furzen, Rülpsen und Stinken (durch das Sich-nicht-Waschen) konfrontiert wird, erfährt die ungehobelte Bauerntochter in der Akademikerfamilie kultiviertes Benehmen und höhere Erziehung. Die Bauernfamilie kämpft um ihr Überleben und ist auf finanzielle Unterstützung angewiesen, während die Akademikerfamilie ihren Wohlstand pflegt. Gegen Ende der Spiel-

serie kann von dem Mädchen ein Kompromiss gefunden werden: Die Bauernfamilie eröffnet einen Hofladen und verkauft ihre Naturprodukte auch an die Akademikerfamilie, die zu Stammkunden und Freunden werden, so entsteht eine gewisse Annäherung auf Augenhöhe. Als Therapeutin hatte ich über viele Stunden die projizierten Schattenanteile zu übernehmen, bis eine Schattenakzeptanz möglich wurde.

Aus Sicht der Analytischen Psychologie wird der persönliche Schatten vom kollektiven, archetypischen Schatten unterschieden. Der persönliche Schatten entsteht in der ersten Lebenshälfte, »notwendig mit der Entwicklung der Persönlichkeit, da keine Bewusstseinsentwicklung ohne Aufspaltung der ursprünglichen Ganzheit in Polaritäten möglich ist« (Schnocks, 2003a, S. 369). Die nicht erwünschten Eigenschaften eines Kindes werden verdrängt und schlagen sich im Unbewussten als Schatten nieder. Entsprechend der gesellschaftlichen Normen und Werte, sind es negative, als »böse« und destruktiv erlebte Affekte, Persönlichkeitszüge oder Einstellungen wie Eifersucht, Neid, Hass, Habgier, Egoismus, Geiz, Hochmut, Aggressivität, Gewalt und Rassismus (Müller, 2018, S. 133). Ein Kollektiv kann aber auch Werte und Normen vertreten, die aus engen moralischen oder religiosen Wertvorstellungen hervorgehen und der Ganzheit des Menschen nicht gerecht werden, wie z. B. der Unterdrückung einer lustvoll gelebten Sexualität. Dadurch kann der gesamte Bereich unseres »vitalen und spontanen Instinktlebens zum Gegenstand der Scham [...] « (Bradshaw, 1993, S. 116) und in den Schatten abgedrängt werden. Unter dem kollektiven Schatten wird die prinzipiell vorhandene Möglichkeit und Fähigkeit des Menschen zum absolut Bösen verstanden (Schnocks, 2003b, S. 368). Die Tatsache, dass ein Individuum hinter seiner nach außen gerichteten gefälligen oder bürgerlichen Fassade eine zweite »Schatten-Persönlichkeit« verbirgt, die zum absolut Bösen fähig ist, zeigt sich erschreckend in der Realität und hat schon von jeher die menschliche Fantasie beflügelt. Dies erklärt vielleicht auch, warum Kriminalromane und -filme in Mitteleuropa zur beliebten Freizeitbeschäftigung gehören. Sie sind eine *ungefährliche* Möglichkeit, sich mit der Schattenthematik, sowohl aus der Opfer- als auch aus der Täterperspektive auseinanderzusetzen. In Familiensystemen ist gelegentlich zu beobachten, dass auf ein

Familienmitglied der Schatten projiziert und dort bekämpft wird (▶ Kap. 1.4.2). Auch in Kollektiven werden oft auf eine oder mehrere Bevölkerungsgruppen schattenhafte Aspekte projiziert und dort bekämpft. Aktuell können Schattenprojektionen sowohl auf weltpolitischer Ebene wahrgenommen werden als auch in der gesellschaftlich geführten Diskussion über die Aufnahme und Integration von Migranten und Asylsuchenden. Wozu eine kollektive Schattenprojektion im schlimmsten Falle führen kann, wird am Holocaust und anderen kollektiven Völkermorden deutlich.

»Die heutige Fragestellung ist nicht mehr: Wie kann ich meinen Schatten loswerden? Denn dazu hat man genug gesehen vom Fluch der Halbseitigkeit. Vielmehr muss man sich fragen: Wie kann der Mensch mit seinem Schatten leben, ohne dass daraus eine Reihe von Unglücksfällen entsteht? Die Anerkennung des Schattens gibt Grund zu Bescheidenheit, ja zur Furcht vor dem unergründlichen menschlichen Wesen. Diese Vorsicht ist sehr angezeigt, insofern der Mensch ohne Schatten sich harmlos vorkommt, eben aus Unkenntnis seines Schattens. Wer aber seinen Schatten kennt, weiß, dass er nicht harmlos ist, denn mit diesem tritt die archaische Psyche, die ganze archetypische Welt in unmittelbare Berührung mit dem Bewusstsein und durchdringt dieses mit archaischen Einflüssen« (GW 16, § 452).

In psychodynamischen Kindertherapien wird der Schatten auf vielfältige Weise projiziert und lebendig. Oft wird der Therapeutin die Seite der Bösen zugewiesen, gegen die ein Held oder eine Heldin kämpfen muss. Auch dunkle Rollen im Handpuppenspiel werden gerne zunächst der Therapeutin überlassen, die den Part von Räuber, Hexe, Zauberer, Teufel oder Drache spielen *darf.* Es ist dann schon ein therapeutischer Fortschritt, wenn vom Kind die *bösen* Rollen selbst übernommen und in die Darstellung gebracht werden.

Der Schatten wird in der Therapie auch oft im Übertragungs- und Gegenübertragungsgeschehen lebendig:

> Ein 9-jähriger entwicklungsverzögerter Junge, der phasenweise eine ödipal geprägte Übertragungsliebe zur Therapeutin entwickelt hatte, wünschte sich mich, die Therapeutin, ganz für sich haben zu wollen. Er rivalisierte stark mit meinem Mann, den er natürlich nicht kannte, aber aufgrund meines Doppelnamens die entsprechenden Schlüsse gezogen

hatte. Er fantasierte, dass mein Mann gerne ein schnelles Auto fahren wolle, aber nur einen Kleinwagen habe. Wenn im Umkreis meiner Praxis ein aufheulendes Motorengeräusch eines Autos zu hören war, dann sagte er:»Dein Mann, der Angeber!« In seinen Therapiestunden beschäftigte er sich längere Zeit mit schnellen Autos und ihrer Potenz und vertraute mir an, dass er diese später einmal fahren wolle und ihn alle deswegen bewundern würden. Er übertrumpfte mich oftmals im Autoquartett und erhielt dafür ausreichend Bewunderung. Hinsichtlich dessen, dass er mich am liebsten heiraten wollte, fand er dann selbst die Lösung:»Wenn ich heiraten möchte, bist du viel zu alt!«

Jung sieht die wichtige Bedeutung des Schattens darin, dass das Verdrängte bewusst werden muss,»damit eine Gegensatzspannung entstehe, ohne welche keine Weiterbewegung möglich ist. [...] Nur am Gegensatz entzündet sich das Leben« (GW 7, § 78). Negativ sei der Schatten nur für das Bewusstsein, denn er enthält Werte von höchstem Rang. Im Schatten ist auch viel Lebenslust und Energie verborgen:»In diesem dunklen Schatzhaus finden wir unsere infantilen Züge, unsere emotionalen Fixierungen und neurotischen Symptome, aber auch alle nichtentwickelten Anlagen und Begabungen. [Der Schatten] hält den Kontakt zur verlorenen Tiefe der Seele, zu Leben und Vitalität, das Höchste, das universal Menschliche, ja sogar das Schöpferische ist hier zu ahnen und zu spüren« (Abrams & Zweig, 1997, S. 13).

Der innere und äußere Ablösungsprozess der Jugendlichen von ihren Eltern im Verlauf der Adoleszenz erfordert es, dass Jugendliche ihre Eltern zunehmend auf deren Glaubwürdigkeit und Authentizität hinterfragen und dann dazu neigen, diese zu entwerten. Da Jugendliche auf der Suche nach eigenen Werten und Zielen ihres Lebens sind, kann beobachtet werden, dass sie nun Werte leben, die sozusagen im Familienschatten liegen, also von den Eltern abgelehnt werden. Blaue oder grüne Haare, Nasenpiercings, Tattoos sind zwar aufsehenerregend, aber vergleichsweise harmlos gegenüber Drogensucht, Alkoholmissbrauch oder Mitgliedschaft in extremen politischen Gruppierungen. Wenn die Eltern sehr ehrgeizig und beruflich engagiert sind, zeigt sich der Familienschatten oft im Desinteresse an schulischen Inhalten, Leistungsabfall bis hin zur Schulverweigerung oder Schulabbruch.

3.4.4 Anima und Animus

Kinder und Jugendliche entwickeln sich aufgrund ihrer psychischen, körperlichen und genetischen Ausstattung durch die tragenden Beziehungen zu ihren Bezugspersonen, aber auch aufgrund der Wertvorstellungen des Kollektivs, in dem sie aufwachsen. Vor diesem Hintergrund entwickelt sich die Geschlechtsidentität eines Kindes als Resultat verschiedener biologischer, psychologischer, sozialer und kultureller Einflussgrößen (Mertens, 1997, S. 23). Das Aufwachsen eines Kindes in einem Kollektiv bringt es jedoch mit sich, dass entsprechend den Werten des Kollektivs eher die Charaktereigenschaften des Kindes erwünscht sind, die seinen äußeren Geschlechtsmerkmalen zugeschrieben werden (Neumann, 2004, S. 412). Besonders sensible, ängstliche Jungen, die mit Puppen spielen, aber auch burschikose, dominante Mädchen, die deutliche Aggressionen zeigen, haben es vermutlich eher schwer, angemessene Anerkennung in einem von patriarchalen Werten geprägten Umfeld zu bekommen. Jung geht von der Ganzheit der Gesamtpersönlichkeit aus, die Bewusstes und Unbewusstes umfasst, zu der aber auch die Zweigeschlechtlichkeit des Menschen, Männlichkeit und Weiblichkeit, gehören. Letztere sind für Jung innerhalb der Ganzheit Mensch zwei polare Tendenzen oder Qualitäten, die für die eigene Vollständigkeit von gleichwertiger Bedeutung sind. Wenn ein Individuum nur bestimmte Anteile seiner Persönlichkeit lebt, verschwinden die Anteile, die nicht gelebt werden, jedoch nicht, sondern sie sinken ins Unbewusste. Sie üben weiterhin einen großen Einfluss auf die Persönlichkeit aus. Eine ähnliche Vorstellung hatte Jung in Hinblick auf das Geschlecht: Wenn das jeweilige Geschlecht in seiner Einseitigkeit betont und gelebt wird, konstelliert sich im Unbewussten das jeweilige Gegengeschlecht. Auf diese Weise kam Jung zu der Auffassung, dass Männer einen weiblichen Seelenanteil haben, den er Anima nannte. Den männlichen Seelenanteil bei der Frau bezeichnete er als Animus. Anima und Animus bleiben zunächst als Persönlichkeitsanteile unbewusst, üben aber eine große Wirkung auf das Bewusstsein aus. Sie sind wie alle Archetypen an sich unanschaulich, werden jedoch auf ein menschliches Gegenüber des Umfeldes projiziert oder erscheinen in Träumen oder Fantasien. Ein Junge macht seine ersten Liebeserfahrungen mit seiner Mutter, so dass er als erstes den Archetyp der Anima auf diese projiziert. Für ein Mädchen verkörpert der Vater den Animus, ihren inneren männlichen Seelenanteil. Beide Kinder erleben aber auch den Animus der Mutter als männlichen Aspekt, der sich im tatkräftigen Strukturieren und Grenzensetzen äußern könnte, oder die Anima des Vaters als weiblichen Aspekt, der sich in seiner Bezogenheit und Beziehungsfähigkeit zeigen kann.

Ich versuche den psychologischen Vorgang der Projektion von Anima und Animus bildhaft zu beschreiben: Die eigenen Sehnsüchte und Vorstellungen in Hinblick auf das archetypisch und ideale Weibliche oder Männliche legen sich wie ein digitales Bild oder Dia vor das Erleben der realen Frau oder des Mannes, denen man sich gegenüber sieht. Dadurch kann eine starke Faszination entstehen, die eine komplexhafte Wirkung nach sich ziehen kann. Wenn Liebe und Beziehung entstehen, liebt man zunächst sozusagen die eigene Vorstellung von idealer Weiblichkeit oder Männlichkeit, die man glaubt, im jeweiligen Partner oder der Partnerin vorzufinden. Erst im Laufe einer Beziehung kann das Erkennen der Realität dazu führen, dass diese Projektionen zurückgenommen werden. Zurück bleibt der reale Partner oder die reale Partnerin, eine mögliche Enttäuschung, und öfters kommt es dann zur Trennung. Jung sieht eine Gefahr im Umgang mit den Archetypen (GW 9/1, § 82): Die archetypischen Bilder, die damit verbundenen Emotionen und ihre Wirkkraft können so eine Faszination ausüben, dass man sich das Geschehen nicht bewusst macht, sondern es für die Realität hält, was auch im folgenden Fallbeispiel veranschaulicht wird:

> Eine junge Frau, die noch in keiner festen Beziehung war, hatte sich am Ende ihres Urlaubs heftig in einen jungen Mann verliebt, den sie jedoch kaum kannte. Es war für mich beeindruckend, aber auch etwas besorgniserregend, welchen Raum dieser Mann nun in ihren Fantasien, Gefühlen, ihrem Denken und Handeln einnahm. Sie projizierte all ihre Sehnsucht nach Liebe und Geborgenheit wie auch ihre erotischen Bedürfnisse auf diesen jungen Mann und hatte die Vorstellung, dass der Mann ihr genauso zugewandt sei. Sie idealisierte ihren »Fantasiegeliebten« stark und schuf sich auf diese Weise in der Fantasie einen »perfekten« Partner, so dass sie auch schon Gedanken äußerte an den Urlaubsort zu ziehen, um in seiner Nähe zu sein und dass sie sich mit

3.4 Die Persönlichkeitsinstanzen in Kindheit und Jugend

ihm eine feste Beziehung oder sogar Heirat vorstellen könnte. Dabei verlor sie vollkommen den Bezug zur Realität und konnte nicht erkennen, dass ihre Liebessehnsucht und die Vorstellung von diesem Mann ihrem eigenen Unbewussten entstammte. Ich begleitete diesen Prozess wohlwollend, ließ jedoch einfließen, dass wir Frauen unseren gegengeschlechtlichen männlichen Seelenanteil, den Animus, die Idealvorstellung des Männlichen, oft auf einen Mann projizieren, so dass es uns vorkommt, als ob dieser all das verkörpert, was wir uns ersehnen. Nachdem der junge Mann sie an einem Wochenende besucht hatte, berichtete sie stark ernüchtert, dass es so gewesen sei, wie ich gesagt hätte: Sie hätte sich einen idealen Partner in der Fantasie geschaffen. Der reale junge Mann hatte wenig Ähnlichkeit mit ihrem Fantasiebild.

Die archetypischen Figuren besitzen Kraft ihrer natürlichen Numinosität eine gewisse Autonomie, die nur schwer von Bewusstsein gesteuert werden kann. »Da die Archetypen relativ autonom sind, wie alle numinosen Inhalte, so können sie nicht einfach rational integriert werden, sondern verlangen ein dialektisches Verfahren, eine eigentliche Auseinandersetzung, die von dem Patienten häufig in Dialogform durchgeführt wird [...], als inneres Zwiegespräch mit seinem guten Engel« (GW 9/1, § 85).

Im Laufe von Pubertät und Adoleszenz kommt es allmählich zur inneren und äußeren Ablösung von den Eltern. Das bedeutet für eine Jugendliche/ einen Jugendlichen, dass die psychische Energie allmählich von den Eltern abgezogen wird, um so frei zu werden für eine neue Beziehungserfahrung außerhalb der Familie. Animus und Anima werden dann auf gleichaltrige oder etwas jüngere oder ältere Jugendliche oder junge Erwachsene projiziert. Ein Ziel der psychodynamischen Therapie im Ansatz Jungs ist die Rücknahme der Projektionen, die Differenzierung und Integration des bisher unbewussten weiblichen oder männlichen Seelenanteils in die eigene Persönlichkeit. Das bedeutet für einen Mann, stärkeren Zugang zu seinem Unbewussten und seinem Eros zu finden und so seine Bindungs- und Beziehungsfähigkeit entwickeln zu können. Für eine Frau hingegen kann die Integration des Animus dazu führen, dass sie ihre innere Fülle besser strukturieren kann und die Freude und Fähigkeit an geistiger Betätigung für sich entdeckt (Müller, Müller & Sauer, 2003, S. 24). Wenn Anima oder Animus ins Bewusstsein integriert werden können, bewirken sie positive Tendenzen im Individuum. Bleiben sie hingegen undifferenziert und unbewusst, kann sich die Anima beim Mann unter anderem in Stimmungsschwankungen, Launenhaftigkeit oder einem unsicherem Eros äußern, der Sexualität mit Liebe verwechselt (ebd., S. 24). Ein undifferenzierter Animus bei der Frau kann sich etwa in Besserwisserei und Rechthaberei, in negativem Kritizismus und aggressiven, heimtückischen Gedanken äußern. Jung versteht den Schatten als Gesellenstück, Anima und Animus hingegen als Meisterstück (GW 9/1, § 61). Allerdings stehe für ein Individuum zuerst die Auseinandersetzung mit seinem Schatten und seiner Persona an, bevor eine vertiefte Auseinandersetzung mit Anima oder Animus erfolgen könne (Meier, 1986, S. 161).

> **Zusammenfassung**
>
> Der Begriff des Individuationsprozesses, den Jung als Entwicklungs- und Differenzierungsprozess der individuellen Persönlichkeit versteht, gehört zum Essentiellen in der Analytischen Psychologie. Jung versteht sowohl den lebendigen Organismus als auch seine psychischen Funktionen auf einen Zweck hin ausgerichtet, nämlich auf die Ganzheit des Menschen, im Sinne von Vollständigkeit. In der Begrifflichkeit der Analytischen Psychologie bedeutet das, dass vom Selbst, unserer Gesamtpersönlichkeit, die Wirkung ausgeht, immer mehr zu dem zu werden, der man von seinem Wesen und seinem inneren Potential her ist. Individuation bedeutet, dass der Mensch in Kontakt zu seinem unbewussten Selbst tritt, indem unbewusste Manifestationen, wie Symbole, Träume oder das freie Spiel in polaren Aspekten dem Ich-Bewusstsein erfahrbar und zugänglich werden. Individuation braucht das menschliche Gegenüber, mit dem Bezogenheit und Beziehung erfahren, aber auch Autonomie und Ablösung erprobt werden kann. Es bedeutet authentischer zu werden und sich einerseits gegen verinnerlichte Ansprüche der Elternimages und des Ich-Ideals abzugrenzen, andererseits sich altersgemäß aus dem Elternkomplex herauszulösen. Individuation ist eine Utopie, die wir nie erreichen. Dieser Prozess vermittelt jedoch Sinnerfahrung, macht das Individuum schöpferischer und bewirkt ein besseres Einverstanden-sein mit sich selbst. Als zentrale Faktoren in der Persönlichkeitsentwicklung des Menschen werden in

3.4 Die Persönlichkeitsinstanzen in Kindheit und Jugend

diesem Kapitel die Archetypen, die Strukturelemente des kollektiven Unbewussten und die Komplexe, die Strukturelemente des persönlichen Unbewussten beschrieben. Der Individuationsprozess der ersten Lebenshälfte wird von dem der zweiten Lebenshälfte unterschieden. Letzterer wird aus Sicht Jungs als der eigentliche Individuationsprozess verstanden. Wegweiser und Meilensteine des Individuationsprozesses sind bestimmte archetypische Symbole, deren Gestaltungs- und Erscheinungsweise je nach Individuum variieren, wie Persona, Schatten sowie Anima und Animus.

Literatur zur vertiefenden Lektüre

Fordham, M. (1974). *Das Kind als Individuum*. München: Ernst Reinhardt.
Kast, V. (1990). *Dynamik der Symbole*. Olten: Walter.
Kast, V. (2021). *Der Schatten in uns*. Ostfildern: Patmos.
Lutz, C. (1980). *Kinder und das Böse*. Stuttgart: Kohlhammer.
Meier, C. A. (1986). *Persönlichkeit. Der Individuationsprozess im Lichte der Typologie C. G. Jungs*. Olten: Walter.
Vogel, R. (2017). *Individuation und Wandlung*. Stuttgart: Kohlhammer.

Weiterführende Fragen

- In welcher Weise hat Jungs Vorstellung von den Archetypen eine Bedeutung für den heutigen Menschen?
- Auf welche Weise kann ich den Prozess der Individuation unterstützen?
- Wie macht sich eine Schattenprojektion auf ein Gegenüber im eigenen Gefühlsbereich bemerkbar?
- Erkläre die Wirkung von Anima und Animus im Beziehungskontext.

4 Gehirnreifung und -entwicklung im frühen Raum der Eltern-Kind-Beziehung und in der Psychotherapie

Während in der Analytischen Psychologie sowohl in der kindlichen Entwicklung als auch in der Kinder- und Jugendlichen-Psychotherapie der Ich-Entwicklung und der Stärkung des Ich-Komplexes eine zentrale Rolle zugemessen wurde und wird, möchte ich an dieser Stelle erneut die Sichtweise einiger Vertreter der Neurowissenschaft und -psychologie einbeziehen. Aufgrund der Erkenntnisse, die im Zusammenhang mit neurologischen Erkrankungen gewonnen wurden, kann das Ich nicht als eine einheitliche Entität verstanden werden, die eine Wirksubstanz hat (▶ Kap. 1.5). Wenn nun der Ich-Entwicklung und Ich-Stärkung sowohl in der kindlichen Entwicklung als auch in einer analytischen Psychotherapie keine so zentrale Bedeutung mehr zugemessen werden kann, welche Faktoren im triadischen Geschehen der Eltern-Kind-Beziehung tragen dazu bei, dass ein Kind eine gesunde Persönlichkeitsentwicklung durchläuft? Es sind wechselseitige Prozesse im frühen Austausch zwischen mütterlicher Bezugsperson und Kind, die großen Einfluss auf die optimale Ausreifung des Gehirns, eine gesunde biopsychosoziale Entwicklung des Kindes und die Ausbildung seines Ich-Bewusstseins haben. Der Vater als zweite Bezugsperson hat im interaktionellen Austausch zwischen Mutter und Kind eine wichtige triangulierende Funktion und trägt wesentlich zur Erweiterung der Beziehungskompetenz des Kindes bei (Burchartz, 2021, S. 179) (▶ Kap. 3.2.2). Prozesse, die in der frühen Kindheit zur bestmöglichen Ausreifung des Gehirns führen, haben in einigen Punkten Ähnlichkeit zu Prozessen in einer Psychotherapie, die Heilung und Veränderung bewirken können. Ich werde zunächst die kindliche Entwicklung schildern und anschließend die Prozesse im Rahmen einer Psychotherapie.

4.1 Die sichere Bindungsbeziehung – Grundlage der Gehirn- und Persönlichkeitsentwicklung

Kinder kommen mit einem unreifen und deshalb noch offenen und lernfähigen Gehirn zur Welt. Die Erfahrungen, die Kinder mit ihren primären Bindungspersonen und ihrem Umfeld machen, wirken sich deutlich auf die Ausreifung des Gehirns aus und schlagen sich dort nieder. Die psychische und kognitive Entwicklung eines Kindes vollzieht sich mit der Ausreifung des Gehirns (Roth & Stüber, 2018, S. 188). Von Anfang an sind Kinder, um ihr Gehirn optimal ausreifen zu können und eine gesunde biopsychosoziale Entwicklung zu durchlaufen, auf eine tragfähige und sichere Bindungsbeziehung und feinfühlige Interaktionen mit ihren primären Bezugspersonen angewiesen. Die verschiedenen Ich-Zustände hängen mit der Aktivität unterschiedlicher Hirnregionen zusammen, deren optimale Ausreifung der Areale im Gehirn auf einer sicheren Bindungsbeziehung basieren. Evolutionär gesehen ist das neugeborene Kind eine Frühgeburt und würde während des ersten Jahres ohne Bezugspersonen nicht überleben. Deshalb ist der Säugling in den ersten Lebensmonaten davon abhängig, dass seine Gefühle und Befindlichkeiten von seinen Bezugspersonen in liebevoller Weise gespiegelt und seine Bedürfnisse beantwortet und befriedigt werden. Der Londoner Psychiater und Psychoanalytiker John Bowlby (1907–1990) kam gegen Ende der 1960er Jahre zu der Überzeugung, dass es ein biologisch angelegtes System der Bindung gibt, welches für die Entwicklung der starken emotionalen Beziehung zwischen Mutter und Kind verantwortlich ist (Brisch, 2005, S. 31). Die Natur hat die Bindung als ein gefühlsbetontes, elastisches Band zwischen Kind und Mutter geschaffen, das die beiden verbindet und somit die Überlebenschancen des Kindes erhöht. Ein anderes grundlegendes und angeborenes Motivationssystem ist das Bedürfnis nach Erkundung oder Exploration. Diese beiden Systeme stehen in Wechselwirkung zueinander, vorstellbar im Bild einer Wippe. Das bedeutet, wenn ein Säugling Angst erlebt, wird das Bindungssystem aktiviert und er wendet sich an seine Bindungsperson (ebd., S. 36). Fühlt das Kind sich hingegen in der Bindungsbeziehung sicher und geborgen, kann es anfangen, seine Umgebung neugierig zu erkunden und explorieren. Der Säugling ist darauf angewiesen, dass sein Bindungsverhalten und seine Bedürfnisse von seinen Bindungspersonen von Anfang an feinfühlig beantwortet werden. Darunter versteht Ainsworth, dass die mütterliche Bezugsperson die kindlichen Signale richtig interpretiert, angemessen und prompt auf die Signale reagiert (Ainsworth, 1977, in Brisch, 2005, S. 41). Gesunde Bindungsentwicklung zeichnet sich dadurch aus, dass die Eltern die Bedürfnisse und Gefühle des Säuglings wahr- und ernstnehmen und sie in feinfühliger Weise beantworten und spiegeln. Dadurch kann der Säugling eine sichere Bindungserfahrung machen und diese als Repräsentanz verinnerlichen. Die Erfahrungen, die ein Kind hinsichtlich Bindung und Beziehung macht, werden als unbewusste Informationen auf der mittleren limbischen Ebene des Gehirns verankert. Das Kind lernt, Vertrauen und Nähe aufzubauen. Die Bindungsqualität, die das Kind in der Beziehung zu seinen primären Bezugspersonen erfahren hat, prägen es hinsichtlich der Gestaltung späterer Beziehungen in seinem weiteren Leben. Die Qualität der Bindungsbeziehung wird als inneres Modell in den Tiefen des Gehirns gespeichert und bildet bis in das Erwachsenenalter hinein die Grundlage für die späteren Beziehungen (Strüber, 2019a, S. 177). Die enge Interaktion zwischen dem Säugling und der mütterlichen Bezugsperson führt zu Prägungsvorgängen, die für den Säugling lebensentscheidend werden (ebd., S. 12). Die Neurowissenschaften haben bestätigt, dass für ein Kind eine sichere Bindungsbeziehung zu seinen Eltern die beste Grundlage darstellt, für die optimale Ausreifung und synaptische Vernetzung seines Gehirns. Die Erkenntnisse der Bindungsforschung hinsichtlich der Entstehung einer sicheren Bindung und der anderen, nicht optimalen Bindungsqualitäten dürften mittlerweile bekannt sein, ansonsten verweise ich auf *Bindungsstörungen* (Brisch, 2005) und *Die erste Bindung. Wie Eltern die Entwicklung des kindlichen Gehirns prägen* (Strüber, 2019a).

4.2 Gene und synaptische Verbindungen: Das kindliche Gehirn in Wechselwirkung mit Körper und Psyche der Mutter

Im limbischen System des Gehirns entstehen die bewussten und unbewussten Gefühle, Motive und Ziele (Roth & Stüber, 2018, S.109). Es steuert lebenserhaltende Funktionen und ist der Ort für die Bewertung des Verhaltens nach den Faktoren *positiv* (damit zu wiederholen) oder *negativ* (damit in Zukunft zu vermeiden). Dies erst ermöglicht es dem Organismus, sich den Gegebenheiten seiner natürlichen und sozialen Umwelt anzupassen (ebd.) (Zur weiteren Beschreibung des limbischen Systems und seiner Strukturen, die in verschiedenen Entwicklungsperioden reifen, verweise ich auf das Werk *Die erste Bindung* (Strüber, 2019a, S. 39–59). Während der Schwangerschaft steht der Fötus über den Blutkreislauf in engster Verbindung mit Gehirn und Psyche der Mutter. Über die mütterlichen Botenstoffe gelangen auch Informationen über Gefühle und psychische Verfassung der Mutter in das Gehirn des Fötus. Nicht nur Nikotin, Alkohol, Drogen, Medikamente oder körperliche Gewalterfahrungen, denen die Mutter ausgesetzt ist, können das ungeborene Kind schädigen, sondern auch vorgeburtliche Stresserfahrungen, die über den alltäglichen Stress der Mutter hinausgehen, wie auch psychische Erkrankungen der Mutter. Bekannt ist, dass über Gene Erbanlagen an die nächste Generation weitergegeben werden. Weniger bekannt ist, dass Gene auch an der Prägung der Psyche und der Persönlichkeit beteiligt sind. Mit den ersten Erfahrungen im Mutterleib und mit dem Aufbau der Bindungsbeziehung kommt es zu einer sogenannten Gen-Umwelt-Wechselwirkung (Strüber, 2019b, S. 124). Durch die erhöhte Cortisolausschüttung, die bei der Mutter infolge des Stresses entsteht, wird auch der kindliche Cortisolhaushalt empfindlich beeinflusst. Es kommt zu einer sogenannten fötalen Programmierung. Gene des Stresssystems des Kindes werden epigenetisch markiert. Das bedeutet, dass diese sich dauerhaft durch die Wechselwirkung mit der Umwelt verändern und sich dauerhaft auf das Temperament des Kindes und sein späteres Gefühlsleben auswirken (ebd., S. 139). Beim Vorliegen bestimmter Genvarianten reagieren Menschen empfindlicher auf ihre Umwelt als andere, mit der Folge, dass sie stärker unter Stress leiden und eine erhöhte Vulnerabilität (Verwundbarkeit) für psychische Störungen haben. Der Grund dafür kann eine erhöhte oder verringerte Funktion von körpereigenen Botenstoffen sein, wie z. B. eine nicht besonders ausgeprägte Oxytocin-Wirkung (Oxytocin ist das Bindungshormon). Aufgrund dieser Konstellation kann ein Kind Schwierigkeiten haben, sich vertrauensvoll in Beziehungen einlassen zu können.

Epigenetische Prägungen können über Generationen weitergegeben werden (Zur Thematik der Epigenetik und der transgenerationalen Weitergabe verweise ich auf *Risiko Kindheit* (Strüber, 2019b, S.237 ff.); Yehuda, 2015) und *Epigenetik* (Kegel, 2020). Vorgeburtlicher Stress kann auch zu einer veränderten Darmflora des Kindes führen, was ebenfalls Auswirkungen auf Gehirn und Psyche des Kindes hat (Strüber, 2019b, S. 153).

Ein weiterer Faktor ist für die Entstehung der kindlichen Persönlichkeit von zentraler Bedeutung: die Verschaltung der Nervenzellen. Menschen unterscheiden sich bezüglich ihrer Eigenschaften, Gefühle, Vorlieben und Fähigkeiten, aber auch wie sie mit ihren Bedürfnissen umgehen und diese in Übereinstimmung mit ihrer Umwelt bringen. Die entsprechende charakterliche Ausprägung hängt mit der unterschiedlichen Verschaltung der einzelnen Nervenzellen (Neuronen) bei jedem Menschen zusammen (ebd., S. 32). In der Schwangerschaft und während der frühen Kindheit müssen sich die Nervenzellen im Gehirn des Kindes miteinander verschalten und Synapsen (Kontaktpunkte, mit denen sich die Neuronen verbinden) bilden. Es kommt zuerst zu einer Überproduktion der synaptischen Verbindungen. Bereits in der Schwangerschaft wird im Rahmen der Selbstorganisation des Gehirns des Fötus ein Überschuss an Nervenzellen bereitgestellt. Hinsichtlich der synaptischen Verbindungen gilt nun der Grundsatz: »Use it or loose it« (Bauer, 2006, S. 57). Das bedeutet, nur die Fortsätze, Kontakte und Verschaltungen zwischen den Nervenzellen bleiben erhalten, die nach der Geburt und in der Phase der Hirnentwicklung im interaktionellen Austausch mit den Eltern genutzt und in funktionelle Netzwerke eingebunden werden. Der Rest der Neuronen wird wieder abgebaut. Das sich entwickelnde kindliche Gehirn passt also seine innere Struktur und seine neuronalen Verschaltungen und synaptischen Verbindungen an das an, was seine Bezugspersonen ihm an Resonanz und Interaktion entgegenbringen. Die Fähigkeiten des Menschen zu emotio-

4.2 Das kindliche Gehirn in Wechselwirkung mit Körper und Psyche der Mutter

nalem Verständnis und Empathie beruhen darauf, dass sozial verbindende Vorstellungen nicht nur untereinander ausgetauscht, sondern im Gehirn des jeweiligen Empfängers auch aktiviert und spürbar werden (ebd., S. 17). Im Gehirn jedes Menschen ist deshalb das System der Spiegelneuronen (Spiegelnervenzellen) wirksam. Die Gefühle oder Befindlichkeit, die ich bei meinem Gegenüber wahrnehme, erzeugt in mir eine Resonanz, die spontan, unwillkürlich und ohne Nachdenken einsetzt. Spiegelneurone schaffen die neurobiologische Basis für die menschliche Fähigkeit, sich in die Gedanken und Gefühle anderer hineinversetzen zu können und deren Absichten zu erkennen, was in der Psychologie als *Theory of Mind* bezeichnet wird (ebd., S. 56). Beziehungserfahrungen werden in den höheren, komplexeren Bereichen des Gehirns verankert. Je mehr ein Kind bezogene und feinfühlige Interaktionen mit seinen primären Bezugspersonen erlebt, desto sicherer kann seine Bindung an diese werden. Auch wird angenommen, dass insbesondere eine sichere Bindungsbeziehung in der frühen Kindheit ein gut funktionierendes Oxytocin-System hervorbringt (Strüber, 2019a, S. 142). Zusätzlich dämpft die Ausschüttung von Oxytocin das Stresssystem des Kindes und ermöglicht, dass es sich explorierend und lernend seiner Umwelt zuwenden kann (ebd., S.137). Eine der wichtigsten basalen Kompetenzen der primären Bezugspersonen in einer sicheren Bindungsbeziehung ist die Spiegelung der Gefühle ihres Kindes (▶ Kap. 1.3.1). Auf diese Weise lernt das Kind seine verschiedenen Emotionen bewusst zu erleben, sie einzuordnen, und im emotionalen Gedächtnis der allmählich ausreifenden oberen limbischen Ebene abzuspeichern, was auch die Grundlage für Einfühlung in andere darstellt (ebd., S. 178). Wichtig ist, dass die primären Bindungspersonen auf empathische und feinfühlige Weise mit dem neugeborenen Kind auch bereits in den ersten vier Wochen seines Lebens in vielfältigen Kontakt und Beziehung treten und nicht erst, wenn das Kind das soziale Lächeln zeigt. Häufig höre ich von Eltern, die ihr Kind bei mir in der Praxis vorstellen, dass ihr Kind nach der Geburt sehr ruhig gewesen sei und viel geschlafen hätte. Der eigentliche Kontakt zum Kind sei erst entstanden, als das Kind begonnen hätte zu lächeln. Der Zeitraum der ersten vier Wochen zum Aufbau einer sicheren Bindungsbeziehung, aber auch zum Aufbau der synaptischen Netzwerke des Gehirns, wurde offenbar zu wenig genutzt.

4.3 Umstrukturierende und heilungsbewirkende Prozesse in der Psychotherapie (Sicht der Neurowissenschaft)

Feinfühlige und spiegelnde emotionale Austauschprozesse in der frühen Kindheit zwischen Kind und Eltern stellen die Basis dar, damit ein Kind eine sichere Bindungserfahrung machen und sein Gehirn optimal ausreifen kann. Ähnliche Prozesse finden in einer Psychotherapie statt. Patient und Therapeut begegnen sich in einer sehr individuellen Beziehung (▶ Kap. 5.2 und 5.5). Auf der Basis von Sympathie, Vertrauen, gegenseitiger Wertschätzung und Respekt wird ein Miteinanderarbeiten möglich. Auch in einer Kinder- und Jugendlichenpsychotherapie ist die Qualität der Beziehung zwischen Kind oder Jugendlichem (▶ Kap. 6.6) und dem Therapeuten unter Einbezug der Eltern von großer Bedeutung, wie auch das Entstehen eines Arbeitsbündnisses zwischen allen Beteiligten. Im Rahmen einer Psychotherapie können neue Bindungserfahrungen und korrigierende Beziehungserfahrungen gemacht werden. Voraussetzung dafür ist, dass der Therapeut sich als positive Bindungsperson zur Verfügung stellt, zugewandt, schwingungsfähig und introspektionsfähig ist und dem Patienten mit Wärme, Wohlwollen und Zuversicht begegnet (▶ Kap. 5.4). Wesentlich ist das Zusammen-*Spiel*, die Passung zwischen Therapeut und Patient, eine Grundvoraussetzung der gemeinsamen Arbeit. Darunter wird ein positives, affektives *Zusammenspiel*, ähnlich wie in einer frühen Eltern-Kind-Beziehung, verstanden, so dass im günstigsten Falle der Patient die Erfahrung machen kann, mit seinem Wesen und Temperament angenommen zu werden (Jacoby, 1993, S. 154f.). Entscheidend ist auch, ob es eine Passung zwischen dem spezifischen Leiden des Patienten und der vom Therapeuten angewandten Methode gibt (Roth & Ryba, 2016, S. 339). Die Qualität des Arbeitsbündnisses ist vermutlich der wirksamste Faktor jeder Psychotherapie. Dessen Wirkung beruht auf drei Faktoren:

4.3 Umstrukturierende und heilungsbewirkende Prozesse in der Psychotherapie

1. auf dem Vertrauen des Patienten in den Therapeuten,
2. auf der Überzeugung des Therapeuten, dass er dem Patienten helfen kann,
3. auf Vertrauen beider in den Therapieansatz, den der Therapeut anbietet (Roth, 2021, S. 261).

Aufgrund eines positiven Arbeitsbündnisses kann eine vertrauensvolle Nähe zwischen Patient und Therapeut entstehen, ähnlich wie in einer frühen Eltern-Kind-Beziehung oder in einer anderen vertrauensvollen Beziehung. Dies bewirkt eine Oxytocin-Ausschüttung bei Patient und Therapeut, was auf Seiten des Patienten den Cortisolspiegel senkt und zu einer Erhöhung des Serotoninspiegels und Ausschüttung der endogenen Opioide führt (Karlson et. al., 2016). Die Folge ist eine deutliche Beruhigung und Angstreduktion auf Seiten des Patienten. Die Tatsache, dass es in Therapien bereits öfters in der Anfangsphase zur Abmilderung der Symptome und deutlichen Verbesserung der Befindlichkeit des Patienten kommt, hängt vermutlich mit der positiven Wirkung des Arbeitsbündnisses zusammen (ebd.). Diese Wirkung ist jedoch oft nicht von Dauer, so dass der therapeutische Prozess noch weitergehen muss. Im Zuge der Evolution hat sich seit etwa 100.000 Jahren das menschliche Gehirn herausgebildet, dessen Feinkonstruktion während des Lebens des Individuums dadurch geprägt wird, wie und wozu der Mensch es benutzt (Hüther, 2006, S. 22). Die im Gehirn angelegten neuronalen Verschaltungsmuster bilden sich in Abhängigkeit von äußeren Einflüssen aus. Das bedeutet, dass die Beziehungserfahrungen, aber auch wofür das Gehirn genutzt wird, letztlich großen Einfluss darauf haben, welche Strukturen sich im Gehirn von Kindern und Jugendlichen bilden (Diese Tatsache sollte auch von Eltern bedacht werden, wenn es um die Frage nach Dauer und Häufigkeit der Nutzung von Computerspielen geht). Das menschliche Gehirn ist ein zeitlebens lernfähiges Organ, das während der gesamten Lebensdauer veränderbar ist. Nicht alle Lebensbedingungen, unter denen Kinder aufwachsen, sind so ideal, dass die Verschaltungsmuster ihres Gehirns in optimaler Weise entstehen können (ebd., S. 70). Jede lebendige neue Beziehungserfahrung, die ein Individuum macht, kann als *Lernerfahrung* verstanden werden, bei denen sich die Nervenzellen im Gehirn neu verknüpfen und neue synaptische Netzwerke bilden. Psychotherapieprozesse, die dem Kind oder Jugendlichen lebendige und affektive Interaktionserfahrungen ermöglichen, tragen dazu bei, dass sich neuronale und synaptische Beziehungsmuster in ihrem Gehirn verankern können, mit deren Hilfe das gesteuert wird, was ihnen später hilft, sich in ihrer Lebenswelt zurechtzufinden (Hüther, 2011, S. 37). Klaus Grawe hat in seinem Buch *Neuropsychotherapie* davon gesprochen, dass »Psychotherapie wirkt, wenn sie wirkt, darüber, dass sie das Gehirn verändert« (Grawe (2004), zitiert nach Roth, 2021, S. 239). Ein zentraler Faktor des Therapiekonzepts Grawes ist die Ressourcenaktivierung (Roth & Ryba, 2016, S. 360), die Ähnlichkeit zu Jungs Vorstellung von der Individuation als Selbst-*Verwirklichung* hat, dessen Ziel die Entfaltung des inneren Potentials ist und das Streben nach Ganzheit (Vollständigkeit) der Persönlichkeit (▶ Kap. 3). Mit Ressourcen werden die positiven Persönlichkeitsmerkmale, Erfahrungen, Fähigkeiten und Begabungen des Kindes oder Jugendlichen verstanden. Im Rahmen des therapeutischen Prozesses ist es von daher wesentlich, dass der Patient sein Potential und seine Möglichkeiten entdeckt und erkennt und diese vom Therapeuten in wertschätzender Weise gespiegelt bekommt. Dazu gehören positive Erfahrungen im Bereich des Selbstwertgefühls und der Bindung, Gespräche darüber, was das Leben sinnvoll macht; die Erweiterung der Fähigkeiten der Impulskontrolle, Affektkontrolle und Selbstwirksamkeit sowie das Erkennen eigener Motive und Ziele (ebd., S. 360). Hüther sagt dazu: »Die wichtigsten Erfahrungen, die einen heranwachsenden Menschen prägen und die in Form komplexer neuronaler Verknüpfungen und synaptischer Verschaltungen in seinem Gehirn verankert werden, sind Erfahrungen, die in lebendigen Beziehungen mit anderen Menschen gemacht werden« (Hüther, 2004, S. 489).

Von daher werden unmittelbare Erfahrungen im therapeutischen Prozess, wie intensives Erzählen, Imaginationsübungen, Rollenspiele und kreative Prozesse aus Sicht der Neurowissenschaft als wertvoll eingeschätzt, die wesentlich zur Heilung neurotischer Störungen beitragen (Roth & Ryba, 2016, S 342). Zu weiteren Ergebnissen der Psychotherapie-Wirkungsforschung und zur Vertiefung, welche Faktoren aus neurowissenschaftlicher Sicht zur Heilung neurotischer Störungen beitragen, verweise ich auf das Buch *Über den Menschen* (Roth, 2021, S. 238–264).

4.3 Umstrukturierende und heilungsbewirkende Prozesse in der Psychotherapie

Zusammenfassung

Die psychische Entwicklung von Kindern und Jugendlichen vollzieht sich parallel mit der Ausreifung und Entwicklung des Gehirns. Von Anfang an sind Kinder, um ihr Gehirn optimal ausreifen lassen zu können und eine gesunde biopsychosoziale und Persönlichkeitsentwicklung zu durchlaufen, auf tragfähige und sichere Bindungsbeziehungen sowie feinfühlige und spiegelnde Interaktionen mit ihren primären Bezugspersonen angewiesen. In der Schwangerschaft sind Mutter und Fötus über den Blutkreislauf miteinander verbunden. Die körperlich-psychische Befindlichkeit der Mutter hat einen großen Einfluss auf die gesunde Entwicklung des Fötus. So kann erheblicher Stress der Mutter die spätere Funktion des Stresssystems des Kindes dauerhaft beeinflussen. Die Sichtweise der neueren Hirnforschung, grundlegende psychisch-körperliche Austauschprozesse zwischen Mutter und Kind im ersten Lebensjahr als Grundlage für eine gesunde Ausreifung des kindlichen Gehirns und der Persönlichkeit zu verstehen, sensibilisiert für die Prozesse, die auch in einer Psychotherapie stattfinden. Auch in einer Psychotherapie stellt das Zusammen-*Spiel* von Patient und Therapeut und das Entstehen eines wertschätzenden, von positiven Emotionen getragenes Arbeitsbündnisses die Grundlage für einen erfolgversprechenden therapeutischen Prozess dar, bei dem sich auch im Sinne einer neuen Beziehungserfahrung die Nervenzellen im Gehirn neu verknüpfen und neue synaptische Netzwerke bilden.

Literatur zur vertiefenden Lektüre

Hüther, G. (2006). *Bedienungsanleitung für ein menschliches Gehirn*. Göttingen: Vandenhoeck & Ruprecht.
Hüther, G. (2011). *Was wir sind und was wir sein könnten*. Frankfurt/M.: Fischer.
Roth, G. & Strüber, N., (2018). *Wie das Gehirn die Seele macht*. Stuttgart: Klett-Cotta.
Strüber, N. (2019a). *Die erste Bindung. Wie Eltern die Entwicklung des kindlichen Gehirns prägen*. Stuttgart: Klett-Cotta.
Strüber, N. (2019b). *Risiko Kindheit. Die Entwicklung des Gehirns verstehen und Resilienz fördern*. Stuttgart: Klett-Cotta.

Weiterführende Fragen

- Auf welche Weise wirkt sich ein feinfühliges Verhalten der primären Bezugspersonen auf die Bindungsfähigkeit des Kindes aus?
- Wie wirkt sich eine unsichere Bindungsqualität auf die Ausreifung des kindlichen Gehirn aus?
- In welcher Weise sind Gene an der Ausbildung der kindlichen Persönlichkeit beteiligt?
- Beschreiben Sie die emotionalen Qualitäten eines Therapeuten, bei dem Sie sich in eine Therapie begeben würden?

5 Besonderheiten in der psychodynamischen Kinder- und Jugendlichenpsychotherapie im Ansatz C. G. Jungs

Die psychodynamische Kinder- und Jugendlichenpsychotherapie im Ansatz C. G. Jungs unterscheidet sich vom psychoanalytischen Ansatz insbesondere darin, dass Jung vom schöpferischen Potential des Selbst ausgeht, das letztlich die Selbst*verwirklichung* und die Ich-Entwicklung ermöglicht. Den Manifestationen des Unbewussten, Kreativität und Gestaltung wird höchste Bedeutung zugemessen. Symptome bei Kindern und Jugendlichen sind auf deren innere Konflikte und Komplexe zurückzuführen, die als Störung ihres Reifungsprozesses verstanden und als neurotische Störung bezeichnet werden. Jung versteht eine Neurose als »Entzweiung mit sich selbst« (GW 7, § 430), als innerseelisches Ungleichgewicht. Die Neurose ist für ihn nicht eine Störung, die schnell beseitigt werden sollte, sondern in ihr kommt die nicht anerkannte Seite der Gesamtpersönlichkeit zum Ausdruck, die, um Individuation und Ganzheit anzustreben, verstanden und gelebt werden muss (GW 7, § 289). Eltern von Kindern und Jugendlichen, die in der Praxis vorgestellt werden, haben oft die Erwartung, dass die Symptome ihres Kindes oder Jugendlichen möglichst schnell verschwinden sollen. Dies ist aber nicht vorrangiges Ziel und Vorgehensweise einer psychodynamischen Therapie, in der in erster Linie die inneren, unbewussten Konflikte und Komplexe bearbeitet werden. Wann genau sich die Symptome abmildern oder möglicherweise ganz verschwinden, kann nicht vorhergesagt werden. Oft ist ein längerer therapeutischer Prozess notwendig, der die Auseinandersetzung zwischen dem Unbewussten und dem Bewusstsein ermöglicht und den Prozess der Selbstregulation unterstützt. In den Vorstellungen von Jung und Neumann ist eine gelingende Urbeziehung die Grundlage für die Entwicklung des kindlichen Ichs, das sich in einer wechselseitigen dynamischen Beziehung zur Gesamtpersönlichkeit, dem Selbst, befindet. Übertragen auf die Therapiesituation bedeutet das, dass der Qualität der therapeutischen Beziehung zwischen dem Therapeuten und dem Kind oder dem Jugendlichen eine zentrale Bedeutung zukommt, die auch unter dem Aspekt von Übertragung und Gegenübertragung betrachtet werden soll. Im Folgenden werden die grundlegenden Voraussetzungen dargestellt, die ermöglichen, dass sich im Rahmen einer analytischen Psychotherapie gelingende Prozesse der Selbstorganisation ereignen können.

5.1 Die Vorstellung von der eigenen Ganzheit im Sinne von Vollständigkeit und die Selbstregulation im Gespräch mit Kindern und Jugendlichen

In der psychodynamischen Therapie im Ansatz C. G. Jungs ist es mir ein Anliegen, dass Kinder und Jugendliche eine Vorstellung ihrer Gesamtpersönlichkeit als Ganzheit im Sinne von Vollständigkeit bekommen, die sowohl aus bewussten als auch aus unbewussten Anteilen besteht. Ich sage Kindern oder Jugendlichen manchmal am Anfang oder im Verlauf der Therapie, dass wir die Möglichkeit zur Heilung in uns selbst tragen. Wenn es gelingt, dass wir mit Aspekten unseres Selbst in Kontakt kommen, kann aus der Verbindung zwischen Unbewusstem und Bewusstsein ein Drittes entstehen, ein Symbol, das wir in Träumen, in Fantasien, in kreativen Gestaltungen oder im Spiel erleben (▶ Kap. 6.4.3). Dies alles ist wertvoll. Manchmal können wir auch gemeinsam den tieferen Sinn der Symbole im Gespräch miteinander herausfinden, indem wir auch Beispiele aus Märchen oder Mythen einbeziehen. Gemeinsam können wir im Gespräch erarbeiten, welchen tieferen Sinn z. B. ein Traummotiv hat, weil wir bisher unbewusste Aspekte, die auch zu unserer Gesamtpersönlichkeit gehören, in unser Bewusstsein integrieren können. Dadurch werden wir immer mehr zu der oder dem, die/der wir wirklich sind und entdecken unsere Begabungen und Fähigkeiten, unser Potential, was unsere Persönlichkeit letztlich ausmacht und uns einzigartig macht. Dadurch können wir mutiger und tatkräftiger werden, unsere Umwelt und unser Leben zu gestalten. Wichtig ist, anzuerkennen, dass gegensätzliche Seiten zu uns Menschen gehören, wie z. B., dass jeder Mensch gut aber auch böse ist und dass wir weibliche und männliche Anteile haben. Dies kann sich positiv auf unser Selbstverständnis und Selbstbewusstsein auswirken. Wir sprechen oft über die Polaritäten unserer Seele, die dynamischer Ausdruck unserer psychischen Energie sind und sich auch in wechselnden Stimmungen oder Gefühlen darstellen. Auch wenn wir diese Stimmungsschwankungen oft leidvoll erleben, sind sie Ausdruck der Dynamik unserer psychischen Energie und gehören zu einem ganzheitlichen Leben (▶ Kap. 2.1.3). In einer solchen Situation kann das Wissen über die innerseelischen dynamischen Abläufe, wie sie in dem Modell des schöpferischen Wandlungszyklus zusammengefasst sind, eine große Hilfe sein (▶ Kap. 6.1).

5.2 Das wichtigste Handwerkszeug ist der Therapeut selbst

Jung versteht eine Therapie als einen dialektischen Prozess, der darin besteht, dass eine Auseinandersetzung zwischen Patient und Therapeut im Sinne einer *menschlichen Partnerschaft* stattfindet (Jacoby, 1993, S. 126). Der dialektische Prozess ist zugleich auch ein innerseelischer Dialog zwischen dem Ich-Bewusstsein und dem Unbewussten. Das bedeutet, dass auch der Therapeut sich mit seiner Gesamtpersönlichkeit, seinem biopsychosozialen Gewordensein und seinen bewussten und unbewussten Anteilen in den Prozess einbringt. Jung bezeichnet Psychotherapie als eine persönliche Beziehung innerhalb des unpersönlichen Rahmens der Behandlung (GW 16, § 163). Die Therapie findet unter Einhaltung von ethischen Grundsätzen und Abstinenz statt. Das bedeutet, der Therapeut darf den Patienten nicht für eigene Bedürfnisse gebrauchen. Die therapeutische Beziehung ist nicht eine Beziehung um ihrer selbst willen, sondern hat das Ziel, eine Beziehung zwischen dem Ich und dem Selbst zu ermöglichen. Die bewusst-unbewusste Verflochtenheit zwischen Patient und Therapeut, die einen wesentlichen Wirkfaktor darstellt, hat Jung auch als Beziehungsquaternio bezeichnet (▶ Kap. 5.5). Als Therapeut wirke und kommuniziere ich also nicht nur mit meinen bewussten, sondern auch mit meinen unbewussten Anteilen meiner Gesamtpersönlichkeit. Das bedeutet, dass mein Unbewusstes als Therapeutin ein ernstzunehmender Faktor ist im therapeutischen Geschehen, der mich z. B. durch einen Traum, eine Fantasie oder ein Symbol in Kenntnis setzen kann, wie ich das Kind oder den Jugendlichen wahrnehme. Aus Sicht Jungs beginnt die Therapie beim Therapeuten selbst (Jung, Jaffé, ETG, 1997, S. 138):

> »Als Arzt muss ich mich immer fragen, was mir der Patient für eine Botschaft bringt. Was bedeutet er für mich? Wenn er nichts für mich bedeutet, habe ich keinen Angriffspunkt. Nur wo der Arzt selbst getroffen ist, wirkt er.»Nur der Verwundete heilt«. Wo aber der Arzt einen Persona-Panzer hat, wirkt er nicht. Ich nehme meine Patienten ernst. Vielleicht bin ich genauso vor ein Problem gestellt wie sie. Oft passiert es ja, dass der Patient gerade das richtige Pflaster für die schwache Stelle des Arztes ist. Daraus können schwierige Situationen entstehen, auch für den Arzt, oder gerade für ihn. Jeder Therapeut sollte eine Kontrolle [Supervision] haben durch eine Drittperson, damit er noch einen anderen Gesichtspunkt erhält« (ebd., S. 139 f.).

In der Analytischen Psychologie wird die polare Beziehung, die zwischen dem Patienten und dem Therapeuten mit dem Ziel der Heilung entsteht, als archetypisch verstanden. In diesem Zusammenhang wird auch vom Urbild des *verwundeten Heilers* gesprochen (Müller, 2018, S. 276). Das Motiv des verwundeten Heilers geht auf das mythologische Motiv des Kentaur Cheiron in der griechischen Mythologie zurück. Cheiron, ein heilkundiges Mischwesen aus Mensch und Pferd, wurde von einem giftigen Pfeil, den Herakles unbeabsichtigt auf ihn abgeschossen hatte, unheilbar verwundet und konnte nicht sterben, da er als unsterblich galt.

In der Realität begegnen sich im therapeutischen Prozess zwei Menschen, zwischen denen die Pole des Krankseins und des Heilen-Könnens vordergründig eindeutig aufgeteilt scheinen: Der Therapeut in seiner Fachkundigkeit setzt sein Wissen und seine Fähigkeiten ein, damit der Erkrankte genesen und gesunden kann. Werden diese polaren Rollen jedoch in ihrer Ausschließlichkeit gelebt, dann wird der jeweils andere Pol

5.2 Das wichtigste Handwerkszeug ist der Therapeut selbst

auf die Außenwelt projiziert. Das bedeutet, dass der Kranke, der auch über eigene innere Heilungskräfte verfügt, im Therapeuten den alleinigen Heiler sieht, der ihn gesund machen kann. Ungünstig ist in diesem Fall, wenn der Kranke alle Verantwortung abgibt, sich abhängig macht und nicht an seine eigenen Heilungskräfte glaubt. Der Therapeut, der die Einseitigkeit des Pols lebt, könnte sich hingegen allmächtig fühlen und eigene Schwäche, Krankheit und Verwundung abwehren. Er projiziert die kranken Anteile auf den Patienten und neigt möglicherweise dazu, dem Patienten gegenüber seinen Machtschatten auszuleben. Guggenbühl-Craig (1987) sieht eine Möglichkeit zur Überwindung dieser Einseitigkeit und Spaltung darin, zu erkennen, dass sowohl der Patient als auch der Therapeut beide Pole in sich selbst vorfinden (Guggenbühl-Craig, 1987, S. 63). Das bedeutet, wenn ein Erkrankter Heilung sucht bei einem Therapeuten, ist die Aktivierung seiner eigenen inneren Heilungskräfte wichtig und notwendig, damit seine bio-psychische Ganzheit genesen kann. Für den Therapeuten hingegen gilt es anzuerkennen, dass er auch eigene innere Verwundungen hat. Nur wenn der Therapeut seine Seele ernst nimmt und seine eigenen wunden Punkte und Probleme kennt und damit umgehen kann, ist er in der Lage dem Patienten zu helfen, dies in ähnlicher Weise zu tun. Deshalb gehört zur Ausbildung von Psychotherapeuten eine eigene längere Therapie, die als Lehranalyse oder Selbsterfahrung bezeichnet wird. Nicht der Therapeut selbst stellt den Faktor dar, der heilt. Dem griechischen Arzt Hippocrates von Kos (460–370 v. Chr.) wird der folgende Ausspruch zugeschrieben: »Nicht der Arzt heilt, sondern die Natur. Der Arzt kann nur ihr getreuer Diener und Helfer sein. Er wird von ihr, niemals aber die Natur von ihm lernen« (Hippocrates). Ein weiterer Aspekt innerhalb der Analytischen Psychologie, der den Therapeuten entlasten kann, ist die Auffassung, dass Erfolg oder Misserfolg der Therapie nie allein dem Geschick des Therapeuten zugeschrieben werden kann, sondern dass ein Gelingen des Prozesses wesentlich mit Faktoren zusammenhängt, der, wie die mittelalterlichen Alchemisten sagten, nur mit *deo concedente* (mit Gottes Gnaden – mithilfe einer überpersönlichen Macht) gelingen kann (Jacoby, 1993a, S. 184). Jung betonte, dass der therapeutische Prozess immer Veränderungsprozesse für beide bedeutet.

5.3 Der Therapieraum

Der Therapieraum nach dem Ansatz von C. G. Jung verfügt über die verschiedensten Materialien, die zum symbolischen und schöpferischen Spiel anregen. Das therapeutische Sandspiel (Kalff, 1996), mit ein oder zwei Sandkästen auf Tischhöhe, bietet zusammen mit einer Figuren- und Materialsammlung, die Menschen, Tiere, Gebäude, Bäume, Fahrzeuge, Steine und vieles andere beinhaltet, Kindern und Jugendlichen die Möglichkeit, in einem begrenztem Raum (im Maße des goldenen Schnittes) mehrdimensionale Sandbilder, Landschaften, Kampfszenen oder Spielhandlungen aufzubauen. Der Boden der Sandkästen hat eine blaue Farbe, so dass durch das Wegschieben des Sandes ein Meer, Flüsse oder Seen gestaltet werden können. Es kann damit etwas Beeindruckendes geschaffen werden, was aber nicht dauerhaft ist (Burchartz, Hopf & Lutz, 2016, S. 170). Die Figurensammlung umfasst ein Spektrum von Figuren, das von »lichten« religiösen Symbolfiguren bis hin zum Dunklen und Schattenhaften reicht, wie z. B. drachenhafte Ungeheuer, die verschlingen können, oder bedrohlich wirkende Tiere wie Schlangen und Spinnen. Aber auch Hexen, Zauberer, Feen, Geister, Helden und Heldinnen, Könige und Königinnen gehören zur Grundausstattung der Sandspielfiguren, die in der Projektion als Aspekte des kollektiven Unbewussten in die Darstellung gebracht werden können. Aus Sand, der für die Urmaterie Erde steht und Wasser, dem weiteren Urstoff, geht Leben hervor und wird eine Welt geschaffen, die an die Entstehung der Welt in den Schöpfungsmythen denken lässt. Zu den Urkräften Erde/Sand und Wasser, in denen das weibliche Prinzip wirksam ist, gesellt sich oft das dritte Element des Feuers, das auf viele Kinder eine besondere Faszination ausübt und in den männlichen Raum weist. Die symbolischen Gestaltungen können als Ausdruck bewusster und unbewusster Konflikte, Komplexe und Gefühle verstanden werden. Durch das Gestalten dieser Sandbilder können sich innere Spannungen lösen und Energien werden freigesetzt, die einen ganzheitlichen Heilungs- und Entwicklungsprozess ermöglichen (Löwen-Seifert, 2003, S. 362). Innere Bilder können auf diese Weise mit den Händen im Sand gestaltet werden, so dass unbewusste und bewusste Inhalte sich in einer körperlichen Form materialisieren (ebd., S. 362). Auf diese Weise wird vom Ich-Bewusstsein bisher

5.3 Der Therapieraum

nicht Wahrgenommenes begreifbar und erfahrbar, was die Bearbeitung der inneren Konflikte und Komplexe ermöglicht. Es kann ein Prozess entstehen, in dem die Selbstregulation wieder in Gang kommt und das Ich sich wieder an die heilenden Kräfte des Selbst anschließen kann. So befinden Burchartz, Hopf und Lutz (2016, S. 171): »Das Symbol in seiner Bedeutung zu erahnen, es in seiner persönlichen und archetypischen Wahrheit zu erkennen, Lösungsmöglichkeiten spielerisch zu entwickeln, das ist eine besondere Qualität des therapeutischen Sandspiels.«

Mit Sand und Wasser können aber auch die Erfahrungen des Vermischens und des wieder Trennens (Sieben) erprobt werden. Mitunter reicht der Sand alleine nicht aus, um zu experimentieren und Neues zu schaffen. So werden, ähnlich wie in einem alchemistischen Labor, verschiedene Stoffe neu gemischt, manchmal auch erhitzt, »verwandelt« und mit ihnen Nahrhaftes (Nudelsuppe), aber auch *Giftsuppe, Schleim, Zaubertränke* oder sonstige Produkte der Fantasie hergestellt. Oft ist der Sand auch die Grundlage vieler schmackhafter *warmer Speisen, Kuchen oder Eis*. Es wird *gekocht* und *gegessen*. Es bewähren sich Spielmaterialien, die es ermöglichen, andere Rollen einzunehmen oder sie auszuprobieren, mit denen symbolische Welten geschaffen und bespielt werden können. Unverzichtbar sind Puppen, Kasper- und Handpuppen, Klappmaul-, Stoff- und Tierpuppen wie auch Tücher und Gegenstände zum Verkleiden, Polster und Decken zum fantasievollen Umgestalten des Praxisraumes, in dem ein Häuschen, eine Ritterburg, eine Räuberhöhle, ein Königsschloss oder vieles andere entstehen kann. Den Kindern wird damit ermöglicht, sowohl Erfahrungen ihrer Lebenswirklichkeit darzustellen als auch ihre Fantasie zu entfalten. Gegenstände, die von Kindern mit Wert besetzt werden, wie Schatzkisten mit *Edelsteinen* oder *Goldmünzen*, Geldscheine, Kronen, Zauberstäbe usw. bieten eine Projektionsfläche für Aspekte des Selbst. Ein weiterer zentraler Aspekt der kindertherapeutischen Arbeit ist, dass Aggressionen zum Ausdruck gebracht und auch zielgerichtet ausgedrückt werden können. Von daher sind Schwerter oder Batacas für den Kampf gegen die Therapeutin, Pistolen, ein Boxsack mit Handschuhen, eine Armbrust mit Pfeilen und Zielscheibe oder ein Dartspiel notwendiges Zubehör. Um einen kontemplativen Raum zu schaffen, der sich auch anbietet, um regressive Bedürfnisse auszuleben, gibt es Bücher, Sitzpolster und Hängematte. Hier kann in regressiver Weise »gechillt« und entspannt werden. Weiterhin gibt es ein Angebot von Farben, Papier und ungestaltetem Material wie Ton, Knete, Pappe oder Wolle usw., mit denen mithilfe der Fantasie etwas Neues geschaffen und die ursprüngliche kindliche Kreativität ausgedrückt werden kann. Gesellschafts- und Kartenspiele (▶ Kap. 6.4.5) bieten einen sicheren, gehaltenen Rahmen, der angstmindernd ist.

5.4 Ungestörter Schutzraum und fördernder Nährboden

Das Zentrale in der psychodynamischen Kinder- und Jugendlichenpsychotherapie im Ansatz C. G. Jungs ist die direkte, unmittelbare menschliche Begegnung zwischen Kindern bzw. Jugendlichen und Therapeutin im Hier und Jetzt. Auch wenn Kinder und Jugendliche wegen neurotischen Störungen und zugrunde liegenden intrapsychischen und interpersonellen Konflikten zu uns kommen, verfügen sie über Ressourcen wie Fantasie, Kreativität, Lebensfreude, Spontanität, Neugier, Begeisterung und ihr inneres Potential, das es zu entdecken gilt. Wichtig ist, einen ungestörten Schutzraum zu ermöglichen, in dem diese sich frei und ungehemmt ausdrücken können und sich der Prozess der Auseinandersetzung zwischen dem Bewusstsein und dem Unbewussten ereignen kann. Jung vergleicht den im geschützten Raum stattfindenden therapeutischen Prozess mit dem »Vas hermeticum«, dem luftdicht verschlossenen Gefäß der Alchemisten. Im *Vas hermeticum* (lat. *vas*: Gefäß; Müller, A., 2003b, S. 449) in das nichts hinein- und nichts herauskommt, versuchten die Alchemisten, ihre begehrten Produkte, wie z. B. Gold oder den Stein der Weisen, herzustellen. In diesem Zusammenhang ist zu sehen, dass der in der Therapiestunde mit der Therapeutin geschützte Raum auch von den Eltern toleriert wird. Da aber Kind und Eltern teilweise noch unbewusst verbunden sind, erleben die Eltern bei Kindern häufiger Aspekte der symbolischen Prozesse mit, da das Kind vielleicht zuhause davon erzählt

5.4 Ungestörter Schutzraum und fördernder Nährboden

oder das Spielmaterial ausgeliehen hat. In diesem Fall sind die Eltern meist froh, etwas über den tieferen Sinn der Spielhandlung oder der Spielfigur zu erfahren und so einen Zugang zur Symbolik zu erhalten. Die Besonderheit der Therapiesituation wird oft auch mit dem Begriff des *Temenos* (griech.: der heilige Hain; Müller, A., 2003c, S. 410) verglichen. In der Antike diente ein solch abgegrenzter Ort, der oft den Göttern geweiht war, als Raum für kultische, magische oder heilige Handlungen. Als Schutz- und Bannkreis, mit dem die Möglichkeit gegeben ist, das Innerste zu schützen und sich gegen das Außen abzugrenzen, taucht dieser in der Symbolik der Alchemie, der Mandalas und in Träumen auf (ebd., S. 410) (▶ Kap. 2.1.4). Das Wichtigste ist jedoch aus meiner Sicht, dass ich mich als Therapeutin für die Bedürfnisse des Selbst des Kindes oder Jugendlichen zur Verfügung stelle. Ein weiterer zentraler Grundgedanke ist für Jung das *Tun im Nicht-Tun* (nicht das Nichts-tun), den er von der Lebensphilosophie des Taoismus übernommen hat. Das bedeutet: »Man muss psychisch geschehen lassen zu können« (GW 13, § 20) und abwarten, wie das Unbewusste sich zu der Situation äußert. Wichtig ist, dass Kinder und Jugendliche einerseits ein Beziehungsangebot erhalten, mit dem sie eine neue Bindungserfahrung und korrigierende Beziehungserfahrung (Alexander & French, 1946) machen können, welche die Grundlage für ihre weitere Entwicklung darstellt, andererseits mehr Eigenraum für ihre Selbstentfaltung und Entwicklung ihrer Persönlichkeit zugestanden bekommen. Die Entwicklungsmöglichkeiten, die im Selbst als Potenz angelegt sind, können sich im Individuum nur realisieren, wenn die Bezugspersonen für das Kind oder den Jugendlichen ein förderndes Umfeld schaffen (▶ Kap. 2.1.3).

Was ist der fördernde Nährboden in der psychodynamischen Kinder- und Jugendlichenpsychotherapie? Kind oder Jugendlicher und Therapeutin treffen in einer sehr individuellen Begegnung aufeinander. Wichtig ist das Herstellen einer vertrauensvollen Atmosphäre, in der sie keine Angst haben müssen und sich öffnen können. Das Wahrnehmen, Einfühlen und Annehmen des Kindes oder des Jugendlichen in seiner Einzigartigkeit, das Wahrnehmen und Erfassen nicht nur seines seelischen Ungleichgewichtes, in dem es/er sich befindet und seiner seelischen Verwundungen, sondern auch seines inneren Potentials, seiner Lebensfreude, Begeisterung und Kreativität, die es zu entdecken und fördern gilt. Wichtig sind ein warmes, wertschätzendes Beziehungsangebot, um eine sichere Bindung zu ermöglichen, d. h. dem Kind oder dem Jugendlichen mit Respekt, Feinfühligkeit, bedingungsloser Annahme und auf Augenhöhe zu begegnen. Ein weiterer zentraler Punkt im therapeutischen Prozess ist, dass der Eros-Faktor sich entfalten kann. Das bedeutet, dass positive Emotionen, Lachen und Humor, Freude, Spielerisches, eine kreative Atmosphäre, vielleicht auch eine erotische Spannung, die spielerisch und unreal bleibt, Raum haben und zum Tragen kommen (Müller & Müller, 2003, S.109). Humor und Lachen sind oft Türöffner in der direkten Begegnung und Ausdruck von Lebensbejahung. Schopenhauer hat Humor als einzige göttliche Eigenschaft des Menschen verstanden. Eine humorvolle Sichtweise einzunehmen, ermöglicht oft, eine etwas festgefahrene Situation aus einer anderen Perspektive zu sehen. Die psychotherapeutische Forschung ist sich heute weitgehend darüber einig, dass eine therapeutische Beziehung, die von Akzeptanz, Authentizität, Empathie, Wertschätzung und Liebe geprägt ist, der machtvollste Faktor für Heilung, Wachstum und Reifung ist (ebd.). Kinderpsychotherapie bedeutet oft gemeinsames Spiel (▶ Kap. 6.4.3). Günstig ist, wenn die Therapeutin selbst Freude am Spielen, der Übernahme von zugewiesenen Rollen, Malen oder kreativem Gestalten hat, einen guten Zugang zu ihrem inneren Kind und dies lebendig spürt. Winnicott (1989, S. 66) sagte einmal: »Wenn der Therapeut nicht spielen kann, ist er für die Arbeit nicht geeignet. Wenn der Patient nicht spielen kann, muss etwas unternommen werden, um ihm diese Fähigkeit zu geben; erst danach kann die Psychotherapie beginnen. Der Grund, warum das Spielen so wichtig ist, liegt darin, dass der Patient gerade im Spielen schöpferisch ist«.

Im Ansatz nach C. G. Jung therapeutisch zu arbeiten bedeutet, auf die heilenden Kräfte des Selbst zu vertrauen, das unsere Individuation bewirkt und hilft, unser individuelles Potential zu verwirklichen. Die Therapeutin muss den Raum ermöglichen, »in dem der Prozess des Dialogs mit dem Unbewussten zum Tragen kommt« (Jacoby, 1993a, S. 54). Spontanität und Authentizität des Therapeuten sind wichtig, denn gerade spontane Äußerungen können einen wichtigen Schritt nach vorne einleiten, da sie zu Begegnungsmomenten (Stern, 2005) zwischen Patient und Therapeut werden können, in denen sich zentrale Aspekte von Intersubjektivität zwischen Patient und Therapeut ereignen, welche die Beziehung positiv verändern können (Stern, 2005, S. 249 f.). (Einen solchen Prozess, verbunden mit dem Übertragungs- und Gegenübertragungsgeschehen im Rahmen einer Kinderpsychotherapie, habe ich ausgeführt im Aufsatz *Das Auge der Medusa* (Kuptz-Klimpel, 2008b, S. 238–262).

5.5 Übertragung und Gegenübertragung

Grundlage für eine Therapie stellt die gegenseitige Sympathie zwischen Kind bzw. Jugendlichen und Therapeut dar, unter Einbezug der Eltern, und dass Jugendliche oder Eltern ausreichend motiviert sind, was therapeutisches Arbeiten miteinander erst möglich macht. Kinder, die oft die Notwendigkeit der Therapie noch nicht überblicken können und zunächst *geschickt* werden, finden meist selbst durch die Interaktion mit der Therapeutin und den Möglichkeiten des Therapieraums in den ersten Stunden heraus, ob die Therapeutin aus ihrer Sicht für ein vertrauensvolles und sich oft spontan entfaltendes Interaktionsgeschehen im Hier und Jetzt *brauchbar* ist und ob sie wiederkommen wollen. Zum Arbeitsbündnis, das zu Beginn einer Therapie entsteht, gehört einerseits, dass Kind bzw. Jugendlicher und Eltern zur Mitarbeit in der Therapie bereit sind, andererseits dass die Rahmenbedingungen der Therapie miteinander festgelegt werden. Zum Arbeitsbündnis gehört aber auch die wertschätzende, vertrauensvolle und von positiven Gefühlen getragene Atmosphäre des Miteinanderarbeitens. Damit sich ein kontinuierlicher Therapieprozess entwickeln kann, muss die Tragfähigkeit des Arbeitsbündnisses immer wieder gesichert werden. Die Bedeutung der Verschwiegenheit des Therapeuten als Grundlage dafür, dass für Kind oder Jugendlichen ein geschützter Raum entsteht, muss im Dreieck Kind/Jugendlicher-Eltern-Therapeut miteinander besprochen und verdeutlicht werden (Zur weiteren Beschreibung des Arbeitsbündnisses verweise ich auf die Werke *Psychodynamische Psychotherapie bei Kindern und Jugendlichen* (Burchartz, 2021, S. 129–149); *Praxis der Analytischen Psychologie* (Müller, 2018, S. 318) und *Wörterbuch der Analytischen Psychologie* (Müller, 2003, S. 31). Auf der Basis einer bezogenen, vertrauensvollen Beziehung zur Therapeutin wird die Therapiestunde von

5 Besonderheiten in der psychodynamischen KJP im Ansatz C. G. Jungs

Kindern und Jugendlichen oft als ein offener Beziehungs- und Gestaltungsraum erlebt, in dem sie sich geschützt anvertrauen können und der zugleich viele kreative und spielerische Möglichkeiten bietet. Die zunächst unvertraute Situation und dass neben dem Spielen auch über Gefühle und Befindlichkeiten gesprochen wird, kann bei Kindern Unsicherheiten oder Ängste auslösen. Und es gibt auch Augenblicke, da erinnert sie die Therapeutin vielleicht an eine Hexe oder Zauberin, und sie haben ein bisschen Angst vor ihr und fragen sich, ob diese sie durchschauen kann. Es entwickelt sich also eine Übertragungsbeziehung. Kinder oder Jugendliche machen innerhalb ihres familiären Umfeldes mit ihren primären Bezugspersonen prägende Objektbeziehungserfahrungen. In der Übertragung projizieren Kinder und Jugendliche ihre unbewusste Objektbeziehungserfahrung auf den Therapeuten. Aus Sicht Freuds richten sich unerfüllte Triebwünsche aus der frühen Kindheit im Laufe einer Therapie an den Therapeuten. Frühkindliche Liebeserwartungen, aber auch verdrängte Hassgefühle können auftauchen und werden so der Bearbeitung zugänglich. Jung hingegen war der Ansicht, dass Übertragung ein natürlicher Vorgang ist, der sich auf Grund von Projektionen überall in menschlichen Beziehungen ereignet und auch in der therapeutischen Situation zum Ausdruck kommt. Zugleich weist Jung darauf hin, dass diese inneren Vorgänge eine Bindung des Patienten an den Therapeuten bewirken können (GW 17, § 260). Jung versteht Übertragung nicht nur reduktiv, als Wiederholung eines Beziehungsmusters, sondern Übertragung birgt für ihn Aspekte von Zweck, Sinn und Ziel (Finalität), die als Keime zukünftiger Bewusstseinsentwicklung verstanden werden (Jacoby, 2003c, S. 436). In die Übertragung fließen nicht nur Inhalte ein, die aus der persönlichen Vergangenheit stammen, sondern es werden auch archetypische Inhalte projiziert, die sich in ihrer Polarität darstellen können. So könnte die Therapeutin phasenweise vielleicht wie eine mütterliche oder großmütterliche Bezugsperson oder Freundin erlebt werden, mit der man gerne die Zeit verbringt, phasenweise aber auch wie eine Hexe, Zauberin oder ein Drache, gegen die/den man sich wehren oder kämpfen muss, mit allen Abstufungen hinsichtlich der Gefühle (zwischen Liebe und Hass) zwischen diesen Polen. Jungs wesentliche Erkenntnis in Hinblick auf das Übertragungs- und Gegenübertragungsgeschehen ist, dass der Therapeut stets ins Geschehen mit einbezogen ist und eine Gegenübertragung auf den Patienten entwickelt (ebd., S. 437). Dies sind eigene Gefühle, die der Therapeut gegenüber dem Patienten und in Reaktion auf die Übertragung bei sich wahrnimmt. Deshalb gehört zur Ausbildung der psychodynamischen Therapeuten, dass sie sich selber einer Lehranalyse unterziehen, um eigene Anteile und Gefühle von denen ihrer Patienten unterscheiden zu können und sich besser in die Situation ihrer Patienten einzufühlen. Im Rahmen einer psychodynamischen Psychotherapie von Kindern und Jugendlichen können Aspekte des Selbst auf die Therapeutin übertragen werden. Dies kann sich in einer idealisierenden Übertragung auf die Therapeutin zeigen (Jacoby, 1993a, S. 90): Kinder kommen sehr gerne zu ihren Stunden und zählen dann die Nächte, bis sie wiederkommen können. Sie erleben die Therapeutin mit den Spielsachen im Therapieraum als reich und wünschen sich eine enge Beziehung zu ihr, wie z. B. ein ganzes Wochenende mit der Therapeutin verbringen zu dürfen, diese »auszuleihen« oder auch mit ihr in den Urlaub zu fahren. Bei dieser Idealisierung spielen auch archetypische Aspekte (spendende Mutter, gütige Großmutter, faszinierende Zauberin etc.) eine Rolle. Es wird bedauert, dass noch andere Kinder zur Therapeutin kommen, und es werden eifersüchtige Gefühle zum Ausdruck gebracht. Wichtig ist es, die Idealisierungen nicht zurückzuweisen. In einem Prozess allmählicher Enttäuschung im Verlauf oder gegen Ende der Therapie, in dem das Kind oder der Jugendliche allmählich wahrzunehmen beginnt, das die Therapeutin nicht dem projizierten Ideal entspricht, kommt es zur Zurücknahme der Projektionen. Von großer Wichtigkeit ist es, dass die Therapeutin den Prozess der Enttäuschung und der Ernüchterung beim Patienten einfühlsam begleitet. Aus Sicht der Analytischen Psychologie kommt es durch die Zurücknahme der Projektionen dazu, dass der Patient die Inhalte, die er bisher projiziert am Therapeuten wahrgenommen hat, nun in sich selber spüren kann. Um bei den ausgeführten Beispielen der Kinder zu bleiben, würde das bedeuten, dass ein Kind sich im Laufe der Therapie selbst innerlich reicher und vollständiger fühlt und mehr Selbstwertgefühl erlangt hat. Die Interaktion und Kommunikation zwischen Patient und Therapeut, die auch vorsprachlich stattfinden kann, ereignet sich auf der bewussten und unbewussten Ebene. In der Beziehung zwischen zwei Menschen und so auch in der therapeutischen Beziehung zwischen Patient und Therapeut entsteht durch den vielfältigen Austausch zwischen dem Bewusstsein und dem

5 Besonderheiten in der psychodynamischen KJP im Ansatz C. G. Jungs

Unbewussten ein hochkomplexes interaktionelles Feld, das vom Selbst reguliert wird (Knoll, 2003, S. 62). Nur ein kleiner Teil dessen kann bewusst wahrgenommen und gesteuert werden. Jung hat diese bewusst-unbewusste Interaktion zwischen Patient und Therapeut als Beziehungsquaternio (▶ Abb. 5.1) beschrieben (Ich folge hier in wesentlichen Zügen Müller, 2003, S. 62 f.).

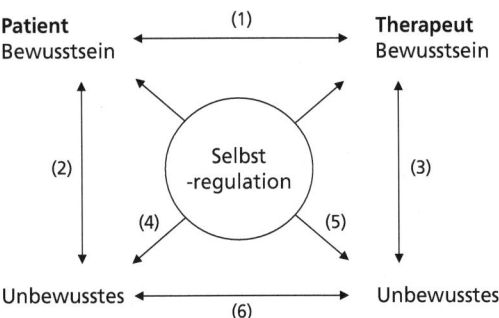

Abb. 5.1: Beziehungsquaternio (nach einer Abbildung von Dieter Knoll © Patmos Verlag. Verlagsgruppe Patmos in der Schwabenverlag AG, Ostfildern. Erschienen in: Wörterbuch der Analytischen Psychologie, Düsseldorf 2008.)

Abbildung 5.1 lässt sich folgendermaßen erklären: (1) Therapeut und Patient kommunizieren miteinander auf der bewussten Ebene. Diese Ebene ist die Realbeziehung und zugleich das Arbeitsbündnis. (6) Auf der unbewussten Ebene findet ein wechselseitiger Austausch zwischen Patient und Therapeut von unbewusst zu unbewusst statt. Jung hat dieses unbewusste Verbundensein in der frühen Eltern-Kind-Beziehung als unbewusste Identität bezeichnet (GW 6, § 495) (▶ Kap. 1.4.2 und ▶ Kap. 2.3.1). Auf dieser unbewussten Ebene identifizieren sich Patienten oft mit dem Therapeuten. Es finden vielfältige unbewusste Interaktionen statt, die regulierende, bindungserzeugende, spiegelnde und mitschwingende Wirkung haben, die meist nicht bewusst wahrgenommen werden, aber eine tiefgreifende therapeutische Wirkung haben können (ebd., S. 63). Patient (2) und Therapeut (3) stehen in Austausch und Kontakt mit ihrem Unbewussten durch Träume, Fantasien und Symbole. Es findet aber auch ein Austausch zwischen dem Bewusstsein des Therapeuten und dem Unbewussten des Patienten statt (4). Ebenso zwischen dem Bewusstsein des Patienten und dem Unbewussten des Therapeuten (5).

Wenn der Therapeut feinfühlig in Worte fasst (spiegelt), was das Kind oder der Jugendliche fühlt, können ihm seine Gefühle, die ihm bisher nicht bewusst waren, ganz oder teilweise bewusst werden. Das, was der Therapeut bezüglich der polaren Bedeutung eines Symbols denkt, fühlt und vielleicht intuitiv erfasst, kann sowohl über ihr Bewusstsein (und das In-Worte-Fassen) auf das Unbewusste des Kindes einwirken, als auch nichtsprachlich von ihrem Unbewussten zum Unbewussten des Kindes übergehen.

Zusammenfassung

Die psychodynamische Psychotherapie mit Kindern und Jugendlichen im Ansatz C. G. Jungs unterscheidet sich in verschiedenen Aspekten und Vorgehensweisen vom psychoanalytischen Ansatz. Ausgehend vom Menschenbild Jungs, den Menschen als Ganzheit von Körper, Psyche und Geist, Bewusstem und Unbewussten zu verstehen, und der Vorstellung, dass unsere Gesamtpersönlichkeit, das Selbst, unsere gesamten bio-psychischen Vorgänge organisiert und reguliert, wird eine Neurose im Kindes- und Jugendalter als Störung des Reifungsprozesses und als innerseelisches Ungleichgewicht verstanden. Im Vordergrund steht die Frage nach dem Sinn der Neurose, dem finalen Aspekt. Eine Psychotherapie wird als dialektischer Prozess verstanden, der zugleich auch ein innerseelischer Dialog ist, eine Auseinandersetzung zwischen dem Bewusstsein und dem Unbewussten, bei beiden, dem Therapeuten und dem Patienten. Zentraler Wirkfaktor ist das miteinander verflochtene, bewusst-unbewusste Interaktionsgeschehen zwischen Patient und Therapeut, das Übertragungs- und Gegenübertragungsgeschehen. Wichtig ist, dass der Therapeut auch seine inneren Verwundungen kennt und diese von denen des Patienten unterscheiden kann. Aufgabe des Therapeuten ist es, zu ermöglichen, dass die Selbstorganisation des Patienten wieder in Gang kommt. Die therapeutische Beziehung ist nicht eine Beziehung um ihrer selbst willen, sondern strebt an, dass die kindliche oder jugendliche Persönlichkeit sich an die heilenden Kräfte des Selbst anschließen kann. Grundlage dafür ist ein entsprechend eingerichteter Therapieraum, das Selbstverständnis des Therapeuten und das Entstehen eines geschützten Raumes in einer fördernden und Entwicklung ermöglichenden Atmosphäre.

Literatur zur vertiefenden Lektüre

Guggenbühl-Craig, A. (1987). *Macht als Gefahr beim Helfer.* Basel: Karger.
Jacoby, M. (1993a). *Übertragung und Beziehung in der Jungschen Praxis.* Zürich, Düsseldorf: Walter.
Müller, L. (1989). *Magie. Tiefenpsychologischer Zugang zu den Geheimwissenschaften.* Stuttgart: Kreuz
Stern, D. (2005). *Der Gegenwartsmoment. Veränderungsprozesse in Psychoanalyse, Psychotherapie und Alltag.* Frankfurt/M.: Brandes & Apsel.

Weiterführende Fragen

- Was versteht man unter einem dialektischen Prozess?
- Bezieht sich die Vorstellung, sich mit seinen bewussten und unbewussten Anteilen in den therapeutischen Prozess einzulassen, nur auf den Patienten?
- Wie kann ich als Therapeut mit einer idealisierenden Übertragung umgehen?
- Welcher Umgang mit einer idealisierenden Übertragung wäre nicht prospektiv-final?

6 Methoden und Wirkfaktoren der Analytischen Psychotherapie mit Kindern und Jugendlichen

6.1 Regression und Progression – die Selbstregulation unserer Gesamtpersönlichkeit

Ein 5-jähriges Mädchen spielt mit der Murmelbahn. Es füllt viele Murmeln an der höchsten Stelle der Bahn ein und lässt sie nach unten rollen, bis ein Stau entsteht, der sich nach oben ausbreitet. Nach einiger Zeit möchte sie die Stauung zum Teil mit meiner Hilfe beseitigen, so dass der Murmelfluss wieder ins Rollen kommt. Ich als Therapeutin darf die Murmeln von der Basis nach oben transportieren. Fließen, stauen und wieder fließen lassen, diese polare Dynamik hat offensichtlich einen Flow-Charakter, von der das Mädchen ganz eingenommen ist.

Beim Spiel des Mädchens denke ich an Jungs Vorstellung vom Fließen und Stauung der Libido, das Jung als »Energetik der Seele« bezeichnet hat. Jung versteht unter Libido die allgemeine psychische Energie, den »kontinuierlichen Lebenstrieb« oder »Willen zum Dasein« (GW 5, § 195 f.), nicht wie Freud die sexuelle Energie. Für Jung ist das wichtigste Kennzeichen für alles Lebendige die ständige Bewegtheit und Veränderung. Der Philosoph Heraklit prägte den Begriff des »Panta rhei – alles fließt«. Das bedeutet, dass alles Lebendige einer ständigen Veränderung unterliegt, ein Prozess des Werdens und Vergehens. Heraklit sah im Widerstreit und Wandel der Gegensätze, die sich vermischen, immer wieder neu trennen und ausdifferenzieren, das Grundprinzip allen Seins (Müller, 2018, S. 57). Jung nahm zentrale Gedanken von Heraklits Lehre in seine Theorie auf, nämlich dass

Polaritäten und Gegensätze das Wesen des Psychischen bestimmen. Grundlegend für die Libido-Theorie ist Jungs Vorstellung von der Gegensatznatur der Psyche. Infolge eines natürlichen Gefälles zwischen den Gegensätzen kann sich die Libido von dem einen Pol eines Gegensatzpaares zum anderen verlagern. Jung beschreibt diesen energetischen Zustand mit dem Begriff der Progression. Er versteht darunter das Fortschreiten des psychischen Anpassungsprozesses an die Anforderungen der Außenwelt (Kuptz-Klimpel, 2003c, S. 328). Jung vergleicht die Progression mit einem Wasserlauf, der vom Berg zum Tal fließt (GW 8, § 72). In Zusammenhang mit dem Fluss der psychischen Energie verwendet Jung die Begriffe Progression und Regression und versteht diese als wesentliche Faktoren der Selbstregulation unserer Gesamtpersönlichkeit (GW 8, § 60–76). Die Selbstorganisation und -regulation geschieht größtenteils unbewusst und autonom. Bezogen auf das Lösen einer Aufgabe können wir uns die Dynamik von Progression und Regression folgendermaßen vorstellen: Wenn wir eine Aufgabe übernehmen, von der wir angesprochen sind und uns nicht überfordert fühlen, spüren wir unsere psychische Energie als Tatkraft, Willensstärke und Präsenz unserer geistigen, körperlichen und psychischen Fähigkeiten. Unser Ziel ist, die Aufgabe zu erfüllen, um damit den Anforderungen der Außenwelt gerecht zu werden, aber auch aufgrund unserer intrinsischen Motivation und um unser Potential zu verwirklichen. Dabei fühlen wir uns mit unserer Lebensenergie im Fluss.

Wie bei einem Wasserlauf können auch bei der psychischen Energie Stauungen auftreten. Treten Hindernisse oder Schwierigkeiten auf, die mit den vorhandenen Möglichkeiten nicht bewältigt werden können, hört die Progression der Libido auf. Es kommt zur Aufstauung der psychischen Energie, zu gegensätzlichen Positionen, Spannung und Konflikt. Auch bei einer neurotischen Erkrankung kann von einer Aufstauung der Libido ausgegangen werden. Wenn wir uns in dieser Situation in einem kreativen Prozess (in der Analytischen Psychologie wird vom schöpferischen Wandlungszyklus gesprochen) befinden, erleben wir eine unruhige, frustrierende Zeit voller Selbstzweifel, denn wir haben noch keine Lösung. In dieser Phase versucht man zunächst auf der bewussten Ebene zu einer Annäherung an das Thema zu kommen, was sich jedoch als zu einseitig herausstellt. Das bedeutet, dass unser Ich-Bewusstsein und Denken alleine nicht zu einer ganzheitlichen Auseinandersetzung oder Problemlösung in

6.1 Regression und Progression – die Selbstregulation unserer Persönlichkeit

der Lage sind. An dieser Stelle ist es wichtig, auf die heilenden Kräfte des unbewussten Selbst zu vertrauen und loszulassen. Mit der Stauung der psychischen Energie setzt der Prozess der Regression, der rückläufigen Bewegung der Libido ins Unbewusste, ein. Regression kann als Anpassungsprozess an die Bedingungen der seelischen Innenwelt verstanden werden (Kuptz-Klimpel, 2003d, S. 356). Durch das regressive Zurückfließen der Libido ins Unbewusste, stellt sich eine schöpferische Beziehung zwischen dem Bewusstsein und dem Unbewussten her, in deren Folge Symbole oder andere Manifestationen des Unbewussten entstehen. Jung beschreibt dies folgendermaßen:»Durch die Geburt des Symbols hört die Regression der Libido ins Unbewusste auf. Die Regression verwandelt sich in Progression, die Stauung gerät in Fluß. Dadurch wird die anziehende Macht des Urgrundes gebrochen« (GW 6, § 445).

Plötzlich haben wir einen Einfall, eine Erkenntnis oder nehmen eine Fantasie oder ein Symbol wahr, das uns in irgendeiner Form weiterführt und den ins Stocken geratenen Prozess wieder in Bewegung bringt (Progression). Wir fühlen uns hoffnungsvoller, etwas Neues entsteht und das Chaos lichtet sich. In der nächsten Phase durchdenken und umkreisen wir die gefundene Möglichkeit von allen Seiten und setzen sie in die Realität um (Müller, 2018, S. 69 f; Kast, 1989, S. 24 f.).

Aus Sicht der Psychoanalyse ist Regression ein Abwehrvorgang. Jung versteht die Regression hingegen als einen Prozess der seelischen Regeneration, als inneres Kräfteschöpfen, das dem Schutz des Organismus dient und als vorübergehendes Innehalten, Rückzug oder Stagnation der Entwicklung verstanden werden kann. Zur gesunden Entwicklung von Kindern gehört der ständige Wechsel von progressiven und regressiven Phasen. Nach einer Phase, in der ein Kind neugierig seine Umgebung entdeckt und exploriert, kommt vielleicht eine Phase, in der es sehr anhänglich die Nähe der mütterlichen Bezugsperson sucht und nicht von ihrer Seite weicht. Oder ein Vorschulkind möchte nach der Geburt eines Geschwisters wieder aus einem Fläschchen trinken und nässt vorübergehend wieder ein. Reifung und Individuation sind in ihrem gesamten Verlauf von Regressionen begleitet und werden durch diese auch gefördert. Jung ist der Ansicht, dass Regression, die durch den therapeutischen Prozess hervorgerufen wird, eine wichtige Phase in der Behandlung darstellt, ohne die keine Weiterentwicklung möglich wird. In der psychodynamischen Kindertherapie haben deshalb Phasen der Regression eine wichtige Bedeutung: Kinder schaffen sich Orte des Rückzugs und der Geborgenheit, die zuweilen an die Rückkehr in den Mutterleib erinnern. Es werden Häuser oder Höhlen aus Tischen, Polstern und Decken gebaut und »bewohnt«. Oder ein Kind genießt eingehüllt und getragen von einer Hängematte das Gehaltensein im »frühen Raum« und lässt sich dabei vorlesen. In Mutter-Kind-Rollenspielen mit Puppen oder auch indem das Kind die Rolle des Babys übernimmt, geht es um die liebevolle Zuwendung, das Umsorgen, Beruhigen und Nähren des Babys. Kinder kehren im geschützten Raum, der Regression ermöglicht, zurück in die Zeit der frühen Mutter-Kind-Dyade und somit in den urmütterlichen Schoß.

Die Wirkung von Regression und Progression wird auch im Sandbild eines 10-jährigen Jungen sehr deutlich, das er wie folgt beschrieb:

»Über Nacht hat es in der Wüste geschneit und die Menschen bauen sich eine große Sprungschanze, über die sie mit Schlitten und Skiern den Berg hinunter fahren können. Unter der Wüste sind unterirdische Bäche entstanden, ein Geschenk der Mutter Erde an die Natur. Links ist die Quelle, aus der das Wasser fließt. Dadurch wachsen sehr viele Bäume zu einem Urwald heran, in dem nun wieder Tiere leben.«

Auffällig ist das Gegensatzpaar Wüste (heiß) und Schneefall (kalt), wodurch die Libido wieder in Fluss kommt (unterirdische Bäche entstehen). Die Wüste, in der kein Wachstum möglich war, stellt vermutlich die als Stagnation erlebte Aufstauung der Libido in Zusammenhang mit der neurotischen Erkrankung des Jungen dar. Durch regressive Phasen, die der Junge in seiner Therapie erlebte, wandelt sich die Symbolik: Schneefälle, die zu unterirdischen Bächen werden, lassen *links* (aus dem Unbewussten) eine sprudelnde Quelle (Fluss der Libido) fließen. Wo bisher Wüste war, kann nun ein Urwald wachsen, in dem Tiere leben. Im Symbol des Urwalds mit den Tieren zeigt sich, dass der positive Pol des Mutterkomplexes sich konstelliert und einen besseren Zugang zur eigenen Triebseite (Tiere) ermöglicht. Dass Menschen sich eine Sprungschanze bauen und mit Schlitten und Skiern den verschneiten Berg hinunterfahren, zeigt ebenfalls, dass die Libido wieder in Fluss gekommen ist. Jung betonte so die Wichtigkeit der Regression innerhalb einer Therapie:

»Die Therapie [...] muss die Regression unterstützen, und zwar so lange, bis diese den pränatalen Zustand erreicht. [...] Die Regression führt scheinbar zur Mutter zurück; diese ist aber in Wirklichkeit das Tor, das sich ins Unbewusste, ins »Reich der Mütter« öffnet. Wer dort eintritt, unterwirft seine bewusste Ich-Persönlichkeit dem beherrschenden Einfluss des Unbewussten. [...] Die Regression macht nämlich, wenn man sie nicht stört, bei der »Mutter« keineswegs halt, sondern geht über diese zurück zu einem sozusagen pränatalen »Ewig Weiblichen«, d. h. zur Urwelt der archetypischen Möglichkeiten, wo [...] das »göttliche Kind« seiner Bewusstwerdung entgegen schlummert. Dieser Sohn ist der Keim der Ganzheit« (GW 5, § 508 f.).

6.2 Die transzendente Funktion

Die Möglichkeit zur Bewusstwerdung und Ganzwerdung im Sinne von Vollständigkeit und Heilung liegt in der Herstellung einer schöpferischen Beziehung zwischen dem Bewusstsein und dem Unbewussten. Aus der Vereinigung bewusster und unbewusster Inhalte geht im Verständnis Jungs die sogenannte transzendente Funktion hervor (GW 8, § 131). Auf den Fundamenten der bildhaften Vorstellungen (Archetypen) bringt das Selbst, unsere Gesamtpersönlichkeit, die Manifestationen des Unbewussten hervor.

Die transzendente Funktion entspricht der schöpferischen Komponente der Psyche. Eine vom Bewusstsein nicht lösbare Konfliktsituation schafft einen neuen Weg, Wert oder symbolisches Bild. Dies ist Ausdruck einer wirksamen Ganzheitskonstellation der Persönlichkeit »in der die schöpferische Seite der Psyche und die Bestimmtheit des Bewusstseins nicht mehr im Gegensatz zweier voneinander abgespaltenen Systeme funktionieren, sondern zu einer Synthese gelangt sind« (Neumann, 2004, S. 422).

Werden diese Manifestationen des Unbewussten dem Ich-Bewusstsein zugänglich, so ergänzen diese unser Bewusstsein um Aspekte, deren Integration notwendig werden, um sich der eigenen Ganzheit im Sinne von Vollständigkeit anzunähern. Gegensätzliche Aspekte werden zu einer Synthese, einem höheren Ganzen, vereinigt. Aus diesem Prozess geht etwas

Drittes hervor: das Symbol, ein schöpferischer Impuls, Fantasie, Traum oder das spontane Spiel. Dadurch können Einseitigkeiten und Blockierungen in der psychischen Entwicklung aufgehoben werden oder eine belastende und lähmende Konfliktsituation neu und konstruktiv bewältigt. Die psychische Energie kommt wieder ins Fließen. Grundlegend für das Verständnis der transzendenten Funktion und ihre Wirkweise ist, dass Manifestationen des Unbewussten eine Kompensation für das Bewusstsein darstellen. Die transzendente Funktion ist keine metaphysische Funktion, sondern schafft eine Brücke zwischen dem Unbewussten und dem Bewusstsein. Jung bezeichnet mit der transzendenten Funktion, die schöpferische, final orientierte Fähigkeit der Psyche, Gegensatzpaare zu einer Synthese zu vereinigen (Kuptz-Klimpel, 2003b, S. 135). Der Begriff der Finalität steht in enger Verbindung mit Jungs Konzept des Selbst und bedeutet, auf die Ganzheit des Menschen ausgerichtet zu sein. Im therapeutischen Prozess versuchen Therapeut und Patient gemeinsam die Symbole als Manifestationen des Unbewussten zu umkreisen und zu verstehen, so dass Aspekte davon ins Bewusstsein integriert werden können. Der Therapeut vermittelt auf diese Weise dem Patienten die transzendente Funktion. Aber auch das Akzeptieren und Annehmen des Patienten mit seinen Konflikten, Widersprüchen und Widerständen durch den Therapeuten, sein empathisches Verstehen komplexer Zusammenhänge und seine Bereitschaft, unbewusste Informationen ernst zu nehmen, schafft dem Patienten die Möglichkeit, diese als dynamische Vorgänge seiner bewusst/unbewussten Gesamtpersönlichkeit in Zusammenhang mit der transzendenten Funktion zu verstehen (ebd., S. 135). Die Integration unbewusster Inhalte ins Bewusstsein bewirkt eine Erweiterung der Persönlichkeit, Heilung und Wandlung.

Im folgender gespielter Szene, die ein 8-jähriges Mädchen inszenierte, wird der Vorgang der Kompensation sehr deutlich:

> Ein Mädchen mit brünetten Haaren, das im frühen Raum der Mutter-Kind-Beziehung schicksalhaft bedingt einige Erschwernisse verkraften musste, beneidete seine jüngere »milchblonde« Schwester sehr um ihre Haarfarbe (wobei die Wortwahl des Kindes »milch«-blond m.E. deutlich ausdrückt, dass sie ihre Schwester um deren, von Anfang an innigeren Beziehung zur Mutter beneidete). Gleichzeitig machte sie in ihrer

Schulklasse die schmerzliche Erfahrung, dass sie nicht zu den beliebtesten Mädchen gehörte. In vielen Stunden umkreise sie ihren Geschwisterkomplex, ihren negativen Mutterkomplex und ihre vermeintliche Unvollkommenheit, die sie an ihrer brünetten Haarfarbe festmachte. Rollenvorgabe und Spielablauf wurden von dem Mädchen detailliert vorgegeben.

Das Mädchen wählte für sich die Rolle einer Prinzessin und verkleidete sich entsprechend. Sie wohnte in einem schönen Schloss und war gerade am Malen. Nacheinander hatte ich als Therapeutin die Rolle von drei verschiedenen Prinzen zu übernehmen. In der Rolle des ersten Prinzen, klopfte ich bei der Prinzessin an und fragte, ob sie mit mir spielen wolle. Die Prinzessin war mir, dem ersten Prinzen, gegenüber sehr abweisend und schickte mich weg. Der erste Prinz würde sich aber verstecken und heimlich beobachten, was dann geschehe. Mit einem zweiten Prinzen, den ich auch spielte, wollte die Prinzessin hingegen sehr gerne spielen und lud diesen zum gemeinsamen Malen ein. Der erste Prinz beobachtete dies aus seinem Versteck heraus und ärgerte sich darüber, dass der zweite Prinz ihm vorgezogen wurde. Als ich, der dritte Prinz, nun ebenfalls anklopfte, musste der zweite Prinz sich verstecken. Der dritte Prinz zeigte Eifersucht, als er an den Bildern erkennen konnte, dass die Prinzessin bereits mit einem anderen Prinzen gemalt hatte und machte ihr Vorhaltungen, dass sie nur mit ihm spielen sollte. In dieser Spielhandlung wurde die narzisstische Bedürftigkeit des Mädchens und ihr Wunsch nach Anerkennung und Bestätigung überaus spürbar. Aus ihrem unbewussten Selbst heraus schuf sie eine Situation, in der alle drei Prinzen um sie warben und sie die »Prinzessin« war, die von allen begehrt wurde. Die Aufgabe von mir als Therapeutin in der Rolle der Prinzen war, um sie zu rivalisieren und als Gegenübertragungsgefühle sehr viel Eifersucht und Neid auszuhalten.

6.3 Die Symbolsprache

Märchen sind archetypische Bilder in »reiner Form«, die sich mittels der Symbolsprache ausdrücken (GW 18/1, § 80). Die Symbolsprache kann als ganzheitliche Sprache verstanden werden, die vermutlich in sehr frühen Phasen der Bewusstseinsentwicklung gesprochen und verstanden wurde und auch in den Mythen der Völker nachzulesen ist. Aufgrund der seit ca. 4000 Jahren bestehenden Phase der rationalen Bewusstseinsentwicklung fehlt uns modernen Menschen der unmittelbare Zugang zu diesem ganzheitlichen Denken und wir müssen uns erst wieder diese Fähigkeit aneignen. Kinder, die im Vor- und Grundschulalter sind, lassen sich noch oft von einer Symbolsprache ansprechen und kommunizieren selbst mittels dieser (Ein Beispiel dafür findet sich in der Fallvignette eines 5-jährigen Jungens in ▶ Kap. 3.3). Ähnlich wie in Märchen erfassen Kinder, die dem magischen Denken noch verbunden sind, diese Symbolsprache vermutlich noch ganzheitlich. Der Psychoanalytiker und Philosoph Erich Fromm hält die Symbolsprache für die einzige Fremdsprache, die jeder Mensch lernen sollte (Fromm, 1957, S. 11). In Träumen, dem freien kindlichen Spiel oder in Märchen werden Inhalte zum Ausdruck gebracht, die nicht den Gesetzen der Logik folgen und in denen die Kategorien von Raum und Zeit aufgehoben sind (ebd., S. 6). Ein Symbol versteht Fromm als etwas, das für ein inneres Erlebnis, ein Gefühl oder ein Gedanke steht (ebd., S. 14): »Die Symbolsprache ist eine Ausdrucksweise, in der wir ein inneres Erlebnis so ausdrücken, als wäre es eine Sinneswahrnehmung, etwas, das wir tun, oder dass uns in der Welt der Dinge widerfährt. In der Symbolsprache bildet die Außenwelt ein Symbol für die Innenwelt, ein Symbol für unsere Seele und unseren Geist«.

Nachfolgendes Fallbeispiel zeigt, wie es aussehen kann, wenn Patienten die Symbolsprache benutzen:

> Ein junger Erwachsener nutzte selber die Symbolsprache. Er gab mir eine Rückmeldung, wie er unsere Stunden erlebte. Er sagte, dass er beobachtet hätte, dass ich ihm selten eine konkrete Antwort auf eine angesprochene Thematik geben würde: »Aber Sie zeigen mir die Tür,

durch die ich gehen kann und helfen mir auf diese Weise, die Antwort für mich selber zu finden«.

6.4 Der schöpferische Gestaltungsprozess

Den schöpferischen »Gestaltungsprozess«, von dem Jung sagt, dass dieser in unserer Seele »wie ein lebendiges Wesen eingepflanzt ist« (GW 15, § 115), erleben wir in unseren nächtlichen Träumen, in Tagträumen, im Spiel, in Fantasien, in unserer Kreativität und in der Imagination. Jung sieht das *Schöpferische* im Menschen in Verbindung mit dem Selbst.

6.4.1 Fantasie

Fantasie und Spiel werden aus Sicht Jungs als Ausdruck der Selbstregulation der Psyche und der psychischen Energie verstanden, »die dem Bewusstsein nicht anders als in Form von [symbolischen] Bildern oder Inhalten gegeben ist« (GW 6, § 792). Jung bezeichnet die Fantasietätigkeit als »höheres Drittes«, welches durch die Vereinigung der Gegensätze von Denken und Fühlen entstehen kann. Sie ist die eigentliche Basis jeder schöpferischen Idee, Gestaltung und Tat. Die alltägliche Fantasietätigkeit dient dazu, sich selbst und die Welt zu ordnen, zu planen, zu strukturieren und mit sich ins Reine zu kommen. Das Fantasieren im Sinne von bewusstem Tagträumen bereitet Lust und Wohlbehagen und hilft das narzisstische Gleichgewicht zu stabilisieren. Es kann bei der Anpassung an die Realität behilflich sein und verschafft zugleich dem Fantasierenden eine gewisse Unabhängigkeit von dieser. Fantasien dienen auch zur Verarbeitung bedrohlicher und beschämender Erfahrungen und sind letztlich eine wichtige Quelle für Kreativität, wie die nachfolgende Fantasie eines 6-jährigen Mädchens mir gegenüber als Therapeutin zeigt:

»Nachts kommen ganz viele Tiere in deinen Raum. Ein Löwe, der dich beißen tät, eine Giraffe, die dich lecken tät, und ein Elefant, der alles niederstampft. Wenn du aufwachst, wären die wilden Tiere da, dann wärst du weg, dann könnte ich alles haben! Dann wohnen die wilden Tiere hier (Therapieraum) und ich könnte dann immer, wenn ich will, zu denen zum Spielen kommen.«

Die Fantasie, mit der das Mädchen seine aggressiven Gefühle gegenüber mir als Therapeutin in die Darstellung brachte, ließen ihre zunehmende Autonomie spürbar werden und verdeutlichten vermutlich den Wunsch, sich aufgrund der bestehenden Mutterübertragung von mir abzulösen. Ihre Fantasie könnte auch mit ihrer Rivalität zu den »Therapiegeschwistern« in Verbindung stehen. Sie wollte den Therapieraum mit allen Spielsachen für sich alleine haben. Denn, wie sie sagte, wäre sie so gerne jeden Tag zu »ihrer Stunde« gekommen, was letztendlich eine positive Mutterübertragung offenbarte. Jung sagte über die Fantasie:

»Die Psyche erschafft täglich die Wirklichkeit [...] Die Fantasie ist ebenso sehr Gefühl wie Gedanke, sie ist ebenso intuitiv wie empfindend [...]. Die Fantasie erscheint mir daher als der deutlichste Ausdruck der spezifischen psychischen Aktivität. Sie ist vor allem die schöpferische Tätigkeit, aus der die Antworten auf alle beantwortbaren Fragen hervorgehen, sie ist die Mutter aller Möglichkeiten, in der auch, wie alle psychologischen Gegensätze, Innenwelt und Außenwelt lebendig verbunden sind (GW 6, § 78).

6.4.2 Symbole

»Unter Symbol verstehe ich keineswegs eine Allegorie oder ein bloßes Zeichen, sondern vielmehr ein Bild, das die nur dunkel geahnte Natur des Geistes bestmöglich kennzeichnen sollte. Ein Symbol umfasst nicht und erklärt nicht, sondern weist über sich selbst hinaus auf einen noch jenseitigen, unerfasslich geahnten Sinn, der in keinem Worte unserer derzeitigen Sprache sich genügend ausdrücken könnte« (GW 8, § 644).

Der Begriff »Symbol« leitet sich aus dem Griechischen *symbolon* ab, was Vertrag bedeutet, aber auch Wahrzeichen, Vorzeichen oder Erkennungszeichen. Wenn sich zwei Freunde im alten Griechenland für längere Zeit trennten, dann zerbrachen sie eine Münze, ein Tontäfelchen oder einen

Ring. Trafen sie später wieder zusammen, dann konnten die zusammengefügten Teile bestätigen, dass der Träger des Bruchstückes Anspruch auf die Gastfreundschaft hatte. *Symballein* bedeutet Zusammenwerfen, Zusammenfügen. Das Symbol ist also »ein Zusammengefügtes, eines sonst nicht wahrnehmbaren Sinnesgehalts« (Lurker, 1979, S. 551). Archetypen, die als Fundamente für individuelle, bildhafte Vorstellungen dienen, können dem Bewusstsein nur über Symbole erfahrbar werden. Jedes Symbol hat einen archetypischen Kern. Jungs Vorstellung von der Entstehung der Symbole im Unbewussten steht im Zusammenhang mit seiner energetischen Vorstellung von der Gegensatzspannung und dem Fließen der Libido. Durch das regressive Zurückfließen der psychischen Energie ins Unbewusste entsteht eine schöpferische Beziehung zwischen dem Bewusstsein und dem Unbewussten, in deren Folge Symbole oder andere Manifestationen des Unbewussten entstehen (▶ Kap. 6.1). Symbole bilden eine neue und einmalige schöpferische Gestalt, in der sich Bewusstseinsnahes wie Wünsche oder Bedürfnisse, Aktuelles und Biographisches einer Persönlichkeit mit Archetypischem und Finalem vermischen. Ein Symbol drückt die nur schwer zu erfassenden bewusst-unbewussten, oft polaren und paradoxen Aspekte (▶ Kap. 2.1.3) eines Sachverhalts aus. Dadurch ergibt sich ein Sinn, der durch den Charakter der einzelnen Teile nicht zu erkennen ist. Auf diese Weise kann das Ich-Bewusstsein eine dynamische Beziehung zur Gesamtpersönlichkeit, dem Selbst, aufnehmen, was eine heilende Wirkung hat. Dadurch wird das psychische Potential in seiner Entfaltung unterstützt. Häufig entstehen Symbole aus bildhaften, visuellen Ausdrucksformen (»Sinn-Bild«) (Müller, 2018, S. 49). Es kann aber praktisch jede andere wahrnehmbare Gestalt (z. B. eine Tonfolge, ein Wort, eine Geste, ein Geruch, eine Berührung) zum Symbol werden oder symbolische Wirkung entfalten (ebd.). Das nachfolgende Beispiel zeigt das symbolische Spiel eines 12-jährigen Mädchens in der Initialphase:

> Das Mädchen wird von einer Schlange gebissen und fällt bewusstlos um. In der Rolle der Ärztin überlege ich laut vor mich hin, was nun zu tun sei. Intuitiv gebe ich ihr schließlich eine Spritze mit »Gegengift«. Das Mädchen wiederholt die Szene noch dreimal. Schließlich erhält auch die »Ärztin« eine Spritze mit Gegengift. Das Mädchen baut sich aus Polstern ein Häuschen und zieht sich zum *Heilschlaf* darin zurück.

Der Biss der Schlange könnte auf realer Ebene als ein aggressives Verletztwerden, ein Akt schmerzhaften und unfreiwilligen Eindringens des Giftes der Schlange in den Körper eines Menschen verstanden werden. Auch das Bild eines aggressiven, sexuellen Aktes drängt sich auf. Im magischen Denken der Naturvölker oder früherer Kulturen wurde allerdings das Verspeisen oder ein nahes In-Kontakt-Kommen mit einem Tier als Aufnahme von dessen Kraft und Eigenschaften verstanden (▶ Kap. 2.2.1). Das magische Denken kommt dem symbolischen Denken recht nah. Aus dieser Sichtweise nimmt das Mädchen die Kräfte dessen, was in symbolischer Weise mit der Schlange und ihrem Gift verbunden wird, in sich auf. Da im Spiel die aufgenommenen Aspekte offensichtlich überwältigend waren, so dass sie in Ohnmacht fiel und »bewusstlos« war, gab ich ihr in der Rolle der Ärztin spontan ein *Gegen*gift. Das bedeutet eine kleine Menge des gleichen *Stoffes*. Das Bewusstloswerden und der anschließende *Heilschlaf* könnten aber auch bedeuten, dass nun Aspekte des Unbewussten in einem regressiven Prozess zum Tragen kommen müssen.

Dieses Ereignis wiederholte das Mädchen noch drei weitere Male. Die Zahl vier kann als Symbol für Ganzheit und Vollständigkeit verstanden werden. Welche Aspekte können mit dem Symbol der Schlange verbunden werden? Schlangen sind Symboltiere mit höchst polarer und vielfältiger Bedeutung. In ihnen kommt der duale Aspekt alles Lebendigen zum Ausdruck: Verschlingen und Gebären, Leben und Tod, Vulva und Maul (Egli, 1982, S. 148). Auf Schlangen werden sehr polare Gefühlseigenschaften projiziert, wie falsch, hinterlistig, boshaft, verschlagen, instinktnah, phallisch, triebhaft, aber auch weise zu sein und höheres Wissen zu haben. Der Doppelcharakter der Schlange wird an unserem Beispiel besonders deutlich am Gift, das töten, aber auch heilen kann. Da Schlangen aus dem Verborgenen angreifen und durch ihr Gift gefährlich werden können, werden sie von Menschen gefürchtet. Ihre Fähigkeit, sich zu häuten, macht sie zu einem Symbol für Wandlung und Wiedergeburt. Einerseits kann eine Schlange sich aufrichten wie ein Penis und wird deshalb mit dem Phallisch-Männlichen verbunden. Auch wegen ihrer Liebe zur Sonne und als königliches Machtsymbol (Uräusschlange des Pharaos) gehört die Schlange zum solaren, männlichen Prinzip. Andererseits entstammen Schlangen dem Erdreich, der Vegetation und der Unterwelt. Daher können sie auch mit dem Erdhaften, dem lunearen, weib-

6.4 Der schöpferische Gestaltungsprozess

lich-mütterlichen Prinzip in Verbindung gebracht werden. Die Schlange als Aspekt des Teufels *verführt* in der Paradiessituation Adam und Eva zur Bewusstwerdung, was für diese bedeutet, die unbewusste Einheit mit Gott zu verlassen und die Welt in ihrer polaren Gegensätzlichkeit zu erfahren, zu der auch Krankheit und Tod gehören. Aus Sicht Jungs symbolisiert die Schlange das gänzlich Unbewusste, das als kollektives Unbewusstes und Instinkt eine eigentümliche Weisheit und ein oft als übernatürlich empfundenes Wissen zu besitzen scheint (GW 9/2, § 370).

Symbole vereinigen die Gegensätze. Sie verbinden die verschiedenen Polaritäten unseres Daseins. Dadurch können sie uns zum Erleben der Ganzheit führen. Zugleich sind sie die bildhaft oder spürbar gewordenen Komplexe und Konflikte, Energietransformatoren unserer Selbstregulation, welche die psychische Energie umsetzen (▶ Kap. 3.3). Jung unterscheidet ein vieldeutiges Symbol von einem eindeutigen Zeichen. Ob etwas als ein vieldeutiges Symbol aufgefasst wird, hängt von der Einstellung des jeweiligen Betrachters ab, der sich dem Sachverhalt annähert (GW 6, § 824). Eine symbolisierende Einstellung oder ein symbolisierender Blick ermöglichen uns, das Ereignis oder den Sachverhalt nicht nur in seiner alltäglichen Bedeutung zu verstehen, sondern seine Polarität oder Vielschichtigkeit wahrzunehmen. Hilfreich ist, sich mittels folgender Fragen anzunähern: »Was könnte das symbolisch heißen?«, »Woran erinnert mich das?« oder »Was fällt mir dazu ein?« (Müller, Knoll, 1998, S. 28 f.). Neumann charakterisierte Symbole folgendermaßen:

> »Die Symbole besitzen wie der Archetyp selber eine dynamische und eine inhaltliche Komponente. Sie ergreifen die Ganzheit der menschlichen Persönlichkeit, die von ihnen erregt und fasziniert wird, und ziehen das Bewusstsein an, das sie zu deuten sucht. [...]. Das Symbol ist also, abgesehen von seiner dynamischen Wirkung als Energietransformator, auch ein Bewusstseinsbildner, der die Psyche zur Verarbeitung der unbewussten Inhalte drängt, die im Symbol enthalten sind« (Neumann, 1997, S. 23).

Wenn wir in schöpferischer Weise, assoziierend und amplifizierend das Symbol umkreisen, können wir tieferen Zugang zu den Symbolen erhalten, und auf diese Weise deren bewusstseinserweiternde Wirkung erfahren. Diese trägt dazu bei, dass wir uns unserer Ganzheit im Sinne von Vollständigkeit annähern können. Unter assoziieren versteht man alle Gedanken, Einfälle, Wahrnehmungen, Erinnerungen, Gefühle, Fantasien und Tagesreste, die dem Patienten im entspannten Zustand zugänglich werden und die er mitteilen möchte. Der Begriff der Amplifikation wurde von C. G. Jung als Aspekt der Deutung in die Psychotherapie eingeführt (GW 12, § 403 f.). Amplifikation bedeutet erweitern, anreichern, vertiefen oder unter verschiedenen Gesichtspunkten betrachten. Bei dieser Vorgehensweise reichern Therapeut und Patient das vom Patienten eingebrachte Symbol oder Traummotiv mit ähnlichen Beispielen aus Märchen, Mythen oder Religionen an, wobei die Gleichheit des Bedeutungskernes das entscheidende ist. Auf diese Weise wird das individuelle psychische Ereignis in den größeren Zusammenhang des kollektiven Unbewussten gestellt. Als Individuum mache ich dadurch die Erfahrung, dass meine persönlichen Probleme oder Konflikte etwas Menschliches sind, mit denen sich Individuen schon immer auseinandersetzen mussten, die aber auch gelöst werden können.

Zur Veranschaulichung des schöpferischen Gestaltungsprozesses werde ich an verschiedenen Stellen dieses Kapitels Aspekte aus der psychodynamischen Behandlung des bereits erwähnten 12-jährigen Mädchens schildern:

Das 12-jährige Mädchen mit Migrationshintergrund litt unter starker Kurzsichtigkeit, Skoliose und einer leichten körperlichen Behinderung. Sie war bei mir aufgrund phobischer Ängste (insbesondere vor Spinnen, Spritzen und Hunden), einer starken Gehemmtheit und Schüchternheit und eines schwachen Selbstwertgefühls in Behandlung. Aufgrund ihrer Skoliose musste sie täglich ein Korsett tragen, dessen sie sich schämte. Zwischen dem sechsten Lebensmonat und dem vierten Lebensjahr war sie bei den Großeltern im Herkunftsland der Eltern aufgewachsen, da diese aufgrund ihrer beruflichen Selbstständigkeit in Deutschland nicht ausreichend Zeit für sie gehabt hatten. Ab dem Vorschulalter lebte sie wieder bei den Eltern in Deutschland und litt unter Heimweh nach den Großeltern. Das Mädchen besuchte bei Therapiebeginn wegen einer Leistungsschwäche eine Förderschule. Zu ihren Therapiestunden kam sie mit hoher eigener Motivation. Sie wirkte zu Beginn wie ein deutlich jüngeres Kind.

In der Anfangszeit der Therapie wählte sie zwei Prinzessinnenfiguren aus, die subjektstufig verstanden vermutlich sie selbst und mich als

6.4 Der schöpferische Gestaltungsprozess

Therapeutin repräsentierten. In verschiedenen Sandbildern gestaltete und erzählte sie deren gemeinsame Erlebnisse. Die Prinzessinnen entdeckten im Sand verschiedene Schatzkisten *(Die inneren Ressourcen werden entdeckt und gehoben)*. Daraufhin stattete sie für die Prinzessinnen ein Haus mit Möbeln, Kisten mit Nahrungsmitteln und den Schatzkisten aus, die dort gemeinsam wohnen würden *(Dies kann als ein positives Zeichen verstanden werden, dass ein Arbeitsbündnis seitens des Mädchens zustande gekommen ist)*. Wir fantasierten über das schöne Leben der beiden Prinzessinnen. Eine große Sehnsucht nach einem Du, einem gleichwertigen Gegenüber in der Interaktion, mit dem sie ihr Erleben und ihre Gefühle teilen konnte, wurde in meinem Gegenübertragungserleben überaus spürbar. Es entwickelte sich eine positive Übertragungsbeziehung, ähnlich einer Schwestern- oder Freundinnenübertragung. Zugleich stellte sie mir viele Fragen, wie z. B. »Was hast du am Wochenende gemacht?«, »Welche Filme hast du angeschaut?«, »Wo warst du in Urlaub?« (England), »Warst du auch bei der Queen eingeladen?« Diese Fragen erlebte ich teilweise als sehr persönlich und erfuhr so unmittelbar im Übertragungsgeschehen den eindringenden Charakter der »Spritzen«. Ich ließ sie zuerst selbst eine mögliche Antwort finden und umkreiste das Thema mit ihr, bevor ich ihr dann eine authentische Antwort gab.

In einer weiteren Stunde gestaltete das Mädchen ein Sandbild, in dem sie Prinzessinnen und Brautpaare in einem Kreis aufstellte. In die Kreismitte setzte sie eine Kobra. Da diese auf sie bedrohlich wirkte, tauschte sie die Kobra später gegen eine zusammengerollte »ungefährliche« Schlange aus. Sie wählte weitere Frauen aus, die sie zu einem Innenkreis formierte: »Die Frauen tanzen!«

Das Mädchen gestaltete also zwei konzentrische Kreise, in dessen Mittelpunkt eine Kobra aufgerichtet saß. Diese Darstellung erinnert an ein Mandala. Ein Kreis in seiner runden Geschlossenheit ist ohne Anfang und Ende und kann von daher Vollkommenheit und Unendlichkeit symbolisieren. Er grenzt einen runden Innenraum von einem Außenbereich ab. Seit frühester Zeit gibt es die Vorstellung eines Bannkreises, der dämonische Kräfte abwehrt und dadurch das Innere schützt. Ein Kreis kann ein Symbol für den Anfang des Lebens sein, das »All in eins«, in dem der Ich-

Keim im großen Runden, im mütterlichen Schoß, geborgen ruht (Uroboros) (Neumann, 2004, S. 20). Kreis und Kugel werden aus Sicht der Analytischen Psychologie jedoch auch als Symbole des Selbst verstanden. In der Antike symbolisierten Kreis oder Kugel als vollkommenste Figur das Seiende, bei Plotin das absolut Göttliche (Jacoby, 1980, S. 212). Eine Prinzessin kann als ein noch nicht von ihrem (*Königs-*)Vater abgelöstes Mädchen oder junge Frau verstanden werden, die sich noch nicht auf gleicher Ebene mit einem männlichen Helden verbinden konnte. Mit der Sehnsucht, eine Prinzessin zu sein, war vermutlich der Wunsch nach narzisstischer Aufwertung und wohlwollender Spiegelung ihrer Weiblichkeit und ihres Potentials durch den (königlichen) Vater verbunden, der seine kleine Prinzessin liebt und stolz auf sie ist. Die Brautpaare (Frau und Mann im Ritus der Heirat) sind schon einige Schritte weiter als die Prinzessinnen, denn sie haben ihren Gegenpart auf gleicher Ebene schon gefunden und können von daher als Gegensätze (weiblich/männlich) verstanden werden, die sich vereinigen. Jung hat gegensatzvereinigende Symbole als Symbole des Selbst verstanden. (▶ Kap. 2.1.4).

Es könnte in diesem Sandbild des Mädchens, das sich in der Pubertät befindet, vermutlich um die Frage nach ihrer weiblichen Identität und ihrem Selbstwert gehen, der noch in kindlicher Weise vom Väterlichen abhängig ist. Zugleich steht als zentrales Thema die Annäherung an das Selbst an, mit dem Ziel, dass das Mädchen sein Potential entfaltet und zu der einzigartigen Persönlichkeit wird, die es vom Wesen her ist. Damit verbunden sein könnte ein Einverstandensein mit sich selbst. Das Sandbild beinhaltet zugleich einen Entwurf von zukünftigen Möglichkeiten, also sich als erwachsene Frau oder Braut einem gleichwertigen Männlichen zuzuwenden. Durch die konzentrischen Kreise mit dem Zentrum zeigt sich ein Ganzheitscharakter, der noch von der Symbolik der Brautpaare unterstützt wird, und als Gegensatzvereinigung verstanden werden kann. Doch was bedeutet Tanzen? Es ist eine ganzheitliche Ausdrucksform, da die körperliche Bewegung, das Aufnehmen der Musik, mit dem Ausdruck von Gefühlen oder inneren Bildern verbunden ist und meist von Lebensfreude und Lustgewinn begleitet wird. Schon seit der frühesten Menschheitsgeschichte scheint das Tanzen in Verbindung mit Musik zur elementaren menschlichen Ausdrucksweise zu gehören, wie Felszeichnungen in Höhlen belegen. Bei Naturvölkern dienten Kreistänze als Rituale des jeweiligen

6.4 Der schöpferische Gestaltungsprozess

Kultes, mit denen die Ahnen, übernatürliche Mächte, Naturphänomene (Regen, Wind), Fruchtbarkeit oder Jagderfolg beschworen oder dämonische Kräfte abgewehrt wurden. Bei modernen Paartänzen hingegen stehen kommunikative oder soziale Aspekte im Vordergrund, aber auch die der Werbung, sexuellen Annäherung und Anziehung. Was umtanzen die Prinzessinnen, Frauen und Brautpaare in den konzentrischen Kreisen? Eine aufgerichtete Kobra, die offenbar eine zentrale Bedeutung hat, denn sie wird möglicherweise verehrt oder angebetet. Das Aufrichten der Kobra, vom Mädchen vermutlich mit dem Phallisch-Männlichen und Triebhaft-Sexuellen in Verbindung gebracht, das ihr Angst macht, erlebte sie als zu bedrohlich (eine anfängliche Befürchtung, dass das Mädchen lebensgeschichtlich in irgendeiner Form Missbrauchserfahrungen ausgesetzt war, hatte sich glücklicherweise nicht bestätigt). Aufgrund der einsetzenden Triebentwicklung in der Pubertät steht für das Mädchen als Entwicklungsaufgabe die allmähliche Ablösung vom persönlichen Vater an, zugleich ist eine Hinwendung zum Männlichen unumgänglich, denn subjektstufig bedeutet dies auch, ihren Animus zu entwickeln, der ihr hilft, sich geistigen Inhalten gegenüber zu öffnen und diese zu strukturieren. Sie tauschte die Kobra durch eine eingerollte Schlange aus, die von der Symbolik her an einen Uroboros, eine sich in den Schwanz beißende Kreisschlange erinnert. Das könnte bedeuten: Auf der Basis einer vertrauensvollen Beziehung zu mir als Therapeutin und einer positiven Mutterübertragung steht für das Mädchen eine Regression in den weiblich-mütterlichen Bereich an, um Zugang zu den heilenden Kräften des Mutterarchetyps zu erhalten. Längerfristig muss sich das Mädchen auch von der persönlichen Mutter ablösen und das Festgehaltenwerden im mütterlichen Raum überwinden, da sich sonst ein negativer Mutterkomplex konstellieren könnte. Das Entwickeln von Autonomie, Ich-Bewusstsein, aber auch geistigen Aspekten ist für die Persönlichkeitsentwicklung des Mädchens unumgänglich. Die Schlange im Zentrum des Doppelkreises kann auch mit Aspekten von höherer Weisheit und Instinktnähe verbunden werden. Aus Sicht der Analytischen Psychologie ist sie ein Symbol für die psychische Energie, in dem sich Kraft, Energie, Dynamik, Triebhaftigkeit und der Wandlungscharakter der Psyche ausdrücken (Tietze, 1986, S. 264).

Wie sich in der Symbolik der Schlange andeutete, war das Mädchen nun intellektuell aufgeschlossener, entdeckte Bücher in meinem Therapieraum und lieh sich diese auch bei mir aus. Auch brachte sie ihre Mathehausaufgaben mit, die sie sehr motiviert erledigte. Eins ihrer bevorzugten Bücher war *Matilda* (Dahl, 1989), das sie Zuhause las und mich danach aufforderte, ihr bestimmte Kapitel daraus vorzulesen. Hauptfigur des Buchs ist das begabte Mädchen Matilda, das die Welt der Bücher und des schulischen Lernens für sich entdeckt. Sie erfährt dabei keinerlei Unterstützung durch ihre bildungsferne Familie. Beim Entfalten ihres Potentials wird sie aber von ihrer Lehrerin unterstützt, die Matilda später als Pflegekind bei sich aufnimmt.

Mittels der Symbolik dieser Geschichte schälte sich ein Fokus für die anfängliche Kurzzeittherapie heraus, die später in eine Langzeittherapie umgewandelt wurde: »Ich muss verbergen, dass ich vermutlich klüger bin als meine Umgebung, weil ich sonst die Beziehungen verlieren könnte oder aus dem Familienverband herausfalle.« Wir näherten uns dem Thema amplifizierend an, in dem wir gemeinsam überlegten, in welchem Märchen das Motiv geschildert wird, dass der wahre Wert der Hauptperson zunächst verborgen ist und erst allmählich zu Tage tritt. Wir beschäftigten uns mit *Aschenputtel, Allerleihrauh, Prinzessin Mäusehaut, Hans mein Igel* und *Kari Holzrock*. In dieser Zeit entdeckte das Mädchen einen roten Rock in meiner Verkleidungskiste, den sie gerne anzog und mit dem sie sich, wie sie sagte »weiblich, attraktiv und schön fühlte«. Gemeinsam umkreisten wir die symbolische Bedeutung der Farbe Rot, die für sie vor allem mit Liebe und Blut in Verbindung stand. Mit der Farbe Rot können sehr vitale Gefühle wie Liebe, Erotik und Leidenschaft, aber auch Hass und Aggression verbunden werden. Mit Rot assoziieren wir aber auch die belebende, wärmende, aber auch zerstörerische Kraft des Feuers und das Blut als lebensnotwendiger Essenz.

6.4.3 Das freie Spiel aus verschiedenen Perspektiven

»Wenn ein Kind spielt, vermag es Rollen zu interpretieren, sich in andere hineinzuversetzen und an die Zukunft zu denken. Im Spiel kann ein Kind mit

6.4 Der schöpferische Gestaltungsprozess

Intelligenz und Reife handeln, die über sein Alter hinausgehen, weil das Spiel seinen Geist mehr als jede andere Tätigkeit zu weiten vermag« (Bilbao, 2022, S. 36)

Das Wort *spielen* stammt etymologisch von »mhd. spiln: sich lebhaft oder fröhlich bewegen, tanzen, Kurzweil oder unterhaltende Beschäftigung haben« (Kluge, 1999). Spielen als Tätigkeit ist stets mit Lustempfindungen verbunden und wird aus Vergnügen am Tun und seinem Gelingen ausgeübt (Meyers, 2001, Bd. 21, S. 150). Kinder leben in der Gegenwart. Wenn Kinder sich wohl und geborgen fühlen, ihre Grundbedürfnisse nach Sicherheit, Bindung und Beziehung, aber auch Hunger und Schlaf befriedigt sind und sie keine Angst haben, fangen sie an, zu explorieren und sich auf diese Weise ihre Umwelt handelnd und lernend spielerisch zu erschließen. Spiel ist Ausdruck von Neugier, Lebendigkeit und Lebensfreude und wird charakterisiert durch Zweckfreiheit (Sinn liegt im Tun, nicht im Ziel), Freiwilligkeit und Selbstbestimmung. Ein Kind ist ohne Spiel nicht vorstellbar. Bis in das Grundschulalter hinein erfahren Kinder ihre Welt geprägt vom magischen Denken (▶ Kap. 2.2.1). Das bedeutet, dass sie die unbelebte Welt als beseelt erleben und fantastische Wesen wie Elfen, Feen, Zauberer oder Zwerge als real erfahren. Zugleich fürchten sie sich vor Ungeheuern, Monstern, Hexen oder Gespenstern. Für Kinder, die sich in der magischen Phase befinden, ist Spiel Wirklichkeit, da ihr Denken noch magisch ist (Zullinger, 1970, S. 17), was auch am folgenden Beispiel ersichtlich wird:

> Für ein 5-jähriges Mädchen, das stets eine Hexe hinter einem Vorhang in meiner Praxis vermutete, gehörte zum Ritual am Beginn ihrer Stunde, dass ich als Therapeutin stets mit einigem Aufwand die Hexe mit einer Pappkiste einfangen musste, die Pappkiste zum geöffneten Fenster trug und sehr zur Freude des Mädchens der fliegenden Hexe ihre Freiheit wiedergab.

In der griechischen Antike gab es die Vorstellung von der Welt als »Spell«, als Spiel, als Zauber oder als Musik. Ich folge in wesentlichen Zügen dem Buch *Rettet das Spiel!* (Hüther & Quarch, 2016, S. 42–50): Die Götter wurden als Spieler verstanden und der Mensch als Spielzeug in ihren Händen. Spielen war eine der menschlichen Natur gemäße Lebensform.

Bei vielen Gelegenheiten, vom Geburtsfest bis zum Begräbnis, wurden Wettspiele und Wettkämpfe veranstaltet. Denn Kult und Spiel, Wettkampf und Fest gehörten zusammen und prägten die gemeinsame Identität. Den Griechen ging es um Lebendigkeit und um die bestmögliche Entfaltung ihrer Seele (psyché) in Harmonie mit dem Körper. Ihre Götter galten als Verdichtungen des Seins. Und da bei den Griechen alles Sein beseelt war, manifestierten sich die Götter mit polaren Aspekten: chaotisch, wild und grausam, aber auch geordnet, schön und klug, männlich und weiblich. Im Gegensatz zu Göttern anderer Religionen oder Kulturen mussten die Götter Griechenlands auch keine Welt erschaffen, sondern sie »spielen, sie leben in seeliger Ruhe, sie spielen nicht nur ihre Spiele, sie spielen auch die Liebe, die Arbeit und den Kampf«, wie dies der Philosoph Eugen Fink beschreibt (Fink, 1960, zitiert ebd., S. 44). Das ganze Sein wurde als Spiel begriffen. Von daher erstaunt es nicht, dass sich die schöpferischen Kräfte des Kosmos im Symbol des göttlichen Kindes offenbaren, das als Symbol des Selbst verstanden wird (▶ Kap. 2.1.4) (GW 9/1, Kap. 6).

In der Epoche des Rokoko, in der Kinder aus unteren Gesellschaftsschichten meist von klein auf mitarbeiten mussten, war es Erwachsenen höherer Stände vorbehalten, auf Festlichkeiten, im Theater oder auf Maskenbällen zu »spielen«. Friedrich Schiller (1759–1805) brachte in dieser Zeit zum Ausdruck, dass das Wesen des Spiels mit dem Wesen des Menschen auf das Engste verbunden ist und notierte: »Der Mensch spielt nur, wo er in voller Bedeutung des Wortes Mensch ist und er ist nur da ganz Mensch, wo er spielt.« (Schiller, zitiert nach Hüther & Quarch, 2016, S. 18)

Die italienische Reformpädagogin und Ärztin Maria Montessori (1870–1952) war der Meinung, dass Kinder ihre kognitiv-emotionalen Fähigkeiten nur dann entwickeln können, wenn die Umwelt auch die geeignete geistige Nahrung zur Verfügung stellt. Die Eigentätigkeit des Kindes (»Hilf mir es selbst zu tun«) war für sie ein wesentlicher Entwicklungsfaktor (ebd., S. 40). »Im Kinde ist die schöpferische Haltung, die potenzielle Energie vorhanden, die es befähigt, aufgrund seiner Umwelteindrücke eine seelische Welt aufzubauen« (Montessori, 1997 zitiert nach Zimpel, S. 37).

Freud (1908) versteht das kindliche Spiel in erster Linie als Triebbetätigung (sexueller und aggressiver Trieb). Die unbefriedigten Wünsche seien die Triebkräfte der Fantasie, mit deren Hilfe das Kind die Wirklichkeit korrigiere, im Sinne einer Wunscherfüllung. Beobachtungen des

6.4 Der schöpferische Gestaltungsprozess

Spiels seines Enkels führten Freud zu der Erkenntnis, dass Kinder im Spiel ihre inneren Konflikte bearbeiten (Freud, 1940/1999, S. 13). Der kleine Junge bewältigte mithilfe einer Garnrolle, die er wegwarf und wieder an sich heranzog, die Trennung von seiner Mutter. Freuds Erkenntnis war, dass das Kind passiv erlittene Erfahrung in aktive Handlung umsetzt.

C. G. Jung hat die therapeutische Wirkung des Spielens an sich selber erfahren. In seinen Lebenserinnerungen beschreibt er, wie er sich in einer depressiven und schöpferischen Lebenskrise (nach der Trennung von Freud) den Impulsen seines Unbewussten überließ und ausgelöst durch seine Kindheitserinnerungen am Ufer des Zürichsees mit Sand und Steinen spielte:

> »Aha, sagte ich mir, hier ist Leben! Der kleine Junge ist noch da und besitzt ein schöpferisches Leben, das mir fehlt [...]. Wollte ich [...] den Kontakt mit jener Zeit wieder herstellen, so blieb mir nichts anderes übrig, als wieder dorthin zurückzukehren und das Kind mit seinen kindlichen Spielen auf gut Glück wieder aufzunehmen. Dieser Augenblick war ein Wendepunkt in meinem Schicksal, denn nach unendlichem Widerstreben ergab ich mich schließlich darein zu spielen. [...] Dabei klärten sich meine Gedanken und ich konnte die Fantasien fassen, die ich ahnungsweise in mir fühlte« (Jung, Jaffé, ETG 1962, S. 177).

Für den Schweizer Biologen und Entwicklungspsychologen Jean Piaget (1896–1980) ist das kindliche Spiel ein Assimilationsvorgang. Assimilation ist ein Begriff aus der Biologie, den er auf geistige Prozesse überträgt (Zimpel, 2016, S. 59). Auf das Spiel bezogen bedeutet Assimilation, dass das Kind Eindrücke aus seinem Umfeld aufnimmt und diese zu eigenen Erfahrungen verarbeitet (Piaget, 2003, S. 117). Das Kind ist dabei auf Anregungen seitens seines Umfeldes angewiesen: Wie der Körper Nahrung braucht, um zu existieren und zu wachsen, »ebenso muss jede geistige Tätigkeit [...] beständig durch äußere Zufuhr [...] genährt werden, damit sie sich entwickeln kann« (Piaget, 2003, S. 117).

Das symbolische Spiel, so Piaget, ist eine wichtige Voraussetzung für die Entwicklung der Sprache (Zimpel, 2016, S. 64). Durch Beobachtungen an Vorschulkindern, die ihr kreatives Schaffen mit Worten begleiteten, erkannte er, dass Kinder die Sprache nutzen, als ob sie laut denken. Piaget kommt zu dem Schluss, dass Kinder zuerst eine Erfahrung machen (wie z. B. eine Urlaubsreise mit der Familie), dieses Erlebnis nachspielen und so auch lernen, die Erfahrung sprachlich korrekt zu beschreiben. Aus Sicht Piagets entwickelt sich das individuelle Übungsspiel über das Symbolspiel hin zum sozialen Spiel mit Regeln (ebd., S. 146). Der kindliche Entwicklungsweg, der im Zusammenhang mit diesen Spielen steht, führt aus Piagets Sicht vom Individuellen zum Sozialen, letztlich zur Sozialisation des Kindes (ebd., S. 70).

Der russische Psychologe Lew Wygotski (1896–1934) sieht das Kind von Geburt an als soziales Wesen und meint hingegen, dass die kindliche Entwicklung vom Sozialen zum Individuellen verläuft (ebd., S. 70). Mittels des Spiels eignet sich das Kind die Kultur an, in der es aufwächst. Für Wygotski ist der Ausgangspunkt jedes Spiels sozial, sein Ziel habe selbst befreiende Wirkung: »Im Spiel ist das Kind gleichsam einen Kopf größer als in der Wirklichkeit. Das Spiel enthält in kondensierter Form, wie ein Brennpunkt eines Vergrößerungsglases, alle Entwicklungstendenzen. Im Spiel bemüht sich das Kind gleichsam, eine Stufe höher zu klettern, verglichen mit seinem sonstigen Verhalten« (Wygotski, zitiert nach Zimpel, S. 88).

Ein zentraler Ansatz Wygotskis ist, Spiel als Zone der nächsten Entwicklung zu verstehen (ebd., S. 77). Ein Kind ist aufgrund seiner erlangten Fertigkeiten im Rahmen seiner Entwicklungsstufe (oder Zone) in der Lage, aus eigener Kraft ein Problem oder eine Aufgabe zu lösen. Um nun weitere Fähigkeiten zu erlangen, die der nächsthöheren Zone seiner Entwicklung entsprechen, sind Kinder auf Anregungen oder Anleitung von einem Erwachsenen oder einem älteren Kind angewiesen. Die nächsthöhere Zone ist dann das Potential, das ein Kind entwickelt, indem es sich durch eigene Aktivität, jedoch unter Anleitung, über die aktuelle Entwicklungsstufe hinausbewegt.

Der Schweizer Lehrer und Psychotherapeut Hans Zullinger (1951) versteht Spiel als Sprache des Kindes. Zullinger deutete nicht das Spiel des Kindes, sondern war der Ansicht, dass der Erwachsene, der mit dem Kind spielt, dadurch der magischen Sichtweise des Kindes eine Deutung gibt (Zullinger, 1970, S. 75 ff.).

6.4 Der schöpferische Gestaltungsprozess

Neumann (1963) spricht von der wesenhaften und progressiven Bedeutung des kindlichen Spiels. Fantasie als inneres Sinnesorgan nehme innere Welten wahr und bringe diese zum schöpferischen Ausdruck. Dabei strebe die »magisch-mythische Symbolwelt« die Ganzheit des Kindes an und gleiche die Überbetonung der rationalen Bewusstseinseinstellung aus. »Am deutlichsten wird das matriarchale Bewusstsein des Kindes in der Bedeutung der Fantasie und des mit ihr engst verbundenen Spieles für sein Leben« (Neumann, 1999, S. 76).

Für den englischen Arzt Donald Winnicott (1989) ist das kindliche Spiel »stets eine schöpferische Erfahrung, eine Erfahrung von Raum und Zeit und eine Grundform von Leben, die für den Patienten äußerst real ist« (Winnicott, 1989, S. 62). Im Spiel des Kindes sieht er den Ausgangspunkt der menschlichen Kreativität. Aufgrund von Sicherheit und Vertrauen in einer *genügend* guten Eltern-Kind-Beziehung entsteht für ein Kind ein sogenannter *Spielraum*, in dem das Kind die Spielsachen und Gegenstände für Vorstellungen und Fantasien seiner inneren Welt verwendet (ebd., S. 63). Auch beim sogenannten *Übergangsobjekt* kann dieser Vorgang beobachtet werden. Ein Kind entwickelt oft eine große Zuneigung zu seinem ersten Spielzeug (Puppe oder Kuscheltier), das für die mütterliche Bezugsperson steht. Mit dessen Hilfe meistert es sein erstes psychisches Entwicklungsproblem: die (kurze) Trennung von seiner primären Bezugsperson. Stevens schreibt dazu: »Übergangsobjekte sind deshalb so wertvoll für ein Kind,« »weil sie die magische Kraft besitzen, die abwesende Mutter symbolisch gegenwärtig zu machen« (Stevens, 1993, S. 119).

Kinder beziehen in ihr Spiel sehr gerne Erwachsene oder andere Kinder ein. Hüther (2016) hält zwei menschliche Grundtendenzen für bedeutsam, die sich auch in der Struktur unseres Gehirns abbilden: unser Bedürfnis nach Zugehörigkeit und Verbundenheit, aber auch das Bedürfnis nach Entfaltung unserer Individualität und Einzigartigkeit in Freiheit. Im Miteinanderspielen kann beides auf wunderbare Weise miteinander verbunden werden. Denn: »Wer spielt ist frei und dabei gleichzeitig auf innigste mit dem Du verbunden, mit dem er spielt.« (ebd., S. 122). »Ursprüngliches Spiel ist immer gemeinsames Spiel, ist immer Begegnung«, sagt der Neurobiologe Hüther in Anlehnung an Martin Buber (»Alles wirkliche Leben ist Begegnung«, Buber, zitiert nach Hüther & Quarch, 2016, S. 121).

Mittels moderner bildgebender Verfahren zur Untersuchung von Arealen des Gehirns wurde beobachtet, dass Menschen im Spiel die Angst verlieren. Durch die spielerische Betätigung kommt es zu neuen Verknüpfungen der neuronalen Netzwerke im Gehirn, wodurch neue kreative Einfälle und Ideen entstehen. Zugleich beginnt das Belohnungssystem im Gehirn zu feuern. Damit einhergehend sind Gefühle von Freude, Lust, Begeisterung und Lebensfreude. Im Spiel öffnet sich für uns eine Welt, in der all das verschwindet, was uns im alltäglichen Zusammenleben daran hindert, die in uns angelegten Potentiale zu entdecken und zu entfalten. (ebd., S. 20). Zudem ist das kindliche Gehirn so ausgestattet, dass es auf spielerische Weise lernt (Bilbao, 2022, S. 36). Die kindliche Welterfahrung ist vorwiegend emotional, affektiv und spielerisch. Bei jeder *Lern*erfahrung finden Prozesse im kindlichen Gehirn statt, in denen sich die Nervenzellen im Gehirn zu neuen Netzwerken verbinden (▶ Kap. 4.3)

6.4.4 Die therapeutische Bedeutung des gemeinsamen Spielens im Ansatz C. G. Jungs

Aus meiner Sicht ist das Spiel in der Kinderpsychotherapie im Ansatz C. G. Jungs die wichtigste Methode, da Kinder unmittelbar und unverstellt in ihrem schöpferischen Spiel Symbole in die Darstellung bringen, die Ausdruck ihrer Selbstregulation sind. Sie lassen uns dadurch an dem inneren Erleben ihrer Fantasien und wichtiger Beziehungen teilnehmen und wie sie ihr Umfeld erleben. Sie umkreisen im Spiel ihre inneren Konflikte, Komplexe und erlittenen Traumata und bearbeiten diese. Und letztlich bringen sie über die Symbolik die prospektiv-finale Tendenz, den Entwurf ihrer zukünftigen Entwicklungsmöglichkeiten, in die Darstellung. In unserer gegenwärtigen Zeit machen Kinder immer seltener die Erfahrung, dass ein Erwachsener für sie Zeit hat und mit ihnen, ohne Anforderungen, fast eine ganze Stunde in spielerischer oder kreativer Weise verbringt, ein unerhörter Luxus. Im symbolischen Spiel, oft gemeinsam auf dem Boden sitzend (Erde gehört zum weiblichen Prinzip), begebe ich mich auf die Ebene des Kindes und lasse mich auf dessen Themen ein. Das bedeutet, das Kind da abzuholen, wo es in seiner Entwicklung steht und was es aktuell in seiner individuellen Situation innerlich und äußerlich verarbeiten muss.

6.4 Der schöpferische Gestaltungsprozess

Seine Gefühle werden durch das Spiel geweckt und teilweise, wenn es die Dynamik des Spiels nicht stört, gespiegelt. Spiel ist oft gemeinsames Spiel. Manche Kinder gestalten oder spielen, meist am Anfang der Therapie, für sich alleine. Sie genießen es jedoch, wenn ich als Therapeutin in ihrer Nähe sitze und das Spiel zugewandt und aufmerksam begleite. Intuitiv kann dann oft erspürt werden, wann der Zeitpunkt gekommen ist, dass der spielerische Prozess mit Worten begleitet werden darf, entweder in Form einer Symbolsprache oder in Form einer Versprachlichung von Seiten der Therapeutin. Dass sie Versprachlichung oft nicht möchten, können Kinder oft sehr unverblümt zum Ausdruck bringen: »Schwätz nicht so viel, spiel lieber!« Die Therapeutin nach dem Ansatz Jungs lässt sich vom Kind »gebrauchen«, für die Bedürfnisse seines Selbst. Das heißt, sie übernimmt die Rollen, die auf sie projiziert werden, oder die das Kind ihr zuweist, in Rücksprache mit dem Kind, wie sie die Rolle ausführen soll. Auf diese Weise kommt ein Prozess in Gang, der dem Unbewussten des Kindes entstammt und der letztlich aufgrund der prospektiv-finalen Tendenz eine Annäherung an die Ganzheit seiner Gesamtpersönlichkeit anstrebt. Das bedeutet, Schattenaspekte, wie die Rolle des Verlierers, des Versagers, des Armen, des »zu Kurzgekommenen«, des Bösen, des Gierigen oder eine Palette von Gefühlszuständen zu übernehmen, die an die Therapeutin herangetragen werden. Oft sind dies Erfahrungen oder Rollen, die das Kind lebensgeschichtlich selbst passiv erfahren und erlitten hat und nun aktiv zu bewältigen versucht, indem es diese auf die Therapeutin projiziert und dort bekämpft. Über viele Stunden muss dann in kompensatorischer Form die Erfahrung des Reichtums, des Gewinnens, der neuen Rolle gemacht werden. Spiel dient aber auch der Abreaktion und des Ausdrückens der Aggressionen, zum Teil auch gegen die Therapeutin gerichtet im Rahmen des Übertragungsgeschehens. Hierbei ist die zentrale Erfahrung für das Kind, dass die Aggression den Therapeuten nicht zerstören kann und er sich nicht rächt (Hopf, 1998, S. 21 und 154). Wichtig ist auch, dass ein Kind seine Ambivalenz und seinen Widerstand zum Ausdruck bringen kann. Die Therapeutin ist aufnehmend, haltgebend und setzt Grenzen, das Ende der Therapiestunde betreffend, aber auch um die Unversehrtheit des Kindes, Jugendlichen oder ihrer eigenen Person zu gewährleisten und den Praxisraum oder das Material zu schützen. Wenn Fantasie zum Ausdruck gebracht wird, kann auch immer Angst entstehen.

Einerseits Angst, nicht geliebt, verlassen, verstoßen oder zerstört zu werden, andererseits auch Angst davor, selbst zu zerstören. Diese Angst muss von einem anderen Menschen mitgefühlt, ausgehalten und relativiert werden. Die Therapeutin übernimmt die sogenannte Containerfunktion (Bion, 1992). Das bedeutet, dass der mitspielende und mitfühlende Erwachsene die beängstigenden oder beunruhigenden Gefühle des Kindes, wie z. B. Angst, Ärger, Wut, in sich aufnimmt, »verdaut« und in »bereinigter« Form an das Kind zurückgibt (Kuptz-Klimpel, 2003a, S. 78 f.). Jungs Vorstellung vom therapeutischen Prozess ist, dass der Therapeut mit einem Bein *drinnen* (im interaktiven Geschehen), mit einem Bein *draußen* sein soll, um den nötigen Abstand zu haben und über das Geschehen reflektieren und seine Gegenübertragung wahrnehmen zu können.

Unter dem Aspekt der zeitlichen Dimension bringen Kinder Aspekte der Vergangenheit in die Darstellung: Mithilfe ihrer Spiel- und Fantasietätigkeit bringen sie ihr komplexgeprägtes Erleben, ihre psychischen Verletzungen und erlittenen Traumata in die Darstellung. Unter affektiver Abreaktion (Katharsis) wird in der psychodynamischen Arbeit mit Kindern und Jugendlichen die Methode des (Wieder-)Erlebens und Durcharbeitens pathogener Affekte und deren Abfuhr als Folge eines traumatischen Erlebnisses verstanden, die zum Zeitpunkt ihres Entstehens nicht verarbeitet werden konnten. Ziel ist es für das Kind, dies nicht neurotisch zu verarbeiten. Im folgenden Fallbeispiel werde ich diesen Prozess beschreiben:

> Das 12-jährige Mädchen entdeckte eine große geflügelte Pegasus-Puppe und begann mit dieser zu tanzen. Anschließend fragte mich das Mädchen, warum das Pferd fliegen könnte und wollte schließlich den Mythos von Perseus und Medusa und von der Geburt des Pegasus erzählt bekommen. Ich erzählte ihr vom Helden Perseus, der auszog, um das Ungeheuer Medusa zu überwinden, das ein furchterregendes Aussehen hatte und dessen Blicke versteinern konnten. Als es Perseus gelang, das Ungeheuer zu töten, konnte Pegasus aus dessen Körper geboren werden. Später lebte Pegasus als Götterpferd auf dem Olymp und inspirierte Dichter und Denker.
>
> Das Kind flößt der Handlung seines Spiels oder dem Spielobjekt seine eigene Libido ein. »Daher wird das Spiel zur magischen Handlung, die Leben hervorzaubert« (Gerhard Adler 1952).

6.4 Der schöpferische Gestaltungsprozess

Pegasina, wie das Mädchen das geflügelte Pferd liebevoll nannte, wurde in vielen Stunden zum zentralen »Familienmitglied« und nahm die Rolle eines Babys ein. Das Mädchen selbst war die Mutter und sprach in der Babysprache mit dem Baby; ich als Therapeutin wurde zur Großmutter. Pegasinas Bedürfnisse nach Geborgenheit, liebevoller Zuwendung und guter Versorgung standen im Vordergrund. Wenn das Mädchen gelegentlich an seinen ungeliebten Matheaufgaben rechnete, dann saß Pegasina an ihrer Seite und *half* ihr, die richtigen Lösungen zu finden. Damit erfasste das Mädchen intuitiv die schöpferische und geistige Kraft, die mit diesem Symboltier verbunden wird. Das Mädchen projizierte ihre eigenen Wünsche und Bedürfnisse nach Liebe und Umsorgtwerden auf die Pegasus-Puppe und beantwortete diese selbst. Aber auch zwischen Mutter und Großmutter entstand eine enge Verbundenheit in Sorge und Liebe um Pegasina. Am Ende jeder Stunde verabschiedete sich die »Mutter« liebevoll von Pegasina mit den Worten: »Du bleibst bei der Oma. So schlimm ist es doch nicht, bei der Oma zu bleiben! Deine Mama kommt bald wieder!«

Das Mädchen hatte als Säugling und Kleinkind vier Jahre bei den Großeltern im Heimatland gelebt und wurde von den Eltern nur zweimal im Jahr besucht, wenn diese ihren Urlaub dort verbrachten. In der oben dargestellten Handlung verarbeitete sie ihre eigene Lebenssituation, sich immer wieder von den Eltern oder Großeltern trennen zu müssen. Das, was sie selbst passiv erlebt hatte, setzte sie nun in aktive Handlung um und fügte Pegasina das zu, was sie selbst erlitten hatte.

Spiel ist symbolische Kompensation und verändert die Einstellung. Damit kann die Wirksamkeit dieser problematischen Erfahrung in der Vergangenheit abgemildert werden. Wenn im therapeutischen Prozess wachstumshemmende, festhaltende Aspekte eines negativen Mutterkomplexes überwunden werden, konstelliert sich oft das Symbol des Pegasus. Mit ihm können vitale körperliche, aber auch schöpferisch/geistige Aspekte verbunden werden, die eine Öffnung gegenüber dem geistigen Bereich und zunehmende Bewusstwerdung ermöglichten.

Auf die Gegenwart bezogen drückt ein Kind im Spiel aus, wie es wichtige Beziehungen und sein Umfeld erlebt, auch wie es mit den Anforderungen der Umwelt umgeht. Die Bearbeitung der inneren Konflikte nehmen einen großen Raum ein. Gleichzeitig bewältigt das Kind seine Angst und kann sich neu gewonnenen Raum und freie Lebensgestaltung erschließen. Wenn die Gegenwart oder einzelne Aspekte davon als unbefriedigend erlebt werden, können diese im schöpferischen Spiel neu erschaffen werden.

Unter dem Aspekt der Zukunft kann im Spielen Probehandeln möglich werden, mit dem Ziel der Entfaltung bisher noch nicht gelebter Aspekte des Selbst. Im kindlichen Spiel kommt die prospektiv-finale Funktion zum Ausdruck, verstanden als Tendenz der Vorübung, Entwurf einer Konfliktlösung oder als Ausdruck des Potentials der Gesamtpersönlichkeit, der Begabungen und inneren Ressourcen, die entfaltet werden können. Spielend übernimmt ein Kind neue Rollen, identifiziert sich mit noch unvertrauten Aspekten wie z. B. Schatten- oder Selbstaspekten und nähert sich so den Gegensätzen an.

Vor diesem Hintergrund ist die folgende Fallvignette des nun 13-jährigen Mädchens zu verstehen:

> Das inzwischen 13-jährige Mädchen zog den roten Rock an und mochte eine Tänzerin sein. Ich als Therapeutin, gab sie vor, wäre ihre Regisseurin, später ihre Dienerin. Während die mütterliche Dienerin das Frühstück vorbereitete, hielt die Tänzerin ihren *Heilschlaf*. Als sie aufwachte und zu frühstücken begann, erzählte sie der Dienerin, dass sie sehr aufgeregt wäre, da heute ihre Premiere stattfände. Anschließend wurde der Therapieraum entsprechend freigeräumt, so dass der Auftritt der Tänzerin stattfinden konnte. In hingebungsvoller Weise tanzte und sang sie. Die Dienerin, sehr berührt von diesem Potential, welches das Mädchen zur Entfaltung brachte, durfte ihr wohlwollend dabei zuschauen, sie bewundern und ihr applaudieren.
> In vielen weiteren Stunden schöpfte das Mädchen aus seinem Unbewussten weitere Handlungen um die Tänzerin, die ihr kreatives Potential auf vielfältige Weise entfaltete. So hatte die Tänzerin in einer Stunde Bauchschmerzen und gebar Zwillinge, die von der Dienerin freudig in Empfang genommen und umsorgt wurden, während die Tänzerin sich ausruhte, um sich danach ihren Kindern liebevoll zuzuwenden. Die Zwillinge als »göttliche Kinder« können als schöpferische Aspekte ihres Selbst (▶ Kap. 2.1.4) verstanden werden, die durch die

6.4 Der schöpferische Gestaltungsprozess

Zweiheit besonders betont werden. Die Handlung gab aber auch innerhalb der Therapie erneut Anlass, mit dem Mädchen über ihre Fragen zur sexuellen Aufklärung zu sprechen.

Allmählich entfaltete das Mädchen in weiteren Rollen auch ihre intellektuelle Seite und zeigte deutlich ihr erstarktes Selbstwertgefühl, in dem sie z. B. im Rollenwechsel als Therapeutin mit der Patientin (gespielt von mir als Therapeutin) eine »Stunde« durchführte und ihr lebenspraktische Tipps zur Gestaltung des Alltags und der Überwindung ihrer Ängste gab.

In der psychodynamischen Kindertherapie im Ansatz nach C. G. Jung stellen das freie Spiel, Fantasie und das Schöpferische zentrale Wirkfaktoren dar. Aus Sicht Jungs und Neumanns wird durch Analytische Psychotherapie das Ich allmählich gestärkt, so dass es zu einem kohärenten Ich werden soll (▶ Kap. 2.2.2). Unter Einbezug der Erkenntnisse der Neurowissenschaft möchte ich folgende Aspekte benennen, die als Wirkfaktoren im therapeutischen Prozess der im vorangegangenen Fallbeispiel geschilderten Patientin zu einer deutlichen Zunahme ihres Selbstwertgefühls, ihrer Selbstwirksamkeit und einer positiven Persönlichkeitsentwicklung führten: Auf der Basis eines tragfähigen Arbeitsbündnisses (unter Einbezug der Eltern) konnte das Mädchen Vertrauen in mich entwickeln und sich öffnen. Als Therapeutin konnte ich mich in die schwierige Lebenssituation des Mädchens einfühlen und war überzeugt, ihr helfen zu können. Es konstellierte sich eine positive Mutterübertragung mit einer entsprechenden Gegenübertragung. Auf der Basis der positiven Übertragung konnte sich das Mädchen ihren Komplexen und inneren Konflikten annähern, diese umkreisen und bearbeiten. Durch die Arbeit mit der Symbolik und dem freien Spiel, das als eine Verbindung von bewussten und unbewussten Aspekten verstanden werden kann, wurde der Prozess der Selbstregulation im Sinne einer progressiven Entwicklung angestoßen. Es ist davon auszugehen, dass sich bei dem Mädchen aufgrund der neuen lebendigen Beziehungserfahrungen in der Therapie die Nervenzellen im Gehirn neu verbinden konnten, so dass neue synaptische Netzwerke entstanden. Damit verbunden war das Entwickeln von Ich-Bewusstsein, Selbstvertrauen, aber auch zunehmender Frustrationstoleranz und Affektkontrolle.

6.4.5 Selbstorganisation und -regulation durch Gesellschaftsspiele

Regel- und Kartenspiele vervollständigen das Angebot im Therapieraum. Diese Spiele bieten insbesondere in der Anfangsphase einer Therapie einen Rahmen, der angstmildernd erlebt wird, da Aggressionen gehalten werden. Viele Gesellschaftsspiele, die wir als Freizeitartikel der modernen Zeit kennen, sind Weiterentwicklungen sehr alter Grundtypen von Spielen, die in früheren Kulturen rituell, als Kultspiele oder zur Orakelbefragung genutzt wurden (Pennick, 1992). Etliche Spiele thematisieren archetypische Motive oder Themen aus der evolutionären Entwicklung (Kuptz-Klimpel, 2008a, S. 243). Reviere erkunden und abstecken, das Vergrößern und Verteidigen der eigenen Machtposition, das Bedürfnis sich durchzusetzen, Rivalen abzuschütteln und Erster zu sein, sind zentrale Themen und Verhaltensmuster in der Menschheitsgeschichte. In archaischer Form werden in diesen Spielen menschliche Grundbedürfnisse umkreist, im Spannungsfeld zwischen Sehnsucht nach Erfüllung und Angst vor Nichterfüllung. Spielidee, Spielplan und Begleitmaterial der Gesellschaftsspiele beschreiben einen »Spielraum« und geben den Spielern eine Rolle und eine Aufgabe vor, die gelöst werden soll, oft auch im Wettstreit, in der Rivalität, gegeneinander. Ziele der Spiele sind das Vergleichen der eigenen Fähigkeiten, der Geltung und das Gewinnen eines Spielers. Da viele Spiele auch eine Zufallskomponente haben (Würfelzahl), wird Gewinnen oder Verlieren vom betroffenen Spieler als Glück oder Pech, als schicksalhaft interpretiert. Durch den Einbezug der Symbolik und der Dynamik des Spielgeschehens entsteht eine Begegnung auf Augenhöhe. Gefühle und Assoziationen, die im Spiel entstehen, können von beiden Spielern ausgesprochen werden und schaffen auf diese Weise eine authentische Dichte. Die Therapeutin ist die Mitspielerin und Interaktionspartnerin auf gleicher Ebene des Kindes oder Jugendlichen, jedoch auch hier gilt für sie, mit einem Fuß *drinnen* im Prozess, mit einem Fuß *draußen*. Das bedeutet, dass die Therapeutin den dynamischen Prozess mittels der symbolischen Einstellung und das Übertragungs- und Gegenübertragungsgeschehen sehr wach beobachtet, wahrnimmt, Rückschlüsse daraus zieht und teilweise in ihr Handeln und ihre Versprachlichung einfließen lässt. Intuitiv wählen Kinder und Jugendliche Spiele aus, die ihre innere Konflikt- oder Kom-

6.4 Der schöpferische Gestaltungsprozess

plexsituation in die symbolische Darstellung bringen und oft über Gegenübertragungsphänomene erfahrbar werden:

> Ein 11-jähriger Junge aus einer Scheidungsfamilie spielte über viele Stunden Monopoly mit mir. Er überließ mir nur die günstigen Straßen, während er selbst ausschließlich in die teuren Straßen investierte und diese möglichst schnell mit Hotels bebaute. Hinsichtlich des Geldzuflusses war das Glück auf seiner Seite. Zusätzlich wurde ich kräftig zur Kasse gebeten. Nachdem diese Dynamik sich in etlichen Stunden nicht veränderte, brachte ich zunehmend meine (Gegenübertragungs-)Gefühle zum Ausdruck und beschrieb meine Situation: »Ohne Hoffnung auf Veränderung, deprimiert, arm wie eine Kirchenmaus, wird mir das, was ich habe, genommen, und ich komme auf keinen *grünen Zweig*.« Daraufhin entgegnete der Junge: »Na, dann siehst du mal, wie es mir geht, dadurch dass ich meinen Vater nicht mehr so oft sehen kann. Das musst du doch verstehen, dass ich dann wenigstens hier gewinnen muss!«

Spiele, welche Selbstregulation ermöglichen, umfassen die orale Thematik wie Unersättlichkeit und Gier (z. B. *Kayanak, Banana Split, Halli-Galli Extreme*), die anale Thematik, mit dem Bedürfnis des *Habenwollens* umzugehen (*Monopoly, Monopoly-Deal, Ohne Moos nix los*) oder die phallisch-genitale Thematik, zu rivalisieren und den anderen zu schlagen (*Schach, Mühle, Dame*). Wertvoll sind auch Spiele, in denen Aggressionen in symbolischer Form gehalten zum Ausdruck gebracht werden können (*Malefiz, Drecksau*). Im weitesten Sinne geht es in diesen Spielen um die Auseinandersetzung mit Schattenaspekten, jedoch auch darum, Grenzen anzuerkennen und ein Stück Realitätsprinzip zu entwickeln. Grundsätzlich ermöglichen diese Spiele, eigene Fähigkeiten zu erweitern, hinsichtlich der Emotionskontrolle (Ärger, Angst, Scham, ein Verlierer zu sein), dem guten »Umgang« mit Aggressionen, dem Triebaufschub zugunsten des Erreichens eines Zieles und der Übung von Risikofreudigkeit und Kooperation. Prospektiv-final verstanden können Kinder und Jugendliche in diesen Spielen angst- und schuldfrei ihre aggressiven und dynamischen Kräfte und Ressourcen entdecken und zu diesen stehen. Es geht um das grundlegende Bedürfnis, sich Freiräume zu verschaffen, um zu einem eigenen

Ziel zu gelangen, auch auf Kosten anderer. Manche Spiele eignen sich besonders, die Selbstorganisation anzustoßen, wenn aufgrund der Symbolik und der Dynamik archetypische Wirkfelder erfahr- und bearbeitbar werden.

Ein gutes Beispiel dafür ist das Spiel *Die Siedler von Catan*. In der Rolle von Siedlern bauen die beiden Spieler auf einer kreisförmigen Insel Siedlungen, Straßen und Städte in Konkurrenz um die besten Rohstoffe, mit denen weiteres Wachstum, Selbstwirksamkeit und Autonomie möglich werden. Dabei entfaltet sich die Polarität des großen Weiblich-Mütterlichen mit seinen Entwicklung und Wachstum ermöglichenden Aspekten, aber auch der Erfahrung des Beschnitten- und Begrenztwerdens. Spiele, deren Ziel es ist, die Ganzheit zu erlangen (z. B. Rettung der vier Elemente in *Die verbotene Insel*) oder einen Schatz zu bergen oder zu finden, werden gerne gewählt und symbolisieren die Annäherung an das Selbst. Aufschlussreich für die Interpretation des Spielverlaufs ist, ob die vorgegebenen Regeln ihre Anwendung finden, oder vom Kind oder Jugendlichen als zu hart oder zu weich empfunden und deshalb entsprechend abgeändert werden. Entweder kommt dann eine strenge Über-Ich-Qualität zum Tragen oder eine gewährende, triebfreundliche Seite, die der Seite des Haben- und des Gewinnenwollens Raum ermöglicht. Machen Kinder und Jugendliche diese Regeländerung im Spiel in heimlicher Weise (Mogeln), so dass dies die Therapeutin nicht mitbekommen soll, oder wird die Regeländerung offen miteinander ausgehandelt? Sinnvoll kann es sein, wenn bei Beginn des Spiels die Regeln miteinander neu abgesprochen werden. Auch unterschiedliche Regelauslegungen (günstigere für Kinder und Jugendliche, ungünstigere für die Therapeutin als Erwachsene) können dem Interaktionsgeschehen eine spannende Ausrichtung geben (Zur weiteren Darstellung, wie mit unterschiedlicher Regelauslegung umgegangen werden kann, verweise ich auf das Buch *Symbolik in der psychodynamischen Therapie von Kindern und Jugendlichen* (Becker, von Maltzahn & Lutz, 2019, S. 162). Je jünger ein Kind und je labiler sein Selbstwert ist, umso mehr wird das Verlieren schmerzhaft und als deutliche Wertminderung erfahren. Gewinnen hingegen wird als Steigerung des eigenen Wertes und Ansehens erlebt und mit zunehmender Kompetenz, Geltung, Macht und Selbstvertrauen verbunden. Von daher ist es wichtig, dass ich als Therapeutin bereit bin, die Rolle des Verlierers, die Kinder und Jugendliche auf

6.4 Der schöpferische Gestaltungsprozess

mich projizieren, im dynamischen Geschehen zu übernehmen, mit der inneren Gewissheit, dass dies der Selbstorganisation des Kindes dient:

> Ein 5-jähriger Junge, der aufgrund erheblicher Geschwisterrivalität gegenüber seinem jüngeren Bruder bei mir in Therapie war, wählte in vielen seiner Stunden das Spiel *Zauberwald*. Im Zauberwald kämpfen der behäbige Riese Rudi und zwei gewitzte Kobolde um Edelsteine. Der Junge gab selber die Spielhandlung vor: »Die Edelsteine gehören alle dem Riesen und die Kobolde wollen dem welche wegnehmen.« Die Rollenaufteilung stand von Anfang an für den Jungen fest: Ich als Therapeutin hatte die Rolle des Riesen zu übernehmen, er spielte dagegen die pfiffigen Kobolde. In diesem Spiel wird die Polarität »mächtiger« Erwachsener« und »ohnmächtiges« Kind zur Freude der Kinder ad absurdum geführt. Während ich mir als schwerfälliger Riese mühsam einen Weg durch die Tannenbäume bahnen musste, die sich mal breiter, mal schmaler auseinanderschieben ließen, hüpfte der Junge in der Rolle der pfiffigen Kobolde leichtfüßig zwischen allen Bäumen hindurch und schnappte dem Riesen die Edelsteine weg. Je mehr ich klagte und meinen Gefühlen Ausdruck verlieh, dass mir alles genommen wird (mit einem Fuß *drinnen*), umso größer war seine Freude und sein Gefühl des Triumphs. Gleichzeitig bestätigte ich dem Jungen (mit dem einen Fuß *draußen*): »Du musst ganz viel gewinnen, damit du in Zukunft das Verlieren aushalten kannst.« Damit erhielt der Junge die Möglichkeit, angst- und schuldfrei zu gewinnen.

Die Rolle, die der Junge auf mich projizierte, des Großen, der seinen wertvollen Schatz gegenüber dem Kleinen nicht sichern kann, entsprach seiner Lebenssituation. Durch die Geburt seines Bruders, die er offensichtlich als Entthronung erlebt hatte, musste er den Verlust der ausschließlich auf ihn gerichteten Zuwendung (Verlust des wertvollen Schatzes) verkraften. Im Rollentausch (er nun als der *stehlende* Kleine) fügte er mir als Therapeutin (als Großem) aktiv zu, was er selbst passiv erlitten hatte. In der vermutlich konkordanten Gegenübertragung (▶ Kap. 1.3.1) erlebte ich schmerzvolle Gefühle der Ohnmacht und des Verlusts, dass mir alles genommen wird und das Gefühl von Hoffnungslosigkeit. Als Therapeutin nahm ich die Gefühle in mir wahr, die der Junge in Zusammenhang mit der Entthronung durch seinen Bruder erleiden musste. Für überaus wertvoll halte ich Spiele, zu deren Regeln das Mogeln oder Tricksen gehört (z. B. *Kakerlaken Poker, Mogel-Motte, Ciao, Ciao: Wer überquert den Sumpf mit den fleischfressenden Pflanzen, Die guten und die bösen Geister*). Trickster (engl. trick: listig ausgedachtes, geschicktes Vorgehen) sind mythologische Gestalten, die durch unberechenbares, betrügerisches oder auch schelmisches Wesen charakterisiert sind. In Märchen wird die Tricksterrolle oft vom Fuchs verkörpert oder einem anderen listigen Tier, das mit einer Aggression *hintenherum*, mit List und Schläue ein Ziel anstrebt. Indem das Mogeln oder Tricksen in entsprechenden Spielen zur Regel erklärt wird, gebe ich als Therapeutin die Erlaubnis, Schattenaspekte auszuleben: Der vermeintlich Schwächere darf dann List und Klugheit als Aggression hintenherum gegenüber dem vermeintlich Stärkeren einsetzen und schafft es auf diese Weise, letzteren zu besiegen und so seine geringe körperliche Stärke zu kompensieren. Auf diese Weise können die Selbst- und Fremdwahrnehmung erweitert, Scham- und Schuldgefühle abgebaut, Autonomie erprobt und Selbstbewusstsein erworben werden. Aus meiner Erfahrung spielt von Seiten der Therapeutin eine zentrale Rolle, dass ich das Spielerische und die kindliche Fantasie als Entfaltung des Selbst sehr wertschatze und mir einen humorvollen Blick für das Geschehen erhalte. Mit dieser Einstellung kann sich Gelassenheit einstellen, welche die Basis schafft, im Hier und Jetzt *geschehen zu lassen*, im Vertrauen darauf, dass das Spielgeschehen eine prospektiv-finale Tendenz inne hat, mit dem letztlichen Ziel der Entfaltung der Ganzheit der Gesamtpersönlichkeit des Kindes oder Jugendlichen.

6.5 Märchen

In der analytischen Kinder- und Jugendlichenpsychotherapie hat die Arbeit mit Märchen und mythologischen Motiven eine wichtige Bedeutung. Märchen, die über Generationen mündlich überliefert wurden, sind Urbilder des Menschseins und entstammen dem kollektiven Unbewussten. Sie sind archetypische Bilder in *reiner* Form (GW 18/1, § 80), die mittels einer Symbolsprache erfahrbar werden. Märchen wurden im jeweiligen Kulturkreis mündlich überliefert und beispielsweise an Winterabenden beim Spinnen oder Stricken weitererzählt. Erst im 19. Jahrhundert wurden Märchen unseres Kulturkreises von den Brüdern Grimm aufgeschrieben (Derungs 2010). Trotz der kulturellen Unterschiede weisen die Märchen vieler Völker gemeinsame archetypische Motive auf. In den Märchen haben sich allgemeinmenschliche Themen, Motive und Konflikte niedergeschlagen, die jeder Mensch kennt und die er in individueller Weise auf seinem Lebensweg bewältigen muss: z. B. ungünstige Ausgangsbedingungen, Rivalität zwischen Geschwistern, Auseinandersetzung mit den eigenen (begrenzten) Ressourcen, Ablösung von den Eltern, Aufbruch, Auseinandersetzung mit Gefahren, Kampf gegen Ungeheuer oder das Böse, das Finden eines Partners bzw. einer Partnerin oder eines Schatzes sowie das Erlangen von Reichtum, Macht und Würde. Der Handlungsablauf des Märchens beschreibt mittels der Symbolsprache (▶ Kap. 6.3) den inneren psychischen Prozess des Helden/der Heldin (s. *Individuationsprozess*, ▶ Kap. 3). Märchen zeigen jedoch nicht nur konflikthafte Themen auf, sondern bieten auch Lösungen an, die Hoffnung und Zuversicht geben können. Held oder Heldin symbolisieren das sich entwickelnde Ich. Häufig führt eine schwierige Ausgangs- oder Mangelsituation dazu, dass Held oder Heldin aufbrechen müssen, um sich auf ihren Heldenweg oder ihre Suchwanderung zu begeben. Auf sich selbst gestellt, müssen sie sich unbekannte Bereiche, den Bereich des Unbewussten, erschließen. Dabei begegnen ihnen hilfreiche oder gefährliche Tiere, archetypische Gestalten wie Hexen, Zauberer, der oder die alte Weise, Räuber, Zwerge und/oder vieles mehr. Sie haben Gefahren zu überwinden, die sich ihnen in den Weg stellen, oder Aufgaben oder Rätsel zu lösen. Männliche Helden müssen oft gegen einen Drachen oder ein anderes gefährliches Ungeheuer kämpfen und dieses überwinden, bevor sie einen Schatz erlangen oder eine Königstochter oder Jungfrau befreien/erlösen können, mit der sie sich dann verbinden. Das Finden des Schatzes und das Erlangen der Königswürde können als Aspekte des Selbst verstanden werden. Die Suchwanderungen von Heldinnen unterscheiden sich oft vom männlichen Heldenweg. Wie in der nachfolgenden Fallvignette dargestellt, entfalten Heldinnen auf ihren Suchwanderungen allmählich ihr Potential, in dem sie verschiedene Aufgaben lösen müssen oder sich Fähigkeiten aneignen. Damit verbunden ist oft eine Initiation in den urmütterlichen Bereich, damit sie sich ihrer Ganzheit annähern können, wie die folgende Fallvignette zeigt:

> Ein 5-jähriges Mädchen gab mir die Großmutter-Handpuppe und wies mir die Rolle der Frau Holle zu. Sie selbst baute ein Haus auf und sagte dies sei Frau Holles Haus. Sie wählte für sich eine Mädchen-Handpuppe und spielte selbst die Goldmarie. Weiter sorgte sie dafür, dass ein Brunnen, ein Apfelbaum und ein Backofen aufgebaut wurden. Sie gab eine klare Spielanleitung und Dialoge vor: Gold-Marie saß spinnend am Brunnen und musste so viel spinnen, so dass das Garn ganz blutig wurde. Beim Waschen der Spindel fiel ihr diese in den Brunnen. Sie wendete sich in ihrer Not an die Stiefmutter (Therapeutin), die ihr streng sagte, dass sie in den Brunnen springen sollte, um die Spindel wieder herauszuholen. Goldmarie sprang daraufhin in den Brunnen, dieser war jedoch der Zugang zum Unbewussten, zum Reich der Frau Holle. Hier wachte Goldmarie erstaunt auf einer Wiese in einer schönen Landschaft auf. Die Äpfel des Apfelbaums riefen ihr zu, dass sie gepflückt werden wollten, da sie alle miteinander reif waren. Und auch die Brote im Backofen möchten herausgeholt werden, da sie fertig gebacken waren. Goldmarie bewältigte diese Aufgaben zugewandt und eifrig. Sie kam zum Haus der Frau Holle und fragte, ob sie hier wohnen könne. Frau Holle lud sie freundlich ein und sagte, dass Goldmarie ihr aber helfen solle, die Bettdecken kräftig auszuschütteln und im Haushalt mitzuarbeiten. Gleich machte Goldmarie sich mit einem Putztuch an die Arbeit, säuberte und räumte das Haus auf. Zum Haus der Frau Holle kamen nun weitere Mädchen, Prinzessinnen und Frauen, die alle bei ihr wohnen wollten, und von dieser freundlich aufgenommen wurden. Die anderen wollten aber nicht mithelfen, sondern legten sich in die Betten, um auszuruhen und zu schlafen. Frau Holle ließ dies zu. Nach einer Weile fragte Frau Holle Goldmarie, ob sie nicht wieder in die andere Welt zurück zur Stiefmutter mochte. Goldmarie verneinte, denn sie mochte noch bei Frau Holle bleiben.

Subjektstufig kann das Märchen von Frau Holle (Derungs, 2010, S. 106) als psychischer Entwicklungsprozess verstanden werden. Die aufgrund des negativen Mutterkomplexes zu kurz gekommene Goldmarie landet in einem regressiven Prozess (Fall in den Brunnen) in Frau Holles Reich (dem Unbewussten), verstanden als Urwelt des Großen Weiblich-Mütterlichen. Im Sinne einer Initiation in den weiblich-mütterlichen Bereich muss Goldmarie zeigen, dass sie dem Ruf der Dinge folgt, und tatkräftig ist, in dem sie reife Äpfel erntet und gebackenes Brot aus dem Backofen holt. Sie säubert und putzt eifrig Frau Holles Haus. Dass nun viele weibliche Figuren zu Frau Holle kommen, um dort zu wohnen, sich auszuruhen und zu schlafen und dass Goldmarie »auch noch bei Frau Holle bleiben möchte« kann als tiefe Regression, als ein Auftanken im weiblich-mütterlichen Bereich verstanden werden (▶ Kap. 3.2.1 und 6.1). In der Regression schöpft das Mädchen Kräfte für seine weitere progressive Entwicklung.

6.6 Psychotherapie mit Jugendlichen und jungen Erwachsenen

Jugendliche bis zum vollendeten 20. Lebensjahr können sich bezüglich einer Therapie an einen Kinder- und Jugendlichenpsychotherapeuten wenden. Wenn die Behandlung vor dem 21. Lebensjahr begonnen wurde, kann die Behandlung auch zeitlich über den 21. Geburtstag hinausgehen. Jugendliche nach dem 16. Geburtstag können sich auch alleine und ohne Einverständnis ihrer Eltern an einen Therapeuten wenden und ihren Therapieantrag selbst unterschreiben. Es müssen keine begleitenden Elterngespräche mehr stattfinden. Wenn es jedoch von den Jugendlichen und ihren Eltern gewünscht wird, können gemeinsame Familiengespräche oft hilfreich und nützlich sein. In der Adoleszenz finden so viele biopsychosoziale Veränderungen statt wie in keiner anderen Lebensphase. Als Übergangszeit zwischen Kindheit und jungem Erwachsenalter ist sie, wie alle Wandlungsphasen, eine Phase der Gefährdung. Jede Wandlungskrise hat ihre negativen und positiven Aspekte: bedeutet einerseits Abschied von der Kindheit, symbolisch verstanden als Sterben und Tod, andererseits Neuwerden und Wiedergeburt. Energetisch findet in der Adoleszenz eine Regression der Libido statt, die sich in einer verstärkten Wirksamkeit des kollektiven Unbewussten und der archetypischen Strukturelemente äußert (Neumann, 2004, S. 414f.). Alte psychische und somatische Störungen können sich aktualisieren oder Krisen und Konflikte neu aufbrechen.

Aufgrund der Belebung des Unbewussten und der Wandlungsthematik setzen sich Jugendliche verstärkt mit Fragen nach dem Sinn des Lebens und dem Tod auseinander, was auch zu suizidalen Fantasien und Krisen führen kann. Von daher ist eine Jugendlichenpsychotherapie eine Therapie in einer krisenhaften Übergangs- und Umbruchszeit (Müller, A., 2003g, S. 214).

Der Wechsel von einem als harmonisch erlebten Körperbild der Kindheit hin zur positiven Neubesetzung des geschlechtsreifen Körpers, der hinsichtlich kollektiver Idealvorstellungen häufig als nicht perfekt erlebt wird, wird oft krisenhaft verarbeitet. Das Selbstwertgefühl erlebt starke Schwankungen. Anima- oder Animusprojektionen werden von den persönlichen Eltern abgezogen und richten sich jetzt auf Gleichaltrige des Gegengeschlechts. Dadurch werden erotische und sexuelle Fantasien und Faszinationen belebt, die so die Suche nach einer Partnerin oder Partner außerhalb der Familie anstoßen. Der Archetyp des Helden hat seinen Einfluss auf die Persönlichkeitsentwicklung der Jugendlichen. Das symbolische Bild für die innere Ablösung von den Eltern ist der Drachenkampf. Objektstufig bedeutet dieser Drachenkampf eine allmähliche Ablösung und Abgrenzung von den persönlichen Eltern, subjektstufig geht es um die Ablösung von den inneren Eltern (*Elternimagines* – verinnerlichte Elternbilder) und den damit verbundenen Elternkomplexen. Die Loslösung von den Elternimagines wird u. a. gefördert durch die Belebung des Archetyps der überpersönlichen Eltern, der Ureltern (Neumann, 2004, S. 415f.). Das bedeutet, dass die Elternarchetypen nun innerhalb des Kollektivs auf überpersönliche Inhalte übertragen werden, wie z. B. eine geistige Idee, (politische) Gruppierung oder Glaubensrichtung. Aus Sicht Eriksons (1968) ist die wesentliche Entwicklungsaufgabe der Adoleszenz das Finden und die Profilierung der eigenen Identität (▶ Kap. 3).

6.6 Psychotherapie mit Jugendlichen und jungen Erwachsenen

Aufgrund der dynamischen inneren Vorgänge der Jugendlichen neigen sie dazu, ihre inneren Konflikte zu agieren und zu inszenieren. Nach Plaut geht es in den Therapien von Adoleszenten um das Spiel mit Grenzen (Blos, 1973). In den frühen Adoleszenzphasen (10–15 J.) lehnen Jugendliche in der Psychotherapie oft kreative Ausdrucksformen ab, weil sie dadurch Einblick in unbewusste Aspekte ihrer Persönlichkeit geben könnten, deren Bewusstwerdung in dieser Phase noch angstvoll vermieden wird. Kollektive Meinungen und Trends Gleichaltriger sind für sie wichtiger als der Zugang zum eigenen Selbst, das als zu privat erlebt wird. Karten- und Gesellschaftsspiele werden hingegen, teilweise zum Zweck der Abwehr, oft noch gerne gespielt. Jugendliche, die dabei sind, sich von ihren Eltern abzulösen, wollen sich oft nicht gerne auf einen anderen Erwachsenen einlassen. Das Arbeitsbündnis kann als Einschränkung ihrer Autonomiestrebungen erlebt werden. Die Therapeutin wird im Rahmen der Realitätsorientierung des Jugendlichen auch mehr als Realobjekt gebraucht, das bedeutet, dass Jugendliche die persönliche Meinung und Einschätzung der Therapeutin hören wollen, um sich daran orientieren zu können. Die therapeutische Beziehung ist häufig hoher Ambivalenz ausgesetzt. Eine idealisierende Übertragung kann leicht in eine entwertende Haltung umschlagen. Deshalb kommt es in dieser Altersgruppe oft nur zu kurzen Therapien und auch zu Therapieabbrüchen. Ein therapeutischer Prozess kann in Gang kommen, wenn die Jugendlichen die Therapeutin ausreichend offen, nicht wertend und auf Augenhöhe erleben und deren Über-Ich sich von dem der Eltern unterscheidet. Positiv auf den Therapieverlauf wirkt sich aus, wenn die Therapeutin an einem Hobby, Wissens- oder Interessengebiet, Musikrichtung, Buch oder Computerspiel, das/die für den Jugendlichen wichtig sind, positiv Anteil nimmt, ihn als *Spezialist* für diesen Bereich erklärt und ernst nimmt. Es kann sich dann eine positive, manchmal auch idealisierende Übertragung einstellen (▶ Kap. 5.5).

Das Angenommen- und Ernstgenommenwerden durch die Therapeutin, auch seiner Schattenaspekte und Persönlichkeitsanteile, die für ihn/sie schwierig sind, ermöglichen dem/der Jugendlichen, sich selbst besser annehmen zu können und sich für liebenswert zu halten. Jugendliche ab dem 15. Lebensjahr können sich meist wieder besser auf ein Therapieangebot einlassen. Sie haben sich bereits ein Stück von ihren Eltern abgelöst und sind auf der Suche nach anderen Erwachsenen, mit denen sie sich hinsichtlich ihrer anstehenden Identitätsentwicklung und der Ablösung von ihren Eltern ein Stück weit identifizieren und austauschen können. Hilfreich ist, wenn die Therapeutin, in Erinnerung der Bewältigung ihrer eigenen Adoleszentenkrise, auf den prospektiv-finalen Sinn der Krise des Jugendlichen vertraut und dass diese, dank der Möglichkeit der Selbstregulation, zu bewältigen ist. Oft macht es in diesem Lebensabschnitt Sinn, mit dem Jugendlichen und seinen Eltern gemeinsame Familiengespräche zu führen, wenn dies von allen Beteiligten gewünscht wird, um eine offene familiäre Kommunikation wieder in Gang zu bringen, die oft aufgrund vieler Konflikte und gegenseitiger Verletzungen zum Erliegen gekommen war.

Zusammenfassung

Ausgehend von Jungs Vorstellung über die Energetik der Seele und den Phänomenen von Progression und Regression wird die Wirkweise der transzendenten Funktion beschrieben. Wenn wir beispielsweise in einem kreativen Prozess eine Lösung einseitig nur mit dem Bewusstsein anstreben und es zur Aufstauung der psychischen Energie kommt, dann schafft die schöpferische Komponente der Psyche, die transzendente Funktion, eine Lösung, indem sie die zwei polaren Tendenzen *überbrückt* und etwas Drittes, ein Symbol, Traum, Fantasie o. Ä. hervorbringt. Diese Manifestationen des Unbewussten können als Kompensation der einseitigen bewussten Einstellung verstanden werden und fügen der bewussten Erkenntnis unbewusste Aspekte hinzu, was letztlich die Ganzheit des Menschen im Sinne von Vollständigkeit ermöglichen kann. Die Manifestationen des Unbewussten sind Produkte des schöpferischen Selbst, welche im Prozess der Selbstorganisation und -regulation hervorgebracht werden. Zentral ist in der Analytischen Psychologie die therapeutische Arbeit mit den Ausdrucksformen des Unbewussten. Kinder und oft auch noch Jugendliche bringen im gehaltenen Raum der Therapie ganz selbstverständlich und spontan Manifestationen ihres Unbewussten in die Darstellung: Es wird gespielt, gemalt, kreiert, experimentiert, Symbole und symbolische Darstellungen werden im Sandspiel, im Rollenspiel oder mit ungestaltetem Material geschaffen, Märchen, Träume oder Fantasien erzählt. Das wichtigste Medium in der psychodynamischen Kindertherapie im Ansatz C. G. Jungs ist aus meiner Sicht das kindliche Spiel. Die therapeutische Arbeit mit Jugendlichen und jungen Erwachsenen findet in modifizierter Form statt. Im gemeinsamen therapeutischen Prozess zwischen Kind bzw. Jugendlichen und Therapeutin kann der Prozess der Selbstregulation des Kindes oder Jugendlichen wieder in Gang kommen, Blockierungen und Stauungen sich lösen.

Literatur zur vertiefenden Lektüre

Becker, von Maltzahn & Lutz. (2019). *Symbolik in der psychodynamischen Therapie von Kindern und Jugendlichen.* Stuttgart: Kohlhammer.
Kalf, D. (2000). *Sandspiel.* München: Reinhardt.
Jung, C. G. (1995). Über die Energetik der Seele, in GW 8: *Dynamik des Unbewussten.* Düsseldorf: Walter, Sonderausgabe.
Lutz, C. (2016). *Mythen und Märchen in der psychodynamischen Therapie von Kindern und Jugendlichen.* Stuttgart: Kohlhammer.
Ronnberg, A. (2011). *Das Buch der Symbole. Betrachtungen zu archetypischen Bildern.* Köln: Taschen
Zimpel, A. F.(2016). *Lasst unsere Kinder spielen!* Göttingen: Vandenhoeck & Ruprecht.

Weiterführende Fragen

- In einem kreativen Prozess stecken Sie fest und kommen nicht weiter. Welche innere Haltung und weiteres Vorgehen sind ratsam?
- Was meint Erich Fromm mit der Aussage, dass die Symbolsprache die einzige Fremdsprache ist, die jeder Mensch lernen sollte?
- Wie erklären Sie Eltern, dass Märchen eine prospektiv-finale Bedeutung für die psychische Entwicklung des Kindes haben?
- Auf welche Weise können wir ein Symbol (z. B. eine Spinne) im freien Spiel eines Kindes auf ein archetypisches Wirkfeld zurückführen und was sagt uns das über die psychische Situation des Kindes?

Literatur

Abrams, J. & Zweig, C. (1997). Zur Einführung. In J. Abrams, & C. Zweig (Hrsg.). *Die Schattenseite der Seele.* München: dtv.
Adler, G. (1952). *Zur Analytischen Psychologie.* Zürich: Rascher.
Ahlers, C. (1994) *Das Selbst und die Systemische Therapie.* Systeme JG 8,Heft 2/94 Zugriff am 16.10.2021 unter https://systemagazin.com/wp-content/uploads/2014/09/Ahlers-C.-1994-Das-Selbst-und-die-systemische-Therapie.-systeme-81-19-36.pdf
Bair, Deidre. (2005). *C. G. Jung. Eine Biographie.* München: Albert Knaus.
Battke, M. (1978). *Das Böse bei Sigmund Freud und C. G. Jung.* Freiburg i. B.: Walter. Zugriff am 05.04.2022 … unter https://opus-magnum.com/autoren-und-werke-4/battke-marion-dr-phil/
Bauer, J. (2006). *Warum ich fühle, was du fühlst. Intuitive Kommunikation und das Geheimnis der Spiegelneuronen.* München: Heyne.
Bauer, J. (2019). *Wie wir werden, was wir sind. Die Entstehung des menschlichen Selbst durch Resonanz.* München: Blessing.
Becker, E., von Maltzahn, G. & Lutz, C. (2019). *Symbolik in der psychodynamischen Therapie von Kindern und Jugendlichen.* Stuttgart: Kohlhammer.
Beit, H. von (1997a). *Symbolik des Märchens. Band 1.* Tübingen: Francke.
Beit, H. von (1997b). *Symbolik des Märchens. Band 3.* Tübingen: Francke.
Bilbao, A. (2022). *Kluge Köpfchen. Die erstaunliche Entwicklung des menschlichen Gehirns.* Freiburg i. B.: Herder.
Blos, P. (1983). *Adoleszenz. Eine psychoanalytische Interpretation.* Stuttgart: Klett-Cotta.
Bradshaw, J. (1993). *Wenn Scham krank macht.* München: Knaur.
Brisch, K. H. (2005). *Bindungsstörungen.* Stuttgart: Klett-Cotta.
Burchartz, A., Hopf, H. & Lutz, C. (2016). *Psychodynamische Therapien mit Kindern, Jugendlichen und jungen Erwachsenen.* Stuttgart: Kohlhammer.
Burchartz, A. (2021). *Psychodynamische Psychotherapie bei Kindern und Jugendlichen.* Stuttgart: Kohlhammer.
Dahl, R. (1989). *Matilda.* Reinbek bei Hamburg: Rowohlt.
Daniel, R. (2003). In L. Müller & A. Müller (Hrsg.), *Wörterbuch der Analytischen Psychologie.* Düsseldorf & Zürich: Patmos.

Derungs, K. (Hrsg). (2010). *Die ursprünglichen Märchen der Brüder Grimm.* Grenchen bei Solothurn: Edition Amalia.
Dornes, M. (2002). *Die frühe Kindheit. Entwicklungspsychologie der ersten Lebensjahre.* Frankfurt/M. :Fischer.
Dornes, M. (2004). *Der kompetente Säugling.* Frankfurt/M.: Fischer.
Egli, H. (1982). *Das Schlangensymbol. Geschichte, Märchen, Mythos.* Olten: Walter.
Elhardt, S. (1994). *Tiefenpsychologie. Eine Einführung.* Stuttgart: Kohlhammer.
Erikson, E. (1968). *Kindheit und Gesellschaft.* Stuttgart: Klett.
Flammer, A., (2009). *Entwicklungstheorien.* Bern: Huber.
Fonagy, P., Gergely, G., Jurist, E. L. & Target, M. (2002). *Affektregulierung, Mentalisierung und die Entwicklung des Selbst.* Stuttgart: Klett-Cotta.
Fordham, M. (1970). *Vom Seelenleben des Kindes.* München: Kindler.
Fordham, M. (1974). *Das Kind als Individuum.* München: Reinhardt.
Franz, M.-L. von (1972). *C. G. Jung. Sein Mythos in unserer Zeit.* Frauenfeld und Stuttgart: Huber.
Frey-Rohn, L. (1961). Das Böse in psychologischer Sicht. In: *Das Böse. Studien aus dem C. G. Jung Institut Zürich.* Stuttgart: Rascher.
Freud, S. (1915). Triebe und Triebschicksale. *GW X*, 210–233.
Freud, S. (1932). Die Zerlegung der psychischen Persönlichkeit. *GW XV*, 62–86.
Freud, S. (1938). Abriss der Psychoanalyse. *GW XVII*, 110–121.
Freud, S. (1940). Jenseits des Lustprinzips. *GW XIII*, 3–69.
Fromm, E. (1957). *Märchen, Mythen und Träume.* Zürich: Diana.
Garstick, E. (2019). *Väter in der psychodynamischen Psychotherapie mit Kindern und Jugendlichen.* Stuttgart: Kohlhammer.
Grimm, J. & W. (2010). Kinder und Haus-Märchen. In K. Derungs (Hrsg.), *Die ursprünglichen Märchen der Brüder Grimm.* Solothurn: edition amalia.
Guggenbühl-Craig, A. (1987). *Macht als Gefahr beim Helfer.* Basel: Karger.
Hartmann, H. (1949). Bemerkungen zur psychoanalytischen Theorie des Ichs. In P. Kutter & H. Roskamp (Hrsg.), *Psychologie des Ich.* Darmstadt: Wissenschaftliche Buchgesellschaft.
Hartmann, H., Kris, E. & Löwenstein, R. (1946). Anmerkung zur Entwicklung der psychischen Struktur. In P. Kutter & H. Roskamp (Hrsg.), *Psychologie des Ich.* Darmstadt: Wissenschaftliche Buchgesellschaft.
Herring, H. & Schönpflug, U. (1976). *Ich. Historisches Wörterbuch der Philosophie.* Band 4 (S. 1–18). Basel: Schwabe.
Hippocrates von Kos. Zugriff am 02.01.2022 unter https://www.aphorismen.de/suche?f_autor=1765_Hippokrates+von+Kos, , Quelle: Fuchs (Hrsg.), Hippokrates. Sämtliche Werke, 2 Bde., 1895–97
Hopf, H. (1998). *Aggression in der analytischen Therapie mit Kindern und Jugendlichen.* Göttingen: Vandenhoeck & Ruprecht.
Hurrelmann (2012) *Jugendliche als produktive Realitätsverarbeiter.* Zugriff am 22.08.2022 unter https://elibrary.utb.de/doi/pdf/10.3224/diskurs.v7i1.08

Literatur

Hüther, G. (2004). Die Bedeutung sozialer Erfahrungen für die Strukturierung des menschlichen Gehirns. *Zeitschrift für Pädagogik, JG.50, Heft 4,* Weinheim: Beltz

Hüther, G.(2006). *Bedienungsanleitung für ein menschliches Gehirn.* Göttingen: Vandenhoeck & Ruprecht.

Hüther, G. (2011a). *Biologie der Angst. Wie aus Stress Gefühle werden.* Göttingen: Vandenhoeck & Ruprecht.

Hüther, G. (2011b). *Was wir sind und was wir sein können.* Frankfurt/M.: Fischer.

Hüther G. & Quarch, C. (2016). *Rettet das Spiel!* München: Hanser.

Jacobi, J. (1971). *Der Weg zur Individuation.* Olten: Walter.

Jacoby, M. (1980). *Sehnsucht nach dem Paradies.* Fellbach: Bonz.

Jacoby, M. (1985). *Individuation und Narzissmus. Psychologie des Selbst bei C. G. Jung und H. Kohut.* München: Pfeiffer.

Jacoby, M. (1993a). *Übertragung und Beziehung in der Jungschen Praxis.* Zürich & Düsseldorf: Walter.

Jacoby, M. (1993b). *Scham-Angst und Selbstwertgefühl.* Zürich & Düsseldorf: Walter.

Jacoby, M. (1998). *Grundformen seelischer Austauschprozesse. Jungsche Therapie und neuere Kleinkindforschung.* Zürich & Düsseldorf: Walter.

Jacoby, M. (2003a). Urbeziehung. In L. Müller & A. Müller (Hrsg.), *Wörterbuch der Analytischen Psychologie.* Düsseldorf & Zürich: Patmos.

Jacoby, M. (2003b). Säuglingsforschung. In L. Müller & A. Müller (Hrsg.), *Wörterbuch der Analytischen Psychologie.* Düsseldorf & Zürich: Patmos.

Jacoby, M. (2003c). Übertragung/Gegenübertragung. In L. Müller & A. Müller (Hrsg.). *Wörterbuch der Analytischen Psychologie.* Düsseldorf & Zürich: Patmos.

Jaffé, A. (1997). *Erinnerungen, Träume, Gedanken von C. G. Jung* (ETG). Sonderausgabe (10. Aufl.). Zürich & Düsseldorf. Walter.

Jung, C. G. & Franz, M.-L. von (Hrsg.) (1993). *Der Mensch und seine Symbole.* (13. Aufl. der Sonderausgabe 1993. Olten: Walter.

Jung, C. G. (1969). Freud und die Psychoanalyse. *GW 4* (Sonderausgabe, 1. Aufl., 1995). Düsseldorf: Walter.

Jung, C. G. (1995). Symbole der Wandlung. *GW 5* (Sonderausgabe, 1. Aufl., 1995). Düsseldorf: Walter.

Jung, C. G., (1995). Psychologische Typen. *GW 6* (Sonderausgabe, 1. Aufl., 1995). Düsseldorf: Walter.

Jung, C. G. (1995). Zwei Schriften über Analytische Psychologie. *GW 7* (Sonderausgabe, 1. Aufl., 1995). Düsseldorf: Walter.

Jung, C. G. (1995). Die Dynamik des Unbewussten. *GW 8* (Sonderausgabe, 1. Aufl., 1995). Düsseldorf: Walter.

Jung, C. G. (1995). Die Archetypen und das kollektive Unbewusste. *GW 9/1* (Sonderausgabe, 1. Aufl., 1995). Düsseldorf: Walter.

Jung, C. G. (1995). Aion. Beiträge zur Symbolik des Selbst. *GW 9/2* (Sonderausgabe, 1. Aufl., 1995). Düsseldorf: Walter.

Jung, C. G. (1995). Zivilisation im Übergang. *GW 10* (Sonderausgabe, 1. Aufl., 1995). Seele und Erde. Düsseldorf: Walter.

Jung, C. G. (1995). Zur Psychologie westlicher und östlicher Religion. *GW 11* (Sonderausgabe, 1. Aufl., 1995). Düsseldorf: Walter.
Jung, C. G. (1995). Psychologie und Alchemie. *GW 12* (Sonderausgabe, 1. Aufl., 1995). Traumsymbole des Individuationsprozesses (S. 59). Düsseldorf: Walter.
Jung, C. G. (1995). Studien über alchemistische Vorstellungen. *GW 13* (Sonderausgabe, 1. Aufl., 1995). Düsseldorf: Walter.
Jung, C. G., (1995). Mysterium Conjunctiones. *GW 14/1* (Sonderausgabe, 1. Aufl., 1995). Die Personifikation der Gegensätze. Düsseldorf: Walter.
Jung, C. G. (1995). Mysterium Conjunctiones. *GW 14/2* (Sonderausgabe, 1. Aufl., 1995). Die Konjunktion. Düsseldorf: Walter.
Jung, C. G. (1995). Über das Phänomen des Geistes in Kunst und Wissenschaft. *GW 15* (Sonderausgabe, 1. Aufl., 1995). Düsseldorf: Walter.
Jung, C. G. (1995). Praxis der Psychotherapie. *GW 16* (Sonderausgabe, 1. Aufl., 1995). Spezielle Probleme der Psychotherapie. Düsseldorf: Walter.
Jung, C. G., (1995). Über die Entwicklung der Persönlichkeit. *GW 17* (Sonderausgabe, 1. Aufl., 1995). Düsseldorf: Walter.
Jung, C. G. (1995). Das symbolische Leben. *GW 18/1* (Sonderausgabe, 1. Aufl., 1995). Düsseldorf: Walter.
Kalff, D. (2000). *Sandspiel.* München: Reinhardt.
Kast, V. (1989). *Der schöpferische Sprung.* München: Deutscher Taschenbuch Verlag.
Kast, V. (1990). *Die Dynamik der Symbole.* Olten: Walter.
Kast, V. (2003). Komplex. In L. Müller & A. Müller (Hrsg.). *Wörterbuch der Analytischen Psychologie.* Düsseldorf & Zürich: Patmos.
Kast, V. (2021). *Der Schatten in uns.* Ostfildern: Patmos.
Kegel, B. (2020). *Epigenetik. Wie unsere Erfahrungen vererbt werden.* Köln: Dumont
Kern, H. (1999). *Labyrinthe.* München: Prestel.
Kluge, F., (1999). *Etymologisches Wörterbuch der deutschen Sprache.* Berlin & New York: de Gruyter.
Knoll, D. (2003). Beziehungsquaternio. In L. Müller & A. Müller (Hrsg.), *Wörterbuch der Analytischen Psychologie.* Düsseldorf & Zürich: Patmos.
Kohut, H. (1988). *Die Heilung des Selbst.* Frankfurt/M.: Suhrkamp.
Kohut, H. (1997). *Narzißmus.* Frankfurt/M.: Suhrkamp.
Kolb, B. & Wishaw, I. Q., (1996). *Neuropsychologie.* Heidelberg: Spektrum.
Korte, M. (2011). *Wie Kinder heute lernen. Was die Wissenschaft über das kindliche Gehirn weiß.* München: Goldmann.
Krämer, T. (2011). *Tiefensensibilität.* Zugriff am 04.12.2021 unter www.dasgehirn.in fo/wahrnehmen/fuehlen/der-sechste-sinn.
Kuptz-Klimpel, A., (2003a). Container/Contained. In L. Müller & A. Müller (Hrsg.), *Wörterbuch der Analytischen Psychologie.* Düsseldorf & Zürich: Patmos.
Kuptz-Klimpel, A., (2003b). Funktion, transzendente. In L. Müller & A. Müller (Hrsg.), *Wörterbuch der Analytischen Psychologie.* Düsseldorf & Zürich: Patmos
Kuptz-Klimpel, A. (2003c). Progression. In L. & A. Müller (Hrsg.), *Wörterbuch der Analytischen Psychologie.* Düsseldorf & Zürich: Patmos.

Kuptz-Klimpel, A. (2003d). Regression. In L. Müller & A. Müller (Hrsg.), *Wörterbuch der Analytischen Psychologie*. Düsseldorf & Zürich: Patmos.

Kuptz-Klimpel, A. (2008a). Gesellschaftsspiele und ihre Symbolik im Licht der Analytischen Psychologie. *Analytische Kinder- und Jugendlichenpsychotherapie, Heft 138*, 2/2008, 241–266.

Kuptz-Klimpel, A. (2008b). Das Auge der Medusa. Symbolik und Symbolverstehen als gelebte Erfahrung im dialogischen Prozess. Analytische Psychologie, Heft 153, 3/2008, 238–262.

Lesmeister, R. (2009). *Selbst und Individuation*. Frankfurt/ M.: Brandes & Apsel.

Lindgren, A. (1967). *Pippi Langstrumpf*. Hamburg: Oettinger.

Loch, W. (Hrsg.). (1977). *Die Krankheitslehre der Psychoanalyse*. Stuttgart: Hirzel.

Löwen-Seifert, S. (2003). *Sandspieltherapie*. In L. & A. Müller (Hrsg.), *Wörterbuch der Analytischen Psychologie*. Düsseldorf & Zürich: Patmos.

Lurker, M. (1979). *Wörterbuch der Symbolik*. Stuttgart: Gröner.

Lurker, M. (2005). *Lexikon der Götter und Symbole der alten Ägypter*. Frankfurt/M.: Fischer.

Lutz, C. (1980). *Kinder und das Böse*. Stuttgart: Kohlhammer. Abrufbar unter https// opus-magnum.com (PDF).

Lutz, C. (2016). *Mythen und Märchen in der psychodynamischen Therapie von Kindern und Jugendlichen*. Stuttgart: Kohlhammer.

Lutz, C. & Wurster, G. (2018). *Kinderzeichnung, Sandspiel und Gestaltung*. Stuttgart: Kohlhammer.

Mahler, M., Pine, F. & Bergmann, A. (1978). *Die psychische Geburt des Menschen*. Frankfurt/M.: Fischer.

Meier, C. A. (1986). *Persönlichkeit. Der Individuationsprozeß im Lichte der Typologie C. G. Jungs*. Olten: Walter.

Mentzos, S. (2010). *Lehrbuch der Psychodynamik*. Göttingen: Vandenhoeck & Ruprecht.

Mertens, W. (1997). *Entwicklung der Psychosexualität und der Geschlechtsidentität. Band 1*. Stuttgart: Kohlhammer.

Mertens, W., (1998). *Psychoanalytische Grundbegriffe*. Weinheim: Psychologie Verlags Union.

Metzinger, T. (2017). *Der Ego Tunnel. Eine neue Philosophie des Selbst: Von der Hirnforschung zur Bewusstseinsethik* (6. Aufl.). München: Pieper.

Meyers. (2001). *Großes Taschenlexikon. Band 21*. Mannheim: Bibliographisches Institut & F. A. Brockhaus.

Milch, W. (2019). *Selbstpsychologie*. Göttingen: Vandenhoeck & Ruprecht.

Miller, W. (1997). Der Schatten im täglichen Leben. In J. Abrams, & C. Zweig (Hrsg.), *Die Schattenseite der Seele*. München: dtv.

Müller, L. & Müller, A. (Hrsg.), *Wörterbuch der Analytischen Psychologie*. Düsseldorf & Zürich: Patmos.

Müller, A. (2003a). Anpassung. In L. Müller & A. Müller. (Hrsg.), *Wörterbuch der Analytischen Psychologie*. Düsseldorf & Zürich: Patmos

Müller, A. (2003b). Paradoxon. In L. Müller &Müller (Hrsg.), *Wörterbuch der Analytischen Psychologie.* Düsseldorf & Zürich: Patmos.
Müller, A. (2003c). Vas hermetis/Vas hermeticum. In L. Müller & A. Müller (Hrsg.), *Wörterbuch der Analytischen Psychologie.* Düsseldorf & Zürich: Patmos.
Müller, A. (2003d). Temenos. In L. Müller & A. Müller (Hrsg.), *Wörterbuch der Analytischen Psychologie.* Düsseldorf & Zürich: Patmos.
Müller, A. (2003e). Bewusstsein, schöpferisches. In L. Müller & A. Müller (Hrsg.). *Wörterbuch der Analytischen Psychologie.* Düsseldorf & Zürich: Patmos.
Müller, A. (2003f). Numinoses. In L. Müller & A. Müller (Hrsg.), *Wörterbuch der Analytischen Psychologie.* Düsseldorf & Zürich: Patmos.
Müller, A. (2003 g). Jugendlichenpsychotherapie, analytische In L. Müller & A. Müller (Hrsg.), *Wörterbuch der Analytischen Psychologie.* Düsseldorf & Zürich: Patmos.
Müller, A. & Walch, G. Automorphismus. In L. Müller & A. Müller (Hrsg.), *Wörterbuch der Analytischen Psychologie.* Düsseldorf & Zürich: Patmos
Müller, L. (1988). *Schöpferische Seele.* München: MVG.
Müller, L. (1989). *Magie. Tiefenpsychologischer Zugang zu den Geheimwissenschaften.* Stuttgart: Kreuz.
Müller, L. (1994). *Kinder des Universums. Die Kunst den Sinn des Lebens zu finden.* Stuttgart: Kreuz.
Müller, L. & Knoll, D. (1998). *Ins Innere der Dinge schauen. Mit Symbolen schöpferisch leben.* Zürich & Düsseldorf: Walter.
Müller, L. (2003a). Selbst. In L. Müller &A. Müller (Hrsg.), *Wörterbuch der Analytischen Psychologie.* Düsseldorf & Zürich: Patmos.
Müller, L. (2003b). Bewusstseinsentwicklung: Allgemeine Stadien. In L. Müller & A. Müller (Hrsg.). *Wörterbuch der Analytischen Psychologie.* Düsseldorf & Zürich: Patmos.
Müller, L., (2003c). Individuationsprozess: Erste Lebenshälfte. In L. Müller & A. Müller(Hrsg.). *Wörterbuch der Analytischen Psychologie.* Düsseldorf & Zürich: Patmos.
Müller, L. (2003d). Individuationsprozess: Zweite Lebenshälfte. In L. Müller & A. Müller (Hrsg.), *Wörterbuch der Analytischen Psychologie.* Düsseldorf & Zürich: Patmos.
Müller, L. (2003e). Komplexdiagnose. In L. Müller & A. Müller (Hrsg.), *Wörterbuch der Analytischen Psychologie.* Düsseldorf & Zürich: Patmos.
Müller, L. & Müller, A. (2003). Eros-Prinzip in der Psychotherapie. In L. Müller & A. Müller (Hrsg.), *Wörterbuch der Analytischen Psychologie.* Düsseldorf & Zürich: Patmos.
Müller, L. & Müller, A. &, Sauer, G., (2003). Anima/Animus: Klassische Auffassung. In L. Müller & A. Müller (Hrsg.), *Wörterbuch der Analytischen Psychologie.* Düsseldorf & Zürich: Patmos.
Müller, L. & Müller A. (2018) Praxis der Analytischen Psychologie. *Ein Lehrbuch für Integrative Psychotherapie.* Stuttgart: Kohlhammer.

Müller, L. & Müller, A. Symbollexikon im Internet Verlag Opus.Magnum. Abrufbar unter https://symbolonline.de.
Müller, L. & Müller, A. (2011). Obelisk. Zugriff am 27.05.2022 unter https://symbolonline.de/index.php?title=Obelisk.
Neumann, E. (1953). *Zur Psychologie des Weiblichen.* Zürich: Rascher.
Neumann, E. (1997). *Die große Mutter. Struktur und Dynamik der werdenden Persönlichkeit.* Zürich & Düsseldorf: Walter.
Neumann, E. (1999). *Das Kind. Struktur und Dynamik der werdenden Persönlichkeit.* Frankfurt/M.: Fischer.
Neumann, E. (2004). *Ursprungsgeschichte des Bewusstseins.* Düsseldorf & Zürich: Patmos.
Newen, A. & Vogeley, K. (Hrsg.) (2001). *Selbst und Gehirn. Menschliches Selbstbewusstsein und seine neurobiologischen Grundlagen.* Paderborn: Mentis
Österreichischer Rundfunk (2020). *Lexikon der Religionen. Brahman, Atman.* Zugriff am 12.04.2022 unter https://religion.orf.at.
Paetzold, W., Emrich, H. (2003a). Systemtheorie. In L. Müller & A. Müller (Hrsg.). *Wörterbuch der Analytischen Psychologie.* Düsseldorf & Zürich: Patmos.
Paetzold, W. & Emrich, H. (2003b). Bewusstsein. In L. Müller & A. Müller (Hrsg.), *Wörterbuch der Analytischen Psychologie.* Düsseldorf & Zürich: Patmos.
Pauen, S. (2001). Wie werden Kinder selbstbewusst? In A. Neven & K. Vogeley (Hrsg.). *Selbst und Gehirn.* Paderborn: Mentis.
Pauen, S. *Säuglingsforschung.* Zugriff am 03.08.2022 unter www.spektrum.de/lexikon/psychologie/saeuglingsforschung/13350.
Pennick, N. (1992). *Spiele der Götter.* Düsseldorf: Walter.
Piaget, J. (2003). *Nachahmung, Spiel und Traum.* Stuttgart: Klett-Cotta.
Preußler, O. (1957). *Die kleine Hexe.* Stuttgart: Thienemann.
Ranke-Graves, R. von (1995). *Griechische Mythologie. Quellen und Deutung.* Reinbek bei Hamburg: Rowohlt.
Rasche, J. (2003). Vater, Großer. In L. Müller & A. Müller (Hrsg.), *Wörterbuch der Analytischen Psychologie.* Düsseldorf & Zürich: Patmos.
Richter, H.-E. (2000). *Eltern, Kind und Neurose.* Reinbek bei Hamburg: Rowohlt.
Romankiewicz, B. *Daimon* (2011), Zugriff am 04.05.2022 unter www.symbolonline.de.
Ronnberg, A. (2011). *Das Buch der Symbole. Betrachtungen zu archetypischen Bildern.* Köln: Taschen.
Roth, G. (2001). *Fühlen, Denken, Handeln. Wie das Gehirn unser Verhalten steuert.* Frankfurt/M.: Suhrkamp.
Roth, G. (2019). *Warum es so schwierig ist, sich und andere zu ändern.* Stuttgart: Klett-Cotta.
Roth, G. (2021). *Über den Menschen.* Berlin: Suhrkamp.
Roth. G. & Ryba, A. (2016). *Coaching, Beratung und Gehirn. Neurobiologische Grundlagen wirksamer Veränderungskonzepte.* Stuttgart: Klett-Cotta.
Roth, G. & Strüber, N. (2018). *Wie das Gehirn die Seele macht.* Stuttgart: Klett-Cotta.

Rudolf, G. (2000). *Psychotherapeutische Medizin und Psychosomatik*. Stuttgart: Thieme.
Schnocks, D. (2003a). Schatten. In L. Müller & A. Müller (Hrsg.), *Wörterbuch der Analytischen Psychologie*. Düsseldorf & Zürich: Patmos.
Schnocks, D. (2003b). Schatten, archetypischer. In L. Müller &A. Müller (Hrsg.), *Wörterbuch der Analytischen Psychologie*. Düsseldorf & Zürich: Patmos.
Seifert, T. (2003a). Archetyp. In L. Müller & A. Müller (Hrsg.), *Wörterbuch der Analytischen Psychologie*. Düsseldorf & Zürich: Patmos.
Seifert, T. (2003 b). Polarität. In L. Müller &A. Müller (Hrsg.), *Wörterbuch der Analytischen Psychologie*. Düsseldorf & Zürich: Patmos.
Seiffge-Krenke, I. (2009). *Psychotherapie und Entwicklungspsychologie*. Heidelberg: Springer.
Simon, F., Clement, U. & Stierlin, H. (1999). *Die Sprache der Familientherapie*. Stuttgart: Klett-Cotta.
Spitz, R. (1996). *Vom Säugling zum Kleinkind*. Stuttgart: Klett-Cotta.
Stern, D. (1996). *Die Lebenserfahrung des Säuglings*. Stuttgart: Klett-Cotta.
Stern, D. (2005). *Der Gegenwartsmoment*. Frankfurt/M: Brandes & Apsel.
Stevens, A., (1993). *Das Phänomen C. G. Jung. Biographische Wurzeln einer Lehre*. Düsseldorf: Walter.
Stierlin, H. (1982). *Delegation und Familie*. Frankfurt/M.: Suhrkamp.
Stierlin, H., (1994a). *Ich und die anderen. Psychotherapie in einer sich wandelnden Gesellschaft*. Stuttgart: Klett-Cotta.
Stierlin, H. (1994b). *Individuation und Familie*. Frankfurt: Suhrkamp.
Strüber, N. (2019a). *Die erste Bindung. Wie Eltern die Entwicklung des kindlichen Gehirns prägen*. Stuttgart: Klett-Cotta.
Strüber, N. (2019b). *Risiko Kindheit. Die Entwicklung des Gehirns verstehen und Resilienz fördern*. Stuttgart: Klett-Cotta.
Tietze, H. (1986). *Imagination und Symboldeutung*. München: Knaur.
Tyson, P. & Tyson, R. (2009). *Lehrbuch der psychoanalytischen Entwicklungspsychologie*. Stuttgart: Kohlhammer.
Vogel, R. (2017). *Individuation und Wandlung*. Stuttgart: Kohlhammer.
Weber, G. & Stierlin, H. (1991). *In Liebe entzweit. Die Heidelberger Familientherapie der Magersucht*. Reinbek bei Hamburg: Rowohlt.
Wilber, K. (1996). *Halbzeit der Evolution*. Frankfurt/M: Fischer
Wilhelm, R. & Jung, C. G. (1994). *Geheimnis der goldenen Blüte. Das Buch von Bewusstsein und Leben*. Olten: Walter.
Winnicott, D. W. (1989). *Vom Spiel zur Kreativität*. Stuttgart: Klett-Cotta.
Yalom, I. (2002). *Der Panamahut oder was einen guten Therapeuten ausmacht*. München: Goldmann.
Yehuda, R. (2015). Holocaust Überlebende vererben Trauma. *Newsletter Epigenetik*, Zugriff am 07.06.2022 unter https://www.newsletter-epigenetik.de/holocaust-ueberlebende-vererben-trauma/
Zimpel, A. (2016). *Lasst unsere Kinder spielen*. Göttingen: Vandenhoeck & Ruprecht.
Zullinger, H. (1970). *Heilende Kräfte im kindlichen Spiel*. Frankfurt/ M.: Fischer

Stichwortverzeichnis

A

Abhängigkeit versus Autonomie 85
Ablösung 72
Ablösung von den Eltern 109, 178
Ablösungsprozess 106
Abreaktion
– affektive *siehe* Katharsis
Abwehr 177
Abwehr des Schattens 101
Adoleszenz 106, 175
Aggressionen 20, 129
Alchemie 55
Alchemisten 130
Ambivalenz 177
Amplifikation 49, 152
Ängste 113, 164
Anima 90, 92, 107
Animus 91, 92, 108, 155
Anpassungsfunktion 100
Antithesis 47
Arbeitsbündnis 118, 133, 153, 167
Archetyp der überpersönlichen Eltern 176
Archetyp des Großen Männlich-Väterlichen 91
Archetyp des Großen Weiblich-Mütterlichen 89
Archetyp des Helden 176
Archetypen 41, 87, 149
Assimilation 159
Assoziieren 151

Atman 44
Aufstauung der psychischen Energie 140
Ausreifung des Gehirns 112, 113
Automorphismus 70
Autonomie 19, 29, 81, 84, 85, 148, 172
– -entwicklung 20, 72

B

Ba-Seele 53
Baum 59
Bedürfnisse
– regressive 129
Bedürfnisse des Selbst 131
Begegnungsmomente 132
Belebung des Unbewussten 176
Bewusstsein 61, 64
– kollektives 81
– matriarchales 90, 161
– patriarchales 52
– schöpferisches 71
Bewusstseinseinstellung 60
Bewusstseinsentwicklung 62
– kindliche 68
Bewusstseinsprozesse 62
Bewusstseinszentrum 70
Bewusstwerdung 66, 151
Beziehungsdynamik 27
Beziehungserfahrung

– generalisierte 97
– korrigierende 131
Beziehungsmuster
– krankmachende 28
Beziehungsquaternio 136
Bezogenheitsselbst 70
Bezugsperson
– väterliche 84
Bilder
– archetypische 108
Bindung 113, 134
Bindungs- und Beziehungsfähigkeit 109
Bindungsbeziehung
– sichere 51, 87, 113
Bindungserfahrung 131
– sichere 118
Biss der Schlange 150
Bowlby, John 113
Brahman 44

C

Cortisolausschüttung 115

D

Daimon 53
Delegation 31
Denken
– integrales 64
– magisches 93, 146, 150, 157
– symbolisches 150
Determinismus 33
Drei-Instanzen-Modell 13
Dual-Union 15, 18, 69
Dyade 91

E

Ego-Tunnel 36
Eifersucht 145
Einheitswirklichkeit 43
– uroborische 68
Einstellung
– symbolisierende 151
Elternimagines 176
Elternimago
– idealisiertes 24
Elternkomplexe 81
Embryonalzeit
– nachgeburtliche 68
Emotionskontrolle 169
Empathie 23, 25
Energetik der Seele 139
Energie
– psychische 125, 144
Energietransformator 151
Entthronung 171
Entwicklung
– progressive 167, 175
Entwicklung der Sprache 159
Entwicklungsaufgaben 30, 86, 155
Entwicklungsprozess
– psychischer 175
Erde 59, 128
Erfahrungen
– korrigierende 20
Erikson, Erik H. 81
Erkrankungen
– neurotische 140, 142
Eros 51
Eros-Charakter 50
Eros-Faktor 132
Eros-Prinzip 51, 69
Es 13, 16
Exploration 113
Extraversion 67

F

Familienschatten 85, 106
Familienselbst 29
Fantasie 129, 144, 161, 163
Fantasien
– suizidale 176
Feinfühligkeit 51, 114, 132, 137
Feuer 128
Figur des Schattens 94
Finalität 41, 58, 134, 144
Fließen der Libido 149
Freiheit 29, 80
Freud, Sigmund 13, 158
Funktion
– transzendente 143, 144
– triangulierende 112

G

Ganzheit 49, 83
Ganzheitscharakter 154
Ganzheitserleben 63
Ganzheitsselbst 71
Ganzheitsvorstellungen 43
Geburt 83
Gegensätze 154
Gegensätzlichkeit
– polare 151
Gegensatznatur der Psyche 140
Gegensatzpaare 144
Gegensatzspannung 149
Gegensatzvereinigung 154
Gegenübertragung 15, 25, 134
– komplementäre 26
– konkordante 25, 171
Gegenübertragungserleben 153
Gegenübertragungsgefühle 169
Gen-Umwelt-Wechselwirkung 115
Gene 115
Geschlecht 107
Geschlechtsidentität 107

Gesellschafts- und Kartenspiele 130
Gestaltung 123
Gestaltungsprozess
– schöpferischer 152
Gewinnen 170
Gleichgewicht
– narzisstisches 147
Gott in uns 43
Gottesbild 54
Große Mutter 63, 69, 89
Größenselbst 24, 25
Grundbedürfnisse 157, 168

H

Heilschlaf 149, 166
Heilung 124
Heinz Hartmann 15, 17
Held 173
Helden-Ich 71
Heldenmythos 64
Heldenweg 173
Heraklit 139
Hier und Jetzt 130
Himmel 59
Holocaust 105
Homöostase 48
Humor 132

I

Ich 14, 16, 32
– integrales 73
– kohärentes 62, 167
– selbstreflexives 34
– solares 71
– sozial-kommunikatives 34
Ich-Bewusstsein 63, 64, 68, 73, 79, 112
Ich-Du-Beziehung 20
Ich-Entwicklung 70, 112
Ich-Erleben 61, 64

Ich-Funktionen 15, 17, 18, 67
Ich-Ideal 100, 102
Ich-Keim 63, 70
Ich-Komplex 47, 62, 66, 112
Ich-Psychologie 17
Ich-Selbst-Achse 73
Ich-Stufen 71
Ich-Zustände 34, 35
Idealisierung 135
Identifizierung 100, 101
Identität 28, 34, 66, 81, 85, 99, 176
– unbewusste 68, 136
Identitätsentwicklung 178
Identitätszustand
– ursprünglicher 80
Imagination 41
Individuation 64, 79, 101, 132
– bezogene 29
Individuationsprozess 41, 47, 52, 71, 79
Individuationsprozess der ersten Lebenshälfte 82
Individuationsprozess der zweiten Lebenshälfte 82
Inflation 56
Inhalte
– archetypische 134
Initiation 49, 52
Initiation in den urmütterlichen Bereich 174
Initiationsgeschehen 49
Integration des Bösen 49
Integration des Schattens 102
Intersubjektivität 75, 132
Introspektionsfähigkeit 66
Introversion 67

J

Jung, C. G. 32, 47, 159

K

Karten- und Gesellschaftsspiele 177
Katharsis *siehe* Abreaktion, affektive
Kind
– freies 100
– göttliches 53, 60, 143, 158, 166
– inneres 60
Kindarchetyp 59
Kohärenz 28, 48
Kohut, Heinz 21, 24
Kompensation 48, 144
Komplexe 94, 129, 162
Konflikte
– bewusste 128
– innere 13, 129, 159, 162, 165
– unbewusste 14, 32, 128
Konfliktsituation 143
Konzept der Selbstorganisation 75
Konzept der Willensfreiheit 33
Körperselbst 70
Kraftfelder des kollektiven Unbewussten 88
Kreativität 123, 130
Kultur
– patriarchale 64

L

Labyrinth 52
Lächeln
– soziales 117
Leben
– ganzheitliches 125
Lehranalyse 127
Libido 13
Libido-Theorie 140
Liebessehnsucht 109
Limbisches System 115
Loyalität 31
Lustprinzip 13

M

Machtschatten 127
Mandalas 54, 56, 153
Mangel an Liebe 72
Metzinger, Thomas 35
Montessori, Maria 158
Moralgesetz
– christliches 50
Mutterarchetyp 59, 71
Muttergottheiten 64
Mutterkomplex 142
– negativer 72, 145, 165
Mutterkomplexe 98
Mutterübertragung
– positive 94
Mythos von Perseus und Medusa 164

N

Nährboden
– fördernder 131
Narzissmus
– primärer 16
Neid 145
Netzwerke
– synaptische 119
Neue synaptische Netzwerke 167
Neue Verknüpfungen neuronaler Netzwerke 162
Neumann, Erich 41, 47, 52, 67, 75, 161
Not-Ich 72
Numinosität 55, 88

O

Obelisk 52
Objekt 15
Objektbeziehungen 18
Objektkonstanz 19
Objektrepräsentanz 18

Objektstufe 58
Oralität 69
Orientierungsfunktionen 67
Oxytocin 116, 117

P

Paradiesmythos 63
Paradoxie 60
Paradoxon 46
participation mystique 32, 68
Partnerschaft
– menschliche 125
Passung 118
Persona 101
Persona-Haltung 100
Phallisch-Männliches 150, 155
Phase
– archaische 63
– magische 63
– mythische 63
Phase des auftauchenden Selbstempfindens 74
Phase des Kern-Selbstempfindens 74
Phase des narrativen Selbstempfindens 75
Phase des rationalen Bewusstseins 64
Phase des subjektiven Selbstempfindens 74
Phase des verbalen Selbstempfindens 75
Piaget, Jean 69, 159
Pippi Langstrumpf 101
Polaritäten 43, 45, 46, 125, 140, 151
Potential 124
– inneres 130
Prinzip
– männlich-väterliches 92
– weiblich-mütterliches 90, 151, 162
Prinzip der Bezogenheit 51
Probehandeln 166

Programmierung
- fötale 115
Progression 140, 141
Projektion
- narzisstische 31
Projektion des Schattens 105
Projektionen 96
Projektionsfläche 129
Prozess
- dialektischer 47, 73, 102, 125
- regressiver 175
- selbstreflexiver 66
Prozesse
- unbewusste 33
- zirkuläre 28
Psychotherapie 112, 118
Pubertät 32, 85
Puppen 129

Q

Quadrantenmodell
- modifiziertes 42

R

Raum
- geschützter 133
Realitätsprinzip 13, 169
Realobjekt 177
Regelkreis 27
Regeln 170
Regression 52, 140, 141, 143, 155
Regression der Libido 176
Reifungsprozesse 83
Resonanz 20, 51, 99, 116
Ressourcen 130
RIGs 97
Rivalität 148
Rolle
- kindliche 30
Rollen 129

- soziale 100
Rückkehr in den Mutterleib 142
Rücknahme der Projektionen 109

S

Sandspiel
- therapeutisches 128
Säuglings- und Kleinkindforschung 74
Säuglingsforschung 16
Scham 104
Schatten 102
- persönlicher 104
Schatten-Persönlichkeit Siehe
Schattenakzeptanz 103
Schattenaspekte 163, 177
Schatzkisten 129
Schöpferisches 60, 167
Schuldgefühl
- primäres 72
Schutz- und Bannkreis 131
Schutzraum
- ungestörter 130
Schwangerschaft 115
Seelenanteil
- weiblicher 107
Selbst 18, 40, 42, 47, 56
- \ 19
Selbst-Verwirklichung 120
Selbst-Werdungsprozess 41
Selbstempfinden 74
Selbsterfahrung 127
Selbstkohärenz 24, 74
Selbstmodell (PSM)
- bewusstes 36
Selbstobjekt 23
- spiegelndes 22
Selbstorganisation 68
Selbstregulation 33, 41, 48, 140, 167, 169
Selbstrepräsentanz 18

Selbstverwirklichung 79
Selbstwertgefühl 167, 176
Selbstwirksamkeit 22, 84, 101, 167
Sexualität 104
Sexualtrieb 13
Sinn des eigenen Lebens 86
Sinn des Lebens 176
Sozialisation 99, 160
Spiegelfunktion 19, 24
Spiegelneuronen 117
Spiegelung 22, 26, 154
Spiegelungsverhalten 19
Spiel
– freies 41
– kindliches 161
– schöpferisches 162
– spontanes 144
– symbolisches 159
Spielraum 161, 168
Sprache des Kindes 160
Spracherwerb 75
Stadium
– integral-transpersonales 64
Standpunkt
– egozentrischer 63
Stärkung des Ich 62
Stauung der psychischen Energie 141
Stein der Weisen 44
Stern, Daniel 74
Störungen
– neurotische 14, 16, 45
Subjektstufe 58, 175
Substitut 31
Suchwanderung 173
Sündenbockrolle 31
Supervision 126
Symbol 144, 148
Symbol der Schlange 150, 156
Symbol des Kindes 59
Symbol des Pegasus 165
Symbole 52, 54, 124, 146
– gegensatzvereinigende 55
Symbole des Bewusstsein 65

Symbole des Ich 71
Symbole des Männlich-Väterlichen 92
Symbole des Selbst 54, 56, 154, 158
Symbolik 168
– Zugang zur 131
Symbolik der Alchemie 44, 131
Symbolik des Körpers 69
Symbolik des Pferdes 96
Symbolsprache 58, 146, 163
Symbolsprache der Märchen 89
Symptombildung 14
Symptome 123
Symptomträger 27
Synapsen 116
Synthese 47
System 27, 48
Systemtheorie 27

T

Taoismus 131
Tendenz
– prospektiv-finale 162, 172
Theory of Mind 117
Therapieabbrüche 177
Therapiegeschwister 148
Thesis 47
Tod 80, 176
Traumata 162
Träume 49, 58, 144
Triebbetätigung 158
Triebhaft-Sexuelles 155
Triebkräfte 52
Triebseite 64, 142
Triebtheorie 13
Triebwünsche 13
– unerfüllte 134
Tun im Nicht-Tun 131

U

Über-Ich 14, 16, 177
Über-Ich-Entwicklung 22
Übertragung 134
- idealisierende 135, 177
Übertragungsbeziehung 134, 153
Übertragungsliebe 105
Umfeld
- förderndes 51
Unbewusstes 13
- kollektives 41, 66, 128, 152, 173, 176
- persönliches 41, 94
Urbeziehung 69, 73
- gestörte 72
Urbild des verwundeten Heilers 126
Uroboros 63, 68, 154
Ursprungseinheit 70
Urvertrauen 84
Use it or loose it 116

V

Vaterarchetyp 71
Vaterkomplexe 98
Vereinigung der Gegensätze 147
Verlieren 170
Verschaltung der Nervenzellen 116
Versprachlichung 163
Verwirklichung des Selbst 87
Vulnerabilität 116

W

Wandlungsphasen 176
Wandlungszyklus
- schöpferischer 140
Wasser 128
Weisheit 155
Welt
- matriarchale 64, 71
Weltbild
- animistisches 63
- egozentrisches 64
Widerhall
- empathischer 25
Widerstand 163
Wilber
- Ken 42
Winnicott, Donald 161
Winnicott, Donald W. 19, 22
Wirkfaktoren 167
Wirkfelder
- archetypische 170
Wygotski, Lew 160

Z

Zauberkreise 56
Zentroversion 64, 70
Zone der nächsten Entwicklung 160
Zurücknahme der Projektionen 135